日本の教育制度と障害児(者)の福祉

変遷と展望

浅井 浩 著

田研出版株式会社

まえがき

　人間は，単に習性的にその一生を終える動物とは違うわけで，いわゆる人の生き方とか生きがいというものは，生まれながらにして身についているものというよりも，それは人として生まれてからの，その後の生きる過程で培われるものといってよいと思います。そこに教育的意義があり，福祉的意義があるわけです。（第4章参照）

　人が人としてよりよく生きるという意味の教育であり，福祉であると考えれば，教育的意義も福祉的意義も別々のものではなく，人の暮らしぶりに関わるということでは同じはずです。また人として生まれたならば，人はみな人として暮らす権利を有しているわけですから教育の対象も福祉の対象も特定の人だけではなく，人々すべてです。

　したがって教育の視点で福祉を考え，福祉の視点で教育を考え，人権の視点で教育と福祉を考えるということが大切だと思います。日本の障害児（者）の教育や福祉の基盤が整うのは戦後のことです。戦後に制定された新しい日本国憲法によって，基本的人権及び国民の生存権，国の保障義務，教育を受ける権利と受けさせる義務などが定められ，現在に至っています。障害児（者）の教育や福祉に関する施策の変遷においては必ずしも両者の足並みが揃っていたとはいえませんが，教育を受ける権利を保障するということでは，障害児（者）の教育が義務制になった意義は大きいと思います。しかし，人の一生は義務教育を修了すればそれでよいというものではないわけです。

　人の一生を考えた場合，学齢期よりも学齢期以降の生活のほうがずっと長い。それだけに学齢期をどのように過ごすことができるか，学校を卒業してからのその後をどのように暮らすか（暮らせるか）ということは人生においては大変重大なことであるはずです。そうした観点から，障害児（者）の教育や福祉を

めぐる問題，課題を考えてみようと企図した次第です。

　なお本書の基盤には，これまでの拙著『知的障害と「教育」「福祉」』（田研出版　1999年），『知的障害と「人権」「福祉」』（田研出版　2003年），『発達障害と「自立」「支援」』（田研出版　2007年），『日本の障害児（者）の教育と福祉　古くて新しい課題』（田研出版　2012年）があり，それぞれから必要な部分を抜粋・修正し，新たな内容を加えて構成したものであることをお断りしておきます。

　お気づきのことなどご指摘やご教示をいただけたら幸甚に存じます。

　　　　　　　　　　　　　　　　　　　　　　　　　　　　浅井　浩

目 次

まえがき 1

第1章 日本の障害児教育の始まりと福祉 …………………………………7
  第1節 義務教育の制度と障害児 7
    1）近代日本の公教育制度と障害児 7
    2）障害児教育の義務制の実施 11
  第2節 学校教育と福祉施設 15
    1）知的障害児の教育と福祉 15
    2）戦後の学校教育制度と児童福祉法の制定 22
  第3節 精神薄弱者福祉法（現：知的障害者福祉法）の制定 33
  第4節 教育を受ける権利の保障と特別支援教育 40
    1）特殊教育から特別支援教育へ 40
    2）ノーマライゼーションとインクルーシブ教育 45

第2章 戦後の復興から社会福祉基礎構造改革へ ……………………………53
  第1節 社会福祉法人制度と措置委託制度 53
    〈参考資料1〉 社会福祉事業団等の設立及び運営の基準について
    〈参考資料2〉 社会福祉事業団等の設立及び運営の基準の取扱について
    〈参考資料3〉 「社会福祉事業団等の設立及び運営の基準について」の一部
              改正について
  第2節 社会の変化と社会福祉基礎構造改革 70
    〈参考資料4〉 「社会福祉の基礎構造改革について（主要な論点）」の概要
    〈参考資料5〉 「社会福祉基礎構造改革について（中間まとめ）」の要点

4　目次

　　〈参考資料6〉社会福祉基礎構造改革を進めるに当たって（追加意見）
　　〈参考資料7〉社会福祉の増進のための社会福祉事業法等の一部を改正する等の法律の概要
　第3節　「措置」から「契約」への制度転換と問題点　86
　　〈参考資料8〉今後の障害保健福祉施策について（改革のグランドデザイン案）
　第4節　社会福祉法人制度改革の意義と課題　94
　　〈参考資料9〉社会福祉法等の一部を改正する法律の概要
　　〈参考資料10〉社会福祉法人制度の在り方について
　　〈参考資料11〉社会保障審議会福祉部会報告書 ～社会福祉法人制度改革について～

第3章　障害者自立支援法から障害者総合支援法へ　………………149
　第1節　障害者自立支援法のねらい　149
　　〈参考資料12〉障害者自立支援法のねらいと概要
　第2節　障害者自立支援法をめぐる問題　152
　　〈参考資料13〉障害者自立支援法違憲訴訟原告団・弁護団と国（厚生労働省）との基本合意文書
　第3節　自立支援法から総合支援法へ　164
　　〈参考資料14〉障害者自立支援法改正法のポイント
　　〈参考資料15〉地域社会における共生の実現に向けて新たな障害保健福祉施策を講ずるための関係法律の整備に関する法律の概要
　第4節　障害者総合支援法施行3年後の見直し　172
　　〈参考資料16〉障害者総合支援法施行3年後の見直しについて～社会保障審議会　障害者部会　報告書～
　　〈参考資料17〉障害者の日常生活及び社会生活を総合的に支援するための法律及び児童福祉法の一部を改正する法律（概要）

第4章　教育の意義と福祉の意義 …………………………………………201
　第1節　人間的成長発達の特質と教育・福祉　201
　第2節　人間的進化と発達の個人差　205
　第3節　教育と福祉の関係　210
　第4節　「福祉」の意味と人権　213
　　1）福祉の意味について　213
　　2）基本的人権の享有について　229
　　3）「知的障害者の権利宣言」と「障害者の権利宣言」　237
　　4）障害者の権利に関する条約と「合理的配慮」　241

第5章　展望所感 ……………………………………………………………247
　第1節　障害（者）観と用語の問題　247
　　1）「発達障害」の用語と発達障害者支援法の定義　247
　　2）発達障害, 精神遅滞, 知的障害　251
　　3）「精神薄弱」から「知的障害」へ　253
　　4）障害の予防と「障害者」　260
　第2節　新たな障害（者）観と国際生活機能分類の意義　263
　第3節　障害児教育の義務制の意義と課題　269
　第4節　障害者支援をめぐる問題　275
　　1）完全参加と平等について　275
　　2）人の自立と障害者の働く権利について　277
　　3）施設中心の施策から脱施設へ　290
　　4）障害者施設の殺傷事件と施設の再建　295
　　〈参考資料18〉津久井やまゆり園再生基本構想策定に向けた現時点での県と
　　　　　　　　しての基本的な考え方
　　〈参考資料19〉津久井やまゆり園再生基本構想策定に関する部会検討結果報
　　　　　　　　告書の概要

要旨　311

あとがき　315

第1章
日本の障害児教育の始まりと福祉

第1節　義務教育の制度と障害児

1）近代日本の公教育制度と障害児

　近代日本の公教育制度は，1871（明治4）年に明治新政府によってはじめて全国の教育統括機関として文部省（現在の文部科学省）が設置され，翌1872（明治5）年に日本で最初の全国規模の公教育制度のための法令である「学制」が公布されたことにより始まった。

　学制とは，文部省が教育行政を統括するために採用した学校の設置に関する「学区制」のことである。まず全国を8大学区に分け，各大学区を各々32中学区に分け，各中学区を210の小学区に分ける。そしてそれぞれの学区に対応して大学校，中学校，小学校を設置するというものである。したがって総数では8大学，256中学，53,760小学の設置が企図されたことになる。それは，小学校は人口600人に対して1校，中学校は人口13万人に対して1校という割合であった。

　学制の実施は，富国強兵・殖産興業を目標として，国民一般の教育の振興を図るために，まず小学校の普及充実をめざすというものであった。学区は学校の設置単位であるとともに，地方教育行政組織でもあり，各大学区には「大学本部」「督学局」を置き，督学官が文部省の意向に沿って地方官と協議の上，教育行政を担当した。各中学区には地方官の任命する「学区取締」を置き，各取締は小学区内の就学特例などの学務と学校の設立・維持などの監督・指導に当たった。また学校体系は学区制に基づき，大学校・中学校・小学校を基本にしながら，師範学校・専門学校なども含め，かなり複雑な形ではあったが，それらは身分や階層の別なく，すべての国民に開放された単一の体系とした。そ

のうちもっとも基礎になるのが尋常小学校である。尋常小学校は，学齢（就学しなければならない年齢）によって下等小学校と上等小学校に別れており，原則として下等小学校の対象となる学齢は6歳から9歳，上等小学校の対象となる学齢は10歳から13歳とされた。この下等小学校と上等小学校については，「此二等ハ男女共必ス卒業スヘキモノ」とした。つまり男女とも必ず卒業すべきものと定めたのであるが，その一方で，それは民衆の自発的な参加によるとし，教育費は受益者負担を原則とする方針を示した。

　明治新政府による学制は，幕末から明治維新へと時代が変革されるなかで，教育が国家発展のための重要な基礎であるとして，近代的な学校制度の樹立をめざして欧米先進諸国の教育制度を模範として（制度の形式は主にフランスを模範としたといわれる）立案・作成されたものである。しかし，その施行においてはかなり強引であり，国民の人間としての教育要求に対して行政がそれを援助するという形で確立されてきた西洋における教育制度とは，著しい対照をなすともいわれている。新しい教育制度にかける明治政府の意気込みは大きかったものの，にわか仕込みともいうべき不備な点も多かったようである。

　学制の発足は，小学校の普及と充実に力点を置くものであったが，財政的裏づけを欠いていたため，小学校新設については，その多くが庶民の代表的教育機関として存在していた寺子屋や私塾などを再編成する方式により，全国各地に急速に開設されていった。師範学校やその他の教員養成機関が設立されるなど，新しい教育の実施にふさわしい教員の養成も重視されたが，学制の実施がかなり強引であったことと新しい教育制度が当時の状況とはかけ離れていたこともあり，国民の抵抗にあった。[1][2]

　政府が国民一般に与えようとした教育に対して，国民の多くがその必要性を認めず，学校のもっとも基礎となる小学校の教科についても，従来の寺子屋に見られたような「読・書・算」中心の内容とは異質で，実際の生活とはかけ離れたものとして受け止められた。さらに教育費の受益者負担の原則が，庶民に過重な負担を与えた。特に人口の大多数を占める農民にとっては，子どもの就

学は直接家内労働力の減少につながり，死活問題になるほど重要なことであったにもかかわらず，政府の政策にはその実質的保障である経済的諸条件の整備の意識が欠落していた。庶民にとっては教育費の負担や実学的でない教育内容に対する不満に加え，大事な家内労働力としての働き手を奪われることにもなり，その結果，就学拒否の風潮がみられ，不満は高まり，小学校の焼き打ちや打ちこわしという事件をも引き起こした。

　明治新政府は，近代的な学校制度を樹立するとして，小学校の普及と充実をめざし，学制を強行実施したのである。この学制の第21章「小学」には，「小学は教育の初級であるから人民一般必ず学ばなければならないものとする」という内容の規定とともに，小学の種類を尋常小学，女児小学，村落小学，貧人小学，私塾，幼稚小学に区分し，その外に「廃人学校アルヘシ」とある。「廃人」とは，心身の障害や病気などで通常の社会生活を営むことがむずかしい人を意味し，そのための学校もなければならないとしているわけであるが，この廃人学校が具体的にどのような学校であったのか，また実際に存在したかどうかは不明である。

> 第二十一章　小学
> 小学ハ教育ノ初級ニシテ人民一般必ス学ハ二アルヘカラサルモノトス之ヲ区分スレハ左ノ数種ニ別ツヘシ然モ均ク之ヲ小学ト称ス即チ尋常小学女児小学村落小学貧人小学私塾幼稚小学ナリ其外廃人学校アルヘシ
> （傍線筆者）

　「廃人学校アルヘシ」とあるからには，公教育制度の対象として障害のある児童にも一応は目が向けられていたということではあろうが，その後に続く教育法制度上には障害児教育に関する明確なものはない。

　学制の実施は，庶民の抵抗もあり，1879（明治12）年9月に廃止され，代わって「教育令」が公布された。この教育令は，学齢（就学年齢）を6歳から14歳までの8年間とし，そのうち最低16か月の普通教育を受ければよいとする就学義務を明示した。さらにその翌年の1880（明治13）年12月の改正では，学校の設置や就学の義務が強化されたが，障害児教育に関することは不明である。

1886（明治19）年には教育令に代わって「学校令」が公布され，1890（明治23）年4月の小学校令では，学齢を満6歳から満14歳と定め，保護者に就学の義務を課す一方で，「<u>貧窮ノ為又ハ児童ノ疾病ノ為</u>ソノ他已ムヲ得サル事故ノ為学齢児童ヲ就学セシムコト能ハサルトキハ学齢児童ヲ保護スヘキ者ハ<u>就学ノ猶予又ハ免除ヲ市町村長ニ申立ルヘシ</u>」（下線筆者）というように，貧窮や児童の疾病を理由とした就学の猶予や免除の規定が設けられた。

貧窮の場合の児童の就学猶予や免除の規定は，貧窮家庭にとっては年少児童もその家を支える大事な働き手であり，就学義務を果たすということはその働き手を失うことであり，そうしたことへの配慮を要したからである。貧窮家庭の児童や疾病児童の就学猶予や免除を規定した小学校令は同年10月に再改正され，「市町村ハ幼稚園図書館盲唖学校其他小学校ニ類スル各種学校ヲ設置スルコトヲ得」というように，市町村は盲唖（もうあ）学校を設置することができると定められた。盲唖とは盲と聾（ろう）のことで，視覚障害と聴覚障害を意味し，唖は耳が聞こえない結果として言語も発声できないことをいうが，翌年の1891（明治24）年11月には文部省令第18号で盲唖学校に関する規程が示された。この改正小学校令とそれに続く文部省令第18号が，盲唖に限定したものではあるが，公教育制度における障害児教育に関する最初の法規定ということになる。[3)4)]

その後，小学校令は1900（明治33）年8月にさらに改正され，貧窮家庭のための就学免除や猶予はなくなり，「学齢児童<u>瘋癲白痴又ハ不具廃疾</u>ノ為就学スルコト能ハスト認メタルトキハ市町村長ハ監督官庁ノ認可ヲ受ケ学齢児童保護者ノ義務ヲ免除スルコトヲ得。学齢児童病弱又ハ発育不完全ノ為就学セシムヘキ時期ニ於テ就学スルコト能ハスト認メタルトキハ市町村長ハ監督官庁ノ認可ヲ受ケ就学ヲ猶予スルコトヲ得」（下線筆者）というように，「瘋癲白痴又ハ不具廃疾（ふうてんはくち・ふぐはいしつ）」の場合は就学義務を免除し，「病弱又ハ発育不完全」の場合は就学を猶予するとして，盲唖（盲と聾）以外の障害児及び病弱や発育不完全の児童についての就学の免除と猶予の規定が設けられた。[5)]

瘋癲（ふうてん）とは精神的疾患や障害，白痴（はくち）は知的障害，不具廃疾（ふぐはいしつ）とは身体障害や不治

の疾病等，病弱又は発育不完全とは虚弱体質や発育不良のことである。

　この規定が盲唖以外の心身障害に関する最初の教育法規定ということになるが，就学の免除や猶予という形で，盲唖以外の心身障害や病弱や発育不良の場合は学校教育の制度や就学義務の対象外とすることを明示したことになる。

２）障害児教育の義務制の実施

　盲・聾を対象とする学校の設置が先行するなかで，盲・聾以外の心身に障害のある児童のための学級や学校が設置されるようになるのは，1941（昭和16）年に「国民学校令」が施行され，国民学校令施行規則第53条に「国民学校ニ於テハ身体虚弱，精神薄弱其ノ他心身ニ異常アル児童ニシテ特別養護ノ必要アリト認ムルモノノ為ニ学級又ハ学校ヲ編制スルコトヲ得」（下線筆者）というように身体虚弱や，精神薄弱その他心身に異常があり，特別に養護の必要があると認められる児童のための学級や学校を編制することができるということが定められ，続く同年5月8日の文部省令第58号により，身体虚弱，精神薄弱（知的障害の旧用語），弱視，難聴，吃音，肢体不自由等の障害の内容別に養護学級又は養護学校を編成することに関する規程が示されてからのことである。[6)]しかし実態は依然として，盲教育と聾唖教育が主要なものであった。

国民学校令施行規則第53条ノ規定ニ依ル学級又ハ学校ノ編制ニ関スル規程

（昭和16年5月8日文部省令第58号）

第1条　本令ニ於テ養護学級又ハ養護学校ト称スルハ国民学校令施行規則第53条ノ規定ニヨリ編制セルモノヲ謂フ

第2条　養護学級又ハ養護学校ノ1学級ノ児童数ハ30人以下トス

第3条　養護学級又ハ養護学校ニ在リテハ成ルベク身体虚弱，精神薄弱，弱視，難聴，吃音，肢体不自由等ノ別ニ学級又ハ学校ヲ編制スベシ

第4条　養護学級ヲ編制シタル学校又ハ養護学校ニ於テハ養護訓導ヲ置クベシ

第5条　地方長官ハ特ニ必要アリト認ムルトキハ市町村，市町村学校組合又ハ町村学校組合ニ養護学級ノ編制ヲ命ズルコトヲ得

盲・聾以外の心身障害も含めた障害児の教育が義務教育として明確に位置づけられるのは，戦争が終結し，国民の基本的な権利の一つとして，教育を受ける権利を定めた新たな日本国憲法が1946（昭和21）年11月3日に公布，翌年5月3日に施行，1947（昭和22）年3月に教育基本法と学校教育法が公布されたことによってである。

教育基本法は，「すべて国民は，ひとしく，その能力に応ずる教育を受ける機会を与えられなければならないものであって，人種，信条，性別，社会的身分，経済的地位又は門地によって，教育上差別されない。」として教育の機会均等について定めるとともに，「国民は，その保護する子女に，9年の普通教育を受けさせる義務を負う。」というように，義務教育の年限を明示した。

学校教育法は，学校の範囲について「この法律で，学校とは，小学校，中学校，高等学校，大学，盲学校，聾学校，養護学校及び幼稚園とする。」と定めるとともに，小学校の修業年限を6年，中学校の修業年限を3年と定め，保護者は学齢児童・生徒を小学校，中学校，盲学校，聾学校，養護学校に就学させるべき義務を負うと規定した。盲学校，聾学校，養護学校については，「特殊教育諸学校」という括りで，それぞれ盲者（強度の弱視者を含む），聾者（強度の難聴者を含む）又は精神薄弱者（知的障害者），肢体不自由者もしくは病弱者（身体虚弱者を含む）に対して，幼稚園，小学校，中学校又は高等学校に準ずる教育を施し，あわせてその欠陥を補うために必要な知識技能を授けることを目的とするとして，特殊教育諸学校の目的とその実施に関する必要な事項を定め，特殊教育諸学校における教育は「特殊教育」と呼ばれることになった。

学校教育法は，「盲学校，聾学校及び養護学校には，小学部及び中学部を置かなければならない。ただし特別の必要のある場合においては，その一つのみを置くことができる。盲学校，聾学校及び養護学校には，幼稚部及び高等部のみを置くことができる。」という規定によって，一般の小学校及び中学校における義務教育に対応して，これらの学校にも小学部と中学部を原則として必置とし，さらに幼稚部と高等部を置く途をひらいている。また都道府県に対し，

盲学校，聾学校，養護学校の設置を義務づけ，小学校，中学校及び高等学校には障害児童及び生徒のための特殊学級を置くことができると規定した。

　こうして，教育基本法と学校教育法により，盲学校，聾学校，養護学校は，小学校，中学校と並んで原則的には義務教育学校となり，小学校の修業年限を6年，中学校の修業年限を3年とするいわゆる「六三制」の義務教育を根幹とする新たな学校制度が具体的に示され，従来の学校教育制度の根底からの改革が図られた。なお盲学校と聾学校の設置に関しては，1923（大正12）年の「盲学校及び聾唖学校令」によって，すでに設置が義務づけられていたわけで，「盲学校及び聾唖学校令」では「聾唖学校」と称してきた学校については，学校教育法では「聾学校」と呼ぶことになった。それは「唖＝言語を発声できないこと」という状態は「聾＝耳が聞こえないこと」を原因に派生するもので，学校における口話法の教育を徹底すれば唖を除き得るという聾教育関係者の主張によるものである。また，盲・聾以外の心身障害児（知的障害・肢体不自由・病弱）を対象とする学校が「養護学校」という名称に総括されることとなったのは，前掲の1941（昭和16）年5月8日文部省令第58号の「国民学校令施行規則第53条ノ規定ニ依ル学級又ハ学校ノ編制ニ関スル規程」にある「養護学校」という名称を受け継いだものと思われる。

　学校教育法は，小学校及び中学校の設置については市町村に義務づけている。しかし，盲学校，聾学校，養護学校の設置については，その対象となる児童・生徒数などの実態調査も行われておらず，もともと例外的少数であることには相違なく，市町村の区域を単位としたのでは一校を設けるほどの数には達しないであろうという理由から，都道府県の区域を単位とし，設置は都道府県の責任とされた。しかし実際に，養護学校が設置されるようになるのは，1956（昭和31）年に「公立養護学校整備特別措置法」（現在は廃止）[注]が制定されてからであり，養護学校の義務制が実施されるのは，さらにその後のことである。それは学校教育法の附則に，「この法律は，昭和22年4月1日から，これを施行する。ただし，盲学校，聾学校及び養護学校における就学義務並びにこれ

らの学校の設置義務に関する部分の施行期日は，勅令（昭和23年法律第133号により「政令」と改正）でこれを定める。」という但し書きがつけられていたことによるものである。この但し書きに基づき，1948（昭和23）年から学齢に達した盲児・聾児については，すでに1923（大正12）年の「盲学校及び聾唖学校令」によってその設置が義務づけられていたという経緯もあり，それぞれ盲学校，聾学校への就学を義務づけ，以後学年進行により完成していく方式により盲・聾学校の義務化だけが実施された。しかし知的障害，肢体不自由，病弱（身体虚弱を含む）を対象とする養護学校の義務制の実施については，実績がまったくない新たな学校であったうえ，当時は敗戦の混乱と財政的窮乏のなかで，一般の小学校，中学校の義務教育を強行しなければならないという事情もあり，後日しかるべき時期がきたら改めて義務制実施について考えるということにせざるを得なかった。実際に養護学校の義務制が実施されたのは，戦後の新しい学校制度が発足してから32年目の1979（昭和54）年4月からである。[7]

なお戦後に制定された当初の教育基本法は2006（平成18）年12月に全面的に改正・施行され，学校教育法は2016（平成28）年に最新改正が行われて現在に至っている。

注）公立養護学校整備特別措置法
　この法律の目的（第1条）は，「この法律は，養護学校における義務教育のすみやかな実施を目標として公立の養護学校の設置を促進し，かつ，当該学校における教育の充実を図るため，当該学校の建物の建築，教職員の給料その他の給与等に要する経費についての国及び都道府県の費用負担その他必要な事項に関し特別の措置を定めることを目的とする。」というものであったが，平成18年3月で廃止となった。
　これは平成17年12月に取りまとめられた中央教育審議会答申「特別支援教育を推進するための制度の在り方について」の提言を踏まえ，盲・聾・養護学校の制度を複数の障害種別を対象とすることができる特別支援学校の制度に転換するとともに，特別支援学校の教員の免許制度を整備し，また小中学校等においても特別支援教育を推進するための規定を法律上明確に位置づけることなどを内容とする「学校教育法等の一部を改正する法律」が平成18年6月に成立，翌年4月施行となったことと関連する。

第2節　学校教育と福祉施設

1）知的障害児の教育と福祉

　知的障害は「精神薄弱」と称されてきたが，精神薄弱は不適切な用語であるということで，1999（平成11）年以降は「知的障害」がそれにかわる用語となって現在に至っている。精神薄弱という語が法令上にはじめて記されたのは，1941（昭和16）年に「小学校令」が「国民学校令」に改正されるにあたり公布された国民学校令施行規則第53条の「国民学校ニ於イテハ身体虚弱，精神薄弱其ノ他心身ニ異常アル児童ニシテ特別養護ノ必要アリト認ムルモノノ為ニ学級又ハ学校ヲ編制スルコトヲ得」という条文においてである。この条文において「精神薄弱」の用語とともにそのための学級や学校を設けることができるということがはじめて明記された。これにより，盲・聾以外の心身障害を対象とする学級や学校も教育法制度上に位置づけられたわけであるが，国民学校令が制定される以前からも特殊学級に類するような特別な学級の編制は行われていた。しかしそれは法律に基づく正式な学級ではなかったため，それらの学級の性格は一様ではなく，1890（明治23）年4月に長野県の松本尋常小学校に設けられた「落第生学級」というのが今日資料に残る最初の特殊学級とみられている。その後この種の学級は次第に増加するが，大正後期から戦争直前まではその数に大きな変動はなく，最も多いときで全国に300位の学級があったとみられる。このように知的障害を対象とする教育的取り組みは，国民学校令が施行される以前においても行われていたわけで，それに伴って知的障害に関する研究も次第に進み，その教育的意義も理解されるようになっていたのであるが，戦争の激化とともにそれは失われてしまうことになる。

　近代日本の公教育制度は，明治政府が国力増強のために掲げた政策である富国強兵・殖産興業を実現するための教育制度であった。そのため，教育を受けるということは立身出世に結びつくということになり，就学率は上昇した。し

かし,当時の小学校には進級試験があり,学校教育の普及と就学率が高まるにつれて,学業についていけないいわゆる「劣等生」「落第生」が出てくるようになった。それを放置することはできないということから対策を講じることが必要となり,ドイツのマンハイム・システム[注1]に似た能力別学級編制である「落第生学級」と呼ばれる特殊学級が編制されることになる。これが,公教育制度の中に知的障害教育が組み入れられるようになったはじめである。

1890(明治23)年に長野県松本尋常小学校で試みられた「落第生学級」と呼ばれた特殊学級の対象は,進級試験に落第した学業不振児ということであるが,その学業不振の原因は,知的障害によるものと推察できる。したがって,この落第生を特別な学級編制によって教育して原学級にもどすというのは実際的には困難であったことから,落第生学級は4年後には解散する。しかし1896(明治29)年には,長野県長野尋常小学校に「晩熟生学級（ばんじゅくせい）」という学級が編制された。この落第生学級や晩熟生学級での取り組みこそが,現在に至る学校教育制度としての知的障害教育の源流であるといってよい。

晩熟生学級の教育対象や学習内容の詳細は不明であるが,「落第生学級」から「晩熟生学級」への名称の変化は,その教育的取り組みのあり方や教育内容に関する考え方の変化を示唆するものといえる。それはたとえ少人数の学級を編制して個別の指導をしたとしても,知的障害の場合,知能の発達が遅滞しているという障害特性があるわけで,一般的な教育内容や方法によって知識の獲得を促し,障害のない場合とまったく同じようなレベルに到達させようとしても無理があることへの配慮の意味が「落第生学級」から「晩熟生学級」への名称の変化に込められているといってよいかもしれない。[8]

日本における知的障害児に対する教育的な取り組みは,1891(明治24)年に石井亮一(1867〜1937)[注2]によって「孤女学院」(1897年に「滝乃川学園」に改称)が創設されたのがそのはじめとされている。

当初は,濃尾地方の大地震による女子孤児の救済のための孤児院(養護施設)として「孤女学院」の名で出発したが,知的障害のために自立できない女

子孤児がいたため、その保護教育を目的に、知的障害児のための寄宿舎つきの私立学園という形で「滝乃川学園」という名称で再発足したのである。

現在の滝乃川学園の所在地は東京都国立市谷保であるが、滝乃川の名称は、最初の所在地の地名をとったもので、数回の移転を経て現在に至っている。

石井は障害児のための教育法を求めて1896（明治29）年に渡米している。そして、セガン（1812～1880）[注3]の未亡人から親しく教えを受けた。セガンの生理学的方法を学び、その影響を受けた取り組みは、現在に至る日本の知的障害に対する教育的取り組みの礎となったといってもよいであろう。

石井が滝乃川学園で行った、生理学的方法としての感覚訓練と生活指導を基調とする教育的取り組みは、その後の第二次世界大戦以前の知的障害施設の発展に大きな影響を与え、民間の個人施設が相次いで設けられることにもなった。これらの施設は、落第生学級や晩熟生学級のようないわば学校教育系統への流れの源ともいえる公教育的立場のものとは対照的な、社会福祉的立場に立ったものであり、第二次大戦中に公立の特殊学級が次々に閉鎖されるなかでも存続し、戦後の児童福祉法の制定に至る基盤になったといえる。これらの施設に共通するのは、知的障害者が引き起こす犯罪事件などに対する社会防衛的な発想により設置された欧米の施設とは対照的に、社会の圧迫などから知的障害児を守ろうとしたこと、施設入所児を単に保護するのではなく、障害の軽減と自立能力を高めようとする試みがあったこと、である。そこにきわめて重要な教育的意味と福祉的意味があり、それがそもそもの日本の「施設」における取り組みの最も大切にすべき特徴でもある。[9)][10)][11)][12)]

滝乃川学園は、創始者である石井亮一のキリスト教的人道主義がその基盤にあり、慈善事業的保護事業という考え方から発した人道主義に裏打ちされた教育的意図が強い取り組みであったといってよい。石井の夫人である筆子も滝乃川学園の運営に尽力していたことが映画化されたことで知られるようになった。

一方、長野県松本尋常小学校の「落第生学級」は、統一国家をめざす明治政府の国力増強を図るための目標を掲げた教育の流れに乗れない「落第生」を放

置しておくわけにはいかないとして考えられた学級編制であった。

　松本尋常小学校の「落第生学級」と石井亮一による「滝乃川学園」は、それぞれ異なる事情からはじまった取り組みではあるが、この二つの取り組みは、どちらも明治時代において時期をほぼ同じくするものであり、それはいわば日本の学校教育系統への流れと福祉施設系統への流れという二つの流れの源としてとらえることができる。また、この落第生学級と滝乃川学園がほぼ同時期に発足した時代的背景について考えてみることも大切である。それは、欧米諸国に負けない国力の増強を図ろうとしていた一方で、当時の生活水準の低さから貧民救済事業や慈善事業がさまざまな形で発生しつつあった時期であり、そして、その発生こそが知的障害に対する人道主義的発想に基づく教育的かつ福祉的な取り組みを促したものと考えられるからである。

　この明治中期にあらわれた「落第生学級の編制」と「滝乃川学園の創設」という知的障害に対する教育・福祉の萌芽は、日清・日露の戦争もあって目立った進展はみられなかったが、明治の末葉に欧州の教育事情を視察して帰った、乙竹岩造[注4]らの報告もあり、文部省は1907（明治40）年4月に「師範学校規程ノ要旨及施行上ノ注意」に関する訓令において、師範学校の付属小学校に対して「ナルヘク盲人、唖人又ハ心身発育不完全ナル児童ヲ教育セン為、特別学級を設ケテコノ方法ヲ研究センコトヲ希望ス。蓋シ此ノ如キ施設ハ従来未ダ多ク見ザル所ナリト雖モ、我国教育進歩ト文化ノ発展トニ伴ヒ、将来ニ於テハ、ソノ必要アルヲ認ムルヲ以テナリ。」という要請をしている。つまり教育の進歩と文化の発展に伴い、将来において必要となるので、なるべく盲人や唖人又は心身発育不完全の障害児童の教育のための特別学級を設けて、そのための教育方法の研究をするようにと要請したのである。

　この要請に対して、徳島、和歌山、高知、三重などの師範付属小学校には盲学級、聾学級が、大阪、岩手、福岡、姫路、東京高等師範には知的障害児の学級が開設されたが、これらの学級には財政的裏づけがなかったため、大正期の半ばごろまでにはほとんど消滅してしまう。しかし、1908（明治41）年に開設

された東京高等師範学校付属の「補助学級」は，その後もずっと継続し，戦後は，東京教育大学付属大塚養護学校となり，1978（昭和53）年に筑波大学付属大塚養護学校（現在は特別支援学校）となって現在に至っている。[13) 14)]

　日本における知的障害児のためのはじめての学校は白川学園で，運営と実践の中心となったのは脇田良吉（1875～1948）[注5)]である。白川学園は，最初は知的障害児のための独立した学校として，1909（明治42）年に京都市教育会の管理下で京都市内に設置されたが，1912（明治45）年より，管理運営の面から公教育の機関としてではなく，脇田の個人経営の知的障害児施設になった。

　日本の法制度上において知的障害，肢体不自由，病弱（身体虚弱を含む）等が義務教育の対象として明確に規定されたのは戦後であるが，知的障害を対象とする独立した最初の公立学校の発足は，大阪市による1940（昭和15）年の大阪市立思斎小学校である。そのきっかけとなったのは，前年の1939（昭和14）年に行った大阪市の全学童を対象とした学業不振児の調査で，学業不振児が8,846人（出現率2.3％）抽出されたことにある。このことは1941（昭和16）年の国民学校令及び同施行規則の施行にも関係することとなる。

　知的障害を対象とする教育・福祉に関しては，社会福祉あるいは社会政策的側面からの救貧，保護にとどまらず，生活指導・訓練や就業訓練に重点が置かれてきた経緯とその意味を考えてみることが大切である。

　養護学校の義務制の実施においては，その教育内容や方法に関することが重要な問題となるが，義務教育ということでは児童福祉施設に在所する学齢児童の指導のあり方との関係も問題となる。また学校卒業後の生活支援や就労支援などとの関連でいえば，それは当然のことながら福祉施策に関する法制度との関係が問題となる。そこに教育施策と福祉施策の整合性のある連携が求められることになり，そうした施策の重要性を考えなければならない。[15) 16)]

注1）マンハイム・システム（Mannheimer-schulsystem）
　マンハイム・システムとは，能力差に配慮した教育を施すために1901年にドイツのバ

イエルン州マンハイム市において視学官ジッキンガー（Sickinger, Josef Anton 1858～1930）の提案により実施された能力別学級編制法である。特に知的障害児のことを考慮したもので，わが国にいち早く紹介され，影響を与えた。

マンハイムではその都市づくりはきわめて計画的・合理的に行われ，学校や学級編制の計画もその一環であった。マンハイム・システムは，正規の学力水準に達しているものが在籍する基幹学級，基幹学級の学習について行かれないもののための促進学級，さらに知的障害をもつもののための補助学級や白痴院を用意した。このうちの促進学級は，基幹学級について行く学力をもたないものや途中からついていけなくなったものを受け入れ，正規の学力水準まで到達させ，基幹学級に戻すことを目的としていた。それぞれの学級人員は，正規学級45人，促進学級30人，補助学級15人でそれぞれの編入は教師・校医・心理学者の判定によるものであった。

能力別の学級を編成することで，合理的に学力の水準を一定にまで到達させようとしたこの試みは，結果として果たされることはなかった。[17)][18)]

注2）石井亮一（いしいりょういち）（1867～1937）

鍋島藩士の三男として佐賀県水ヶ谷に生まれる。1879（明治12）年に鍋島家の奨学生として上京，工部大学（現：東京大学工学部）を志願したが，体格検査で不合格となり，洋行を志して立教大学に入学。ここで生涯を決定づけるような宗教体験をした後，敬虔なキリスト教信者としての先覚者の道を歩む。その業績は，1891（明治24）年の濃尾地方大地震の被災児（女）の救済に始まる孤女学院の設立・経営と，その事業の新しい展開としての滝乃川学園におけるわが国で初の知的障害児のための教育の実践と研究，児童保護に関する鑑別・相談活動であるが，女子教育を通じての教育学一般の研究業績も大きい。

震災で家庭を失った孤児問題への取り組みでは，女児が醜業者の手によって人身売買の犠牲になり，社会的に転落してゆくという当時の児童問題に対する鋭い洞察とキリスト教の信仰がその大きな動機となったといえる。[19)]

注3）セガン（Séguin, Edouard Onesimus 1812～1880）

知的障害児の教育とその研究に生涯をささげた。その業績は，ニューヨーク市に「知的障害及び身体虚弱な子どものための生理学的方法を取り入れた学校」を創設したことである。生理学的方法は，あらゆる能力・機能・態度の開発を図る上で効果的であるとされ，知的障害のみならず，障害のない場合にも効果的な方法と考えられた。

生理学的方法とは，知的障害にみられる不完全な感覚器官を練習・発達させ，ひいては道徳的・知的な教育にまで発展させようとするものであり，それはまず筋肉運動の練習からはじめ，次いで神経系統，感覚器官の教育にもおよび，さらには一般概念の教育，抽象的思考力の陶冶，道徳性への陶冶へ進めようとするものであった。

　セガンは子どもを統一体として考え，感覚機能の発達と知的能力の発達とは互いに関連する不可分のものと考えた。そして感覚機能を練習させることは知的能力を活動させ，発達させることであるとして，そのためのいろいろな感覚訓練の器具を考案した。セガンの理論と実践の根底には，ルソーの「エミール」に共鳴した彼の父親からの影響もあり，「自然主義教育」の思想が流れている。

　セガンの生理学的方法は知的障害教育に大きな影響を与えたのみならず，その著書によって啓発されたモンテッソーリ（Montessori, Maria　1870～1952　イタリアの女医）によって正常な幼児に対する教育方法としても発展していった。[20]

注4）乙竹岩造（おとたけいわぞう）（1875～1953）

　三重県に生まれる。1899（明治32）年に東京高等師範学校を卒業後，文部省視学官兼母校の教授となるが，まもなく教授専任となる。1904～1907（明治37～40）年の3年間欧米留学。欧米各地の特殊教育の状況視察などで貴重な経験を積み，日本における特殊教育施策の欠如を痛感し，帰国後に，特殊教育の必要と思想を著述や講演によって訴え，その普及に努めた。そして1908（明治41）年9月，高等師範小学校に日本で初めての特殊学級（現在の筑波大学附属大塚養護学校）の開設とその運営に尽力し，そこで行われた教育実践は，日本の初期の知的障害教育の指導的役割を果たした。乙竹は単なる研究者ではなく，小学校や中学校に実験場をもち，理論と実践を兼ね備え，将来教師となる高等師範学校の学生を教えた。乙竹の研究及び実践は特殊教育の創始と発展に大きく貢献した。[21]

注5）脇田良吉（わきたりょうきち）（1875～1948）

　京都生まれ，1899（明治32）年に京都市の小学校の教師となる。そこには素行や成績不良児が多数在籍していたが，何の配慮もなく放置されていた。そこで問題児と寝食起居をともにし，補習授業にあたった。また自らの修養としてキリスト教にひかれるようになる。1905（明治38）年，地域の落第生を集めて補習を行う教員組織「春風倶楽部」を設立。その趣意書には「心身発育の状態に異常があるがため学友と相携え能わざるは真に憐れむべきにあらずや」として，個性教育と集団訓育の必要と児童施設の新設及び

教育者と医師の協力によって日々の努力を積み重ねる旨が訴えられている。

1906（明治39）年，「低能児」の教育と研究の状況を知るために，東京の盲亜院や滝乃川学園などを訪れ，翌年，乙竹岩造，石井亮一等の指導を仰ぐ。また東京大学実験心理教室で半年間研究の結果，ドイツのマンハイム式補助学級も十分な成果をあげ得ないと知り，自分で独立した施設をもとうと決心した。1908（明治41）年には京都府教育会より成績不良児教育の調査を委嘱され，1909（明治42）年に，彼の発意によって，京都府教育会の付属事業として「白川学園」が設置された。脇田は学園内の児童を難聴児，低能児，精神異常児，悪癖児，不良児，白痴児等に分類し，それぞれに対処した。白川学園はその後，脇田の個人経営となり障害児の寄宿施設として，滝乃川学園に次ぐ教育的施設として，わが国第2の歴史的地位を占めている。脇田による学校と施設を統合した施設的学校形態の必要性の訴えとその実践は，その後の知的障害児教育の先駆的な役割を担った。[22]

2）戦後の学校教育制度と児童福祉法の制定

教育や文化の流れは戦争や大災害または平和や繁栄などによって左右されるが，明治末期から昭和初期にかけての産業革命や第一次世界大戦などに関連して，日本の教育界は大きく変容した。特に画一的な考え方の教育から個人を尊重する教育，自由主義的教育の思想の流れが入り込んでくると特殊教育への関心も高まり，この時代から第二次世界大戦にさしかかるころまでは，日本の知的障害教育もやや進展を見せた。東京市では，1920（大正9）年4月に本所区（現在の墨田区）の太平尋常小学校と小石川区（現在の文京区）の林町尋常小学校とにおいて特殊学級を開設した。前者は，知的障害の程度は比較的経度のものを対象として，その学習指導法の研究が行われ，後者は，当時の東京市内でも有数の貧民窟であり，環境的に教育上の問題の多い地域のなかでの学級であり，生活指導面の取り組みが行われた。この二学級で児童数は38名であった。

その後，関東大震災に見舞われたものの東京市当局の熱意もあり，1926（大正15）年には29学級，570名となっている。その後，ほとんど増加は見られず，1940（昭和15）年に30学級，422名と横ばい状態が続く。

大阪では1923（大正12）年に8学級，1940（昭和15）年には35学級が設置された。そしてこの年に，日本で最初の知的障害児のための独立した公立学校として大阪市立思斎小学校が生まれている。これは，前年の1939（昭和14）年に行った大阪全市の学童を対象とした学業不振児の調査で8,846人の学業不振児が抽出されたことが引き金となったもので，1941（昭和16）年には「小学校令」が「国民学校令」に改正されるに当り，国民学校令施行規則第53条において，身体虚弱，精神薄弱（知的障害）その他心身に障害のある児童のための学級や学校を編制することができるということと，同年の文部省令第58号による特殊学級又は学校の編制についての1学級の児童数や障害別編制の原則が規定された。こうして芽生えた知的障害教育の流れも戦争によってさえぎられることにはなったが，戦争が終り，新しく定められた日本国憲法の第26条に，国民の基本的権利の一つとして，「教育を受ける権利及び教育を受けさせる義務」が規定され，この憲法の理念に則り，国民学校令などは廃止され，1947（昭和22）年に教育基本法と学校教育法が公布された。これにより教育年限を小学校6年，中学校3年，高等学校3年，大学4年とし，小学校6年と中学校3年を義務教育とするいわゆる「六三制」の学校教育制度が発足し，これが現在に至っているということになる。

戦後の新しい学校教育の制度として，学校教育法は「小学校又は盲学校，聾学校若しくは養護学校の小学部に就学させる義務」とともに，「中学校又は盲学校，聾学校若しくは養護学校の中学部に就学させる義務」について規定した。特殊教育に関しては「盲学校，聾学校又は養護学校は，それぞれ盲者（強度の弱視者を含む），聾者（強度の難聴者を含む）又は，精神薄弱者，肢体不自由者若しくは病弱者（身体虚弱者を含む）に対して，幼稚園，小学校，中学校又は，高等学校に準ずる教育を施し，あわせてその欠陥を補うために，必要な知識技能を授けることを目的とする。」とした。さらに「都道府県は，盲学校，聾学校又は養護学校を設置しなければならない。」とし，「小学校，中学校及び高等学校には，一 性格異常者　二 精神薄弱者　三 聾者及び難聴者　四 盲

者及び弱視者　五　言語不自由者　六　その他の不具者　七　身体虚弱　の各号の一に該当する児童及び生徒のために，特殊学級を置くことができる。」とし，「学校は，疾病により療養中の児童及び生徒に対して，特殊学級を設け，又は教員を派遣して，教育を行うことができる。」ということが規定された。

なお，上記の障害者を示す各号については1961（昭和36）年の学校教育法の改正により，「一　精神薄弱者　二　肢体不自由者　三　身体虚弱者　四　弱視者　五　難聴者　六　その他心身に故障のある者で，特殊学級において教育を行うことが適当なもの」というように改められた。

このように盲学校，聾学校，養護学校と特殊学級の制度を統合的に位置づけたことは画期的なものであったが，実際に養護学校が設置されるようになるのは1955（昭和30）年代に入ってからであり，1956（昭和31）年に「公立養護学校整備特別措置法」が制定された以降である。[23]

戦前の知的障害のための特殊学級の多くは，学業成績劣等なものを対象に学力の回復を第一義的な目的として発足したために，学力促進の機能を果たせないことが明瞭になったときに挫折するものが多かったが，戦後の特殊学級は，1947（昭和22）年に定められた学校教育法の規定に基づいて設置され，発展してきたことになる。学校教育法の制定直後の特殊学級のなかには，国民学校令に基づく養護学級から移行したものと，学校教育法に基づいて新たに発足したものとがあるが，知的障害教育の特殊学級に限っていえば，その数はきわめて少なかった。

学校教育法では，小学校のほかに，中学校，高等学校にも特殊学級を置くことができるということが規定されていたが，さしあたっては新制度下で義務教育の「六三制（ろくさんせい）」が発足し，中学校の3か年が義務制となったことから中学校に特殊学級が置かれることになった。しかし，小学校年齢の児童を対象とした特殊学級は1890（明治23）年の落第生学級をきっかけに，その後もそれに続くような取り組みが行われてきたこともあり，それなりの経験もあったが，中学校年齢の知的障害を対象とする教育的取り組みは未経験であった。

そこで1947（昭和22）年4月に，東京都品川区立大崎中学校の特殊学級を，国立教育研修所（現在の国立教育政策研究所）内に実験学級として設置し，同年5月に開始した。実験学級とはいっても，国立教育研修所が特殊学級を設置することは制度上できなかったので，最寄りの中学校に分教場を置くという形式をとり，品川区立大崎中学校分教場という名目で開設したのである。

この実験学級の設置計画を進め，設置後の運営で主導的役割を果たしたのは，当時の国立教育研修所の所員であった三木安正（1911〜1984）[注1]である。

この実験学級ともう一つ，滋賀県大津市に糸賀一雄[注2]，田村一二[注3]，池田太郎[注4]らによって開かれた近江学園の二つが，戦後の新たな知的障害を対象とする学校教育体系と福祉施設体系への源流になったといってよい。[24]

実験学級であった品川区立大崎中学校分教場は1950（昭和25）年に独立した校舎をもち，東京都立青鳥中学校となった。そして特殊教育推進の契機となった1956（昭和31）年の「公立養護学校整備特別措置法」制定によって，東京都立青鳥養護学校（現在の都立青鳥特別支援学校）となって現在に至っている。この実験学級をきっかけとして，1949（昭和24）年以降各地に小・中学校に併置の特殊学級が開設されていった。青鳥養護学校が戦後の知的障害教育の展開において果たした役割は大きい。

一方，近江学園は，1946（昭和21）年11月，当時街頭にあふれていた戦災孤児，極度の貧困家庭の児童とともに知的障害児の保護と教育を行う目的で発足したが，それは知的障害のための福祉啓発という大きな意味をもっていたという点に注目すべきである。発足当初は同胞援護会滋賀県支部と県社会事業協会の共同経営であったが，1947（昭和22）年に児童福祉法の公布のもとに県立の施設となって現在に至っている。公立の知的障害児施設としては，日本で最初のものである。

品川区立大崎中学校分教場は教育制度に関する戦後の改革を端緒とするものであり，知的障害の程度は比較的軽度のものを対象とした。近江学園のほうは戦災による孤児や浮浪児，非行児対策との関わりで創設されたもので，そのた

め知的障害の程度は比較的重度か,環境的に問題のあるものを対象とした。大崎中学校分教場の学校教育的立場からの取り組みと,近江学園の福祉施設的立場からの取り組みが,戦後における現在の知的障害児を対象とする教育体系・福祉体系に直接的に関わる出発点となったといえるが,双方における取り組みには,敗戦後の生活困窮の時代にあって,対象児の将来をどのように考えるかという点での共通性があった。[25] 社会に出て生活していけるかどうかという課題である。そのために生活能力を養うということが教育目標として考えられ,それがいわゆる「生活教育」「生産教育」という戦後日本の知的障害教育の特色ともなった。しかし,そうした教育の特色は,戦後から時が経ち,生活が豊かになるにつれ,また特殊学級の急速な増加や空虚な無差別平等の教育思想によって薄らいでいくこととなった。そしてそのことが,その後の養護学校の義務制の実施との関係においても大きな問題となった。なぜなら養護学校の義務制の実施では,当然のことながら,その卒業後のことについてどのように考えるかということが問題であり,それは知的障害というものをどのように理解し,そのためにはどのような教育をどのように行うかという教育理念に関わる問題でもあったからである。

　知的障害児への対応は,学校教育系統と福祉施設系統への二つの流れとなって現在に至るわけであるが,「教育」と「福祉」は一般的には違う領域のように考えられがちである。しかし教育でも福祉でも,それは人が人としてよく育ち,よりよく生きてゆくためのものという意味では本来的には別々の領域のものではなく一体的なものと考えたほうがよい。したがって教育の場は学校でなければならないというようなことではないが,1947（昭和22）年3月に制定された学校教育法により,養護学校・特殊学級の就学義務が規定された。しかし養護学校の義務制はすぐには実施されなかったため,知的障害に対する教育は特殊学級の振興に頼るという状況にあった。また,1947（昭和22）年12月に制定された児童福祉法には「精神薄弱児施設」が規定され,その後,知的障害の子どもをもつ親の会の運動もあって,1953（昭和28）年11月9日に「精神薄弱

児対策基本要綱」が各省次官会議において正式決定された。この要綱の策定により，戦後はじめて知的障害児のための総合対策が立てられることになり，各省は相互に連携をとりながら要綱に盛り込まれた諸施策の具体化及び実現化のために努力することを申し合わせた。これが知的障害に対する教育・福祉の取り組みを本格化させる契機になったともいえる。[26]

　こうした経緯のなかで，知的障害児教育についていえば，戦後間もない時期から1979（昭和54）年に養護学校の義務制が実施されるに至るまでの間において，障害児の「施設」が担ってきた教育の場としての役割は大きい。また養護学校の義務制実施後においては，福祉施設が養護学校の卒業生の大きな受け皿となって現在に至っている。この事実は今後に向けての知的障害児（者）の教育や福祉を考える上で直視すべき重要な点である。

　西洋諸国の施設は，特別なケアを必要とする知的障害児（者）等を家庭から引き取って，施設の中で保護・指導しようとする考え方によるものであるが，それはいわば知的障害（者）が引き起こす犯罪事件などから社会を守るためという社会防衛的な発想からの政策的な「施設化」によって進展してきたといえる。それは施設内だけですべてを完結しようとするものであり，施設の職員体制は専門スタッフ（内科医，精神科医，歯科医，ＯＴ，ＰＴ，ＳＴ，看護師，サイコロジスト，ソーシャルワーカー，保護指導員，ハウスキーパ，その他）と管理部門職員によって構成され，設備は管理棟，居住棟，医療棟，治療訓練棟などによって構成されるというのが一般的で，このような施設体制は，北欧，北米（州立施設）等においてもほぼ同様であった。入所施設はインスティチューション（institution）と呼ばれ，施設内の保護・指導・治療・訓練等の体制は，科学性の裏づけのもとに完成の域に達したといえる。しかしその半面，隔離隔絶による人間性軽視に陥ったことの反省もあり，それが施設化政策の見直しとなって，やがて脱施設化政策への転換が図られることになったのである。[27]

　こうしたこととは対照的に，日本の場合の施設の取り組みは，社会防衛的な発想による隔離隔絶的なものというよりも，社会の圧迫から保護し，教育的取

り組みを施すものであったというところにきわめて大きな意味がある。その原点は明治時代の「滝乃川学園」にあるが，障害児（者）施設が法制度的に明確に位置づけられて，その取り組みが本格化するのは第二次世界大戦後のことである。それは戦災孤児，引き上げ孤児，家庭基盤の崩壊に伴う都市部を中心とする浮浪児の対策が急務であったことから始まった。

　当時，浮浪児は同情を引くために，戦災孤児と自称していたので浮浪児と戦災孤児が同一視されていたが，1946（昭和21）年9月に厚生省社会局から「重要地方浮浪児等保護要綱」という通達が出されている。この要綱による保護の方法は，いわゆる「狩り込み」といわれるもので，駅や盛り場に群がる浮浪児を一斉にトラックに積み込み，一時保護所に収容してから，それぞれの児童収容施設に振り分けて送り込むというものであった。

　保護された浮浪児の数は，多いときには月間1,300人以上という記録も残っている。それらの浮浪児は，静かに施設で生活するわけではなく，狩り込み輸送の途中で逃げ出すなど，施設からの逃亡も日常茶飯事であった。戦後の一時期，日本は占領軍総司令部の管理下に置かれていたが，その公衆衛生部が児童の居室の施錠を禁じていたために簡単に逃亡できたのである。収容されては逃亡し，浮浪しては狩り込みに合い，また収容されるという悪循環が繰り返されていた。なぜこのようなことが繰り返されのたか。このころ，一般的食糧事情が極度に悪化していたため，配給に頼る公的施設での食事はイモ類が最上であったが，浮浪児は街頭での貰いや盗みによって，質量ともに施設よりはるかに豊かな食べ物を食べることができたからである。そのため，施設に落ち着くのは，心身の発達に障害があるなどの理由で，生活力の乏しい児童に限られるというのが実情であった。[28]

　こうした状況下で，厚生省は中央社会事業委員会（厚生大臣の諮問機関）に，大臣名で「児童保護事業の強化徹底の方策」について諮問を発したが，その際の審議資料として，厚生省事務当局の試案「児童保護法要綱案」も添えて提出した。この法案は，いわゆる要保護児童を対象にしたものであったが，この審

議にあたった中央社会事業委員会の小委員会は，この際このような当面の保護対策にとどまらず，「法の対象を特殊児童に限定することなく，全児童を対象とし，一般的保護を中心として法に明朗積極性を与えることが必要である。」という結論に達した。これが総会に報告され，大方の賛成を得た。

　そこで1947（昭和22）年1月，委員会総会はこの趣旨の答申を行い，その中で，「児童福祉の基本法を制定することが喫緊の要務である」として，児童福祉法要綱案を添付した。そこで政府はこれに従い，改めて児童福祉法案を起草し，新憲法下の第1回国会に提出，若干の修正を加えて成立，1947（昭和22）年12月12日に公布されたのが現在施行されている「児童福祉法」の最初である。

　児童福祉法の意図するところは，広く児童全体のための福祉の維持増進をねらったものであるが，この法案のそもそものねらいは要保護児童を対象に考えられたものであり，実際的には心身に障害のある児童，行動上問題のある児童，家庭環境上の問題で保護を要する児童等いわゆる要保護児童に対する社会的立場からの保護ということが最も内容のあるものとなっている。こうした経緯もあって，心身障害児に関する行政としての取り組みは児童福祉法の制定によって始まったといってよい。

　児童福祉法では，18歳未満の者を児童と呼んでいる。そして乳児の保健はむろんであるが，児童が心身ともに健やかに生まれ，育成されるためには妊産婦の保健もその範囲に取り込み，妊産婦の保健指導や助産施設での分娩開放等も行うことになっている。これは心身障害の予防にも貢献するものである。保護を要する児童については，児童相談所及び福祉事務所を窓口として，そこに児童福祉司，社会福祉主事等が配置され，児童の保護やその他の必要な相談，指導を行う等児童の福祉増進に努めることとなっている。原則的には，それによって，保護者である父母の家庭に児童を置いたまま問題の解決を図るということになるが，児童の心身に著しい障害があったり，児童の示す行動に重大な問題があったりして，保護者の養育，監督保護に任せておけないような場合には，市町村長または都道府県知事の権限で，「児童福祉施設」に入所または通

所させる措置がとられる。

　児童福祉法制定当初の心身障害児のための児童福祉施設は，精神薄弱児施設，療育施設，教護院等であった。これらの施設には当然学齢児童・生徒が入所するので，義務教育学校における教育との関係が問題となる。この点については法の成立当初は，「養護施設，精神薄弱児施設及び療育施設に入所している児童の義務教育については学校教育法の定めるところによる」というように規定されていた。しかしこれでは就学義務を負う者が児童福祉施設の長なのか親権者なのか明瞭ではないので，後に改正された児童福祉法第48条では，「児童福祉施設，精神薄弱児施設，盲ろうあ児施設，肢体不自由児施設，情緒障害児短期治療施設及び児童自立支援施設の長は，学校教育法に規定する保護者に準じて，その施設に入所中の児童を就学させなければならない。」と規定された。[29]

　なお平成28年の最新改正（平成29年4月1日施行）による児童福祉法の第48条では，児童福祉施設に入所中の児童の教育について「児童養護施設，障害児入所施設，児童心理治療施設及び児童自立支援施設の長，その住居において養育を行う（中略）厚生労働省令で定める者並びに里親は，学校教育法に規定する保護者に準じて，その施設に入所中又は受託中の児童を就学させなければならない。」というように規定されている。

注1）三木安正（1911～1984）
　東京に生まれる。東京大学を卒業。大学院入学後，大学構内に脳研究室が創設され，そこで助手となり，やがて児童相談部が開設され，附属病院の小児科や精神神経科から回されてくる子どもや，全国各地から多数の相談希望者が訪れ，その受付や心理テストを行うなかで，さまざまな発育障害児に接し，知的障害児と出会った。
　脳研在任中に，東京市の不就学児童の調査に参加し，大多数が精神発育遅滞のための不就学であり，そのような児童に対する教育的対策が遅れていることを知った。
　1938（昭和13）年，東京広尾に愛育研究所が創設された。そこには，保育部と教養部とがあり，三木は教養部第二研究室の主任となった。そこでは研究の進んでいない発達障害児を問題にし，記録・観察のための設備も整え，のちにはわが国初の発達障害児保育の幼稚園にまで発展する基礎となった。当時の指導・観察・記録は「愛育研究所紀

要」にまとめられており，現在でも貴重な文献である。

　1946（昭和21）年に文部省教育研究所所員となり，戦後の教育改革における特殊教育部門の基礎資料の作成にあたる。1947（昭和22）年に学校教育法が施行され，「六・三制」の実施に伴い中学における知的障害児の教育の必要性に着目をし，教育研究所内に実験学級「大崎中学分教場」を設置し，数人の研究所員とともに授業を担当した。この分教場はのちに，東京都立青鳥養護学校（現在の青鳥特別支援学校）に発展。

　まもなく文部省（現在の文部科学省）に転任し，戦後の特殊学級の復活・設置促進のため全国をかけめぐり，全日本特殊教育研究連盟（現在の全日本特別支援教育研究連盟）を設置し，主導的役割を果たした。

　その一方において，「手をつなぐ親の会（現：全国手をつなぐ育成会連合会）」の結成にも尽力。知的障害教育の最初のものとなる学習指導要領の編成に尽力。1950（昭和25）年に「旭出学園」を設立。旭出学園は，1960（昭和35）年に学校法人旭出学園（東京都練馬区），1972（昭和47）年に社会福祉法人富士旭出学園（静岡県富士宮市），1974（昭和49）年に社会福祉法人大泉旭出学園（東京都練馬区）の三つの法人組織に発展し，知的障害児・者の教育と福祉の事業を展開し現在に至っている。[30]

　2000（平成12）年に業績に関連する著書や資料等を集めた「三木安正記念館」が開設された。三木安正記念館：東京都練馬区東大泉7-12-16　旭出学園内　℡ 03-3922-4134

注２）糸賀一雄（1914～1968）

　鳥取市に生まれる。松江高校時代に結核で２年休学し，この間キリスト教に入信。戦後日本の障害児教育・福祉の先駆者として業績を残す。
京都帝国大学を卒業後１年間，京都市の小学校の代用教員となり，池田太郎と出会う。また池田を通じて京都市の滋野小学校特別学級担任の田村一二と親交を結ぶ。

　戦後の混乱期のなかで，1946（昭和21）年に，戦災孤児・浮浪児と知的障害児のための施設「近江学園」（滋賀県）を池田，田村と開設し，園長に就任。以後，1968年9月18日に急逝（享年54歳）するまで同園の管理運営と戦後日本の知的障害児（者）福祉のために献身的に活動する。近江学園は，1948（昭和23）年の児童福祉法の施行に伴い県立の児童福祉施設となり現在に至る。近江学園は戦災孤児・浮浪児と知的障害児を対象とした施設であったが，社会情勢がおさまってゆくとともに，知的障害児のみを対象とするようになっていった。田村によれば，近江学園の特徴は養護児童と知的障害児との二本立てで出発したが，こういう施設は当時の日本にはなく，そこに大きな意義があった。重度の障害児であってもその成長発達は保障されなければならないとして重症心身障害

児・者を単に保護の対象としてではなく，発達の主体としてとらえることが大切であるという思いを「この子らを世の光に」という言葉にこめて，重症心身障害児の療育に尽力した。その精神は現在に受け継がれている。著書に「福祉の思想」（NHKブックス67）がある。[31]

注3）田村一二（1909～1995）

舞鶴で生まれる。1928（昭和3）年に大阪府立市岡中学校を卒業。小学校の代用教員を経て，1932（昭和7）年に京都師範専攻科に進み，卒業後，京都市滋野小学校に赴任し，補助学級担任となり，戦争が激化する1944（昭和19）年まで続ける。この時期に，補助学級の経験をもとにした作品『忘れられた子ら』（1942），『手をつなぐ子ら』（1943）などを発表。これらの作品はのちに稲垣浩らによって映画化されている。

1944～46年まで滋賀県大津の石山学園に勤務する。この石山学園時代を回顧して，次のように述べている。「ちょうど戦争中で，ものが不自由であったので，野草を集めて食べたり，すすきを刈って来て屋根を葺いたり，井戸を掘ったり，藪を開墾したり，そういうことをやるかたわらに防空壕を掘りながら，毎日，子どもたちとけんめいにやった。物が一番不足した時でありながら，私の過去40年の教育生活のうち，この3年間ほど，充実した手ごたえのあった時代はなかった」。このころ，滋賀県の県庁に勤めていた糸賀一雄，病虚弱児施設三津浜学園で働いていた池田太郎との親交を深めた。

終戦後の1946（昭和21）年10月15日，糸賀，池田らとともに近江学園を創設。1961（昭和36）年，一麦寮が設立され，その寮長となる。1972年に朝日賞（社会奉仕賞）を贈られる。

著書に『はなたれぼとけ』（北大路書房　1967年），『茗荷村見聞記』（北大路書房1971年）『ちえおくれと歩く男』（柏樹社　1974年）がある。なかでも，知的障害者とそうでない者が一緒になって，それぞれに適した仕事について生活している空想の村を描いた『茗荷村見聞記』は山田典吾によって映画化され，話題をよんだ。[32]

注4）池田太郎（1908～1987）

福岡県に生まれる。1926（大正15）年，京都府師範学校第二部に入学。在学中に，家庭教師として境界線級の子どもを教え，その体験記に「教育者は人を人とみる愛を生命としなければならない。社会愛を生命としなければならない」と記す。

1927年，京都市立衣笠小学校の「劣組五年生」の担任となるが，子どもたちを科学的に研究する児童心理学を学ぶため，1年間休職して京都師範学校専攻科に入学。1932年，

第二衣笠小に復職。1934年，京都特別児童研究会による「普通学級に於ける精神薄弱児の取扱方案」という懸賞論文に応募し1等入選。審査員の一人，田村一二との親交を結ぶ。1938年，糸賀一雄と出会い，1946年，糸賀，田村と近江学園を創設。1952（昭和27）年，滋賀県立信楽身体障害者更生指導所長兼信楽寮寮長（信楽寮は1960年に信楽学園と改称）として赴任。翌年には18歳を超えて同寮を出てゆかねばならぬ知的障害者のために青年寮建設を決意し，1965年，自由契約施設・財団法人信楽青年寮を創設。

さらに，知的障害者が地域社会での労働と生活に一層積極的に参加し，地域の人々が障害者の福祉についてより深く理解してゆくようになることを意図して，地域住民の直接的な協力を得て運営される「民間ホーム」づくりに精魂を傾ける。いずれも制度的保障のない時点での全国に先駆けての創造的取り組みであった。

池田の思想を表わすものとして「教育とは人と人とのひびきあいである。映えあいである。いくら人と人とがふれあっても，そこに人と人とのひびきあい，映えあいがなければ教育のいのちはかがやいてこないであろう」という言葉がある。1980年1月，あさひ社会福祉賞を贈られる。

主著に『子供を観る』（1943），『ふれる・しみいる・わびる教育』(1969)，『精神薄弱児・者教育』(1973)，『精神薄弱職業指導』(1978)，『めぐりあい・ひびきあい・はえあいの教育』(1979)，『精神薄弱児・者の生きがいを求めて』(1979) がある。[33]

第3節　精神薄弱者福祉法（現：知的障害者福祉法）の制定

知的障害者福祉に関する行政としての取り組みは児童福祉法の制定（1947年（昭和22）年）によって始まったといってよい。児童福祉法の制定により知的障害に関する関心も高まり，知的障害に関する諸問題が提起されるようになり，それが国の施策として大きく取り上げられるようになるのは1953（昭和28）年11月に中央青少年問題協議会が，知的障害児に対する適切な諸対策を実施するよう「精神薄弱児対策基本要綱」を策定し，内閣総理大臣に意見具申を行ってからである。

この意見具申の内容は，「精神薄弱児に対する学校教育，あるいは保護指導の方途が次第に講じられてきているが，わが国の精神薄弱児の推定総数に比べ

ればきわめて微々たるものであり，大多数の精神薄弱児は，いまだに社会的に放置され，家庭的にも適切な保護が与えられていない実情であるので，特に精神薄弱児に対する適切な諸対策を樹立促進し，国民の理解と協力のもとに，その福祉を積極的に保障する必要がある」というもので，具体的にいくつかの施策の樹立及び将来これらを包括する知的障害者に対する総合的立法の必要性を指摘している。この基本要綱に基づいて，各省ではそれぞれの所掌に従って逐次これを具体化するに至り，まずその手始めとして，1954（昭和29）年7月に厚生省公衆衛生局において知的障害者に関する実態調査が行われた。以来，知的障害者についての調査は諸種の観点から実施されることとなった。

　また特殊教育の振興策としては，1954（昭和29）年に「盲学校，聾学校及び養護学校への就学奨励に関する法律」，1956（昭和31）年に「公立養護学校整備特別措置法」の制定による養護学校設置奨励をはじめ，特殊学級設置奨励のための建設費補助等の諸措置により知的障害児を対象とした養護学校及び特殊学級の設置は著しく促進された。

　一方，福祉対策としては「精神薄弱児施設」の整備を図ったほか，1956（昭和31）年度に新たに「精神薄弱児通園施設」の整備費が予算に計上されたので，翌年の児童福祉法の一部改正により，同施設は児童福祉施設として規定されるとともに，社会福祉事業法の改正により第一種社会福祉事業に加えられることとなった。なお社会福祉事業法は，2000（平成12）年に改正・改称され，法律名は「社会福祉法」となって現在に至っている。

　1957（昭和32）年度には，重度の知的障害児，ことに盲，聾，唖の重複した二重ないし三重の障害を有する知的障害児や重度の知的障害児を入所させ保護する国立精神薄弱児施設が設置されることとなり，児童福祉法の一部改正が行われ，それについての規定が新たに加えられた。この改正において特に注目すべき点は，国の設置する「精神薄弱児施設」に入所した児童について，都道府県知事は，その者が社会生活に順応することができるようになるまで，在所させることができる（同法第31条第1項）と規定し，入所後における年齢の制限

を設けなかったことである。これは知的障害の障害特性として，肉体的な条件を除いては児童と成人との間において年齢に相応した相違があまり見られないということがあるからであり，そのため実際に，施設在所児童について，18歳という年齢的な限界（実際的には20歳まで在所できることになっている）を設けて保護指導を行うということに，不合理が生じてきていたからである。[34]

つまり知的発達に障害のある場合，18歳ないし20歳で独立自活の能力を身につけて，児童施設を出て社会に出るということを期待することには困難があったからであるが，そのために，しだいに児童福祉施設では年齢超過者が増加する傾向をたどることとなった。1958（昭和33）年の資料によれば，精神薄弱児施設収容人員のうち，約6％が18歳以上で占められていた。このような不合理を是正するために児童福祉法の一部改正を行い，同法の特例として国立精神薄弱児施設に入所している児童については，「社会に順応できるようになるまで」在所させるという措置がとられた。しかしこれは一時的な手段にすぎず，成人の知的障害者対策についても児童から成人までの一貫した施策という形で強力に推し進めるべきであるという要請がしだいに強まった。

そして知的障害者の親たちで結成された全日本精神薄弱者育成会（現：全国手をつなぐ育成会連合会，別称・手をつなぐ親の会）はこのような不合理を指摘して，知的障害児に関する限り児童福祉法における年齢制限の撤廃を国会及び政府に陳情するとともに成人知的障害者のための施設を設置することを企図し，知的障害児のアフターケア施設として，1958（昭和33）10月に三重県名張市に「名張育成園」を設置したのである。[35]

知的障害児を対象とする施設の充実とともに，成人の知的障害者のための施設の必要性も出てきたわけであるが，予算上の制約等のために容易に実現を見るに至らない状況が続くなかで，親の会である育成会の運動の結果，国としても本格的に成人の知的障害者対策を行うとして，そのための施設を設置することとなった。そこで，この新しい成人の知的障害者を対象とする福祉施設を法制度上いかに取り扱うべきかについて検討したが，既成の法制度による対応で

は実現がむずかしく，何らかの形でこの施設についての法律上の根拠が必要となった。検討の結果，とりあえず1959（昭和34）年に，社会福祉事業法の一部改正を行い，18歳以上を入所の対象とする成人の「精神薄弱者援護施設」を経営する事業を第一種社会福祉事業として新たに加え，規定することとなった。

こうしたことがきっかけとなり，知的障害者問題がマスコミに大々的に取り上げられるようになり，社会的なブームと形容されるほどの現象を生んだ。こうして政府部内はもちろんのこと，国会，民間等諸方面で高まってきた知的障害のための福祉法制定の機運を受け，その主管課である社会局厚生課は「精神薄弱者福祉法」の作成に着手することとなった。

「精神薄弱者福祉法」の法案作成において特に問題となったこととその結論[36]

1．法の性格を精神薄弱者の更生の援助ということを主体とするか，保護を主体とするか。
　身体障害者福祉法においては，法の性格を更生の援助を主体とするように割り切って立法化されているが，精神薄弱者の場合はこのような割り切り方をするのは実情にそわない点もあり，精神薄弱者については，更生の可能な者に対しては更生に必要な援助を行うとともに，重度の精神薄弱者のように更生の困難な者に対しては必要な保護を行うなど更生の援助と保護を並行的に行うべきものとされた。
2．児童福祉法との関係をどうするか，すなわち児童を本法案の対象とするかどうか。
　諸外国の例を見ても明らかなように，年齢区分により精神薄弱者を児童と成人に区分して別個の法律体系とすることに問題があり，まして精神薄弱者福祉法という精神薄弱者のための特別立法を行う以上，福祉施策の重点ともなるべき児童を除外することは考えられないというのが立案者としての社会局の考え方であった。
　一方，児童局としては，精神薄弱児についてはすでに児童福祉法において必要な保護の措置がとられており，現在以上の福祉の措置がとられるということが担保されない限り，同法から児童を取りはずして新しい法律の中に取り入れる必要のないこと，および精神薄弱児といえども児童としての共通の問題点をもあわせ有しているので横割りの方式をとるほうが児童の福祉という観点からのぞましいことの二点から社会局の考え方に反対せざるを得ない立場にあった。
　結果的には，本質論よりむしろ現実論に立って事を判断すべきであるとされ，児童に

ついては原則として本法の対象から除外するという立場をとることとされた。

　したがって本法は，主として18歳以上の精神薄弱者を対象としたものであり，18歳未満の精神薄弱児については従来どおり児童福祉法の対象とされ，児童と成人は原則としてそれぞれ異なった法律によって福祉の措置がとられることになったのである。

　しかしながら，精神薄弱者対策として考えた場合には，18歳という線ですべての取り扱いを別個の法体系で行うことは，著しく不合理であるので法の建て前は，いちおう別個のものとしているが，差し支えない限り両方を整合させることとし，実情にそうよう各条文で考慮することとした。

3．精神衛生法（現在の精神保健及び精神障害者福祉に関する法律）との関係をいかにすべきか。

　精神衛生法は，本法と同じく精神薄弱者を対象としているが同法は主として医学的あるいは精神衛生上の見地から精神薄弱者を含めた精神障害者の身体的な保護と医療を行うこととしている。

　したがって，精神薄弱者の福祉という観点からその更生を援助し，保護を行おうとする本法とはその狙いを異にするわけであるが，精神薄弱者のうちには，自身を傷つけたり，あるいは他人に傷害を加えたりする者も皆無ではなく，あるいは精神病との合併症のため医療を必要とする者もいるので，このような精神薄弱者は，当然精神衛生法の適用を受けることになるが，福祉措置については本法が優先的に適用されるべきものとした。

4．本法に定める福祉の措置を強制措置とすべきか。

　社会防衛的な見地から，または本人の福祉が損なわれていることに対して積極的にこれを救済するための手段として強制措置の権限を法律上担保することは必要なことであるが，具体的な適用にあたっては人権侵害を伴う恐れもありきわめて困難な場合が多く，まして本人の福祉を図ることを目的とした法律においてこのような規定を設けることは必ずしも適当ではないので強制措置の規定は設けられなかった。

5．精神薄弱者手帳を交付すべきか，登録制度の必要性の有無。

　精神薄弱者に手帳を交付して福祉措置を図るということはある意味においてはきわめて便利であり，将来経済的な福祉の措置を考慮する場合には必要であるとも考えられたが，手帳そのものの制度が精神薄弱者になじみがたいこと及び手帳を交付する以上は，精神薄弱者か否かの判定基準が明確である必要があるが，現状においては統一的な権威のある判定基準がないことなどの理由により精神薄弱者に対して手帳を交付するというたてまえはとらないこととされた。

6. 援護の実施体制をどうするか。

第一は援護の実施機関を都道府県知事とするか，福祉事務所を管理する地方公共団体の長とすべきか，あるいは市町村長とすべきかという問題であるが，福祉事務所が社会福祉行政の第一線機関として必要な地に設置されている以上，これを管理する地方公共団体の長が援護の実施機関となることがもっとも望ましいということから援護の実施機関は，福祉事務所を管理する都道府県知事または市町村長とすることとなった。

第二は児童相談所，精神衛生相談所のほかに別個に専門の相談所を設置すべきかどうかということであるが，児童相談所においては児童の相談・判定で手いっぱいであり，精神衛生相談所は医療面の相談等については十分な機能を果たしているが，福祉面の相談・判定の機能を期待することは困難であると考えられたことなどにより，精神薄弱者の福祉に関して相談・判定を行うためには別個の相談所（精神薄弱者更生相談所）を設けることとなった。

第三は福祉事務所を本法施行の第一線機関とすべきかどうかという点であるが，児童福祉法における行政運営が相談所中心主義をとっているように相談所を法施行の第一線機関とすべきであるという意見もあったが，福祉事務所の職員の充実等については別の方途を講ずることとし，福祉行政の一元化というたてまえから福祉事務所を本法の第一線機関とすることとなった。

7. 職業指導行政，医療行政との統一調整をいかにするか。

精神薄弱者の雇用が一般の職業安定行政のベースに乗りがたいことは，過去の経験からも明らかであるので事実上の職業開拓，職業訓練は，本法により設置される精神薄弱者福祉司が中心となって行わざるを得ないのであるが，現行の職業指導行政そのものに対して変革を加えることは適当でないのでこれとの協力関係を密にすることにとどめられた。

また医療行政との関係については，精神薄弱そのものに対する医療は現在の段階では考えられないので本法のなかに医療体系を包含すべきかどうかについては，将来の研究課題とされた。

8. 生活困窮の精神薄弱者に対する経済的援助をどうするか。

この問題はもっぱら生活保護法との関係であるが，国の行う公的扶助の体系は，無差別平等に一つの法体系によって行われるべきであるという原則により従来どおり生活保護法によることとした。

9. 精神薄弱者の福祉施設としてどのようなものが必要か。

施設の種類は入所者の程度に応じていくつかに分類される必要があるが，本法におい

てはすべての施設を含めて精神薄弱者援護施設という表現を用いることとした。
10. 民間社会事業施設との関連をいかにするか。

　通常の知能を有しない者の福祉を図るための施設としては公立の施設が最も望ましいことであるので本法においては，施設の設置，運営は公立公営主義をとったのであるが，半面民間社会事業施設には公立の施設の及び得ない長所を有するものもあるので補完的にこれを認めていくこととした。

　以上のような基本的諸点についての方針を固め，1960（昭和35）年1月末に精神薄弱者福祉法案が作成され，同年3月31日付で成立，公布され，翌月の4月1日より施行された。その後数次にわたる一部改正を経て法律名も「知的障害者福祉法」に改められて現在に至っている。

　日本の知的障害児（者）に関する教育及び福祉の施策は戦後，急速にその充実が図られてきたわけであるが，特に早期発見及び早期療育に関する施策と，1979（昭和54）年の養護学校の義務制の実施以来，知的障害児の就学という点では大きく進展したことは確かである。

　しかしその教育の内容や方法論をめぐる問題とともに，その卒業後の進路，生活の質的充実，老後への対応などをめぐる問題を考えたとき，そこには教育施策と福祉施策の連携の重要性がある。またこれまでのいわゆる「入所施設」が担い，果たしてきた役割はきわめて大きく，その意義と必要性については，いま改めて再確認，再認識すべきである。

　知的障害という障害特性を踏まえた教育と福祉の整合性のある体系的な理念に基づいた法制度の確立ということでは，今日なお課題を残しているといえるが，障害者自立支援法の施行については，障害当事者等が国を相手の訴訟を起こすなど問題も多く，その事業体系は，これまでの施設が果たしてきた役割や専門的機能をないがしろにするようなもので，結果的には，空虚な福祉理念と脱施設化政策と財政問題が錯綜し混迷を呈することとなった。（第3章参照）こうした現状をどのように受けとめ，どのように考えるかということはまさに今日的な重要課題といって過言ではない。

第4節　教育を受ける権利の保障と特別支援教育

1）特殊教育から特別支援教育へ

　日本の現在の教育制度の基盤が整うのは戦後のことである。それは障害児を対象とする学校を盲学校，聾学校，養護学校（知的障害，肢体不自由，病弱の養護学校がある）の三つに区分し，それを「特殊教育諸学校」と呼び，原則として障害の有無で教育の場である学校を分けてきた。そしてこの特殊教育諸学校における教育のことを「特殊教育」と称してきた。

　このように障害の有無で教育の場である学校を分けるとともに，障害の種別で学校を区別する形で就学義務の徹底が図られてきた。しかしいわゆる通常の小・中学校の学級においても特別な教育的ニーズを抱え，そのための特別な教育的支援を必要としている児童生徒が在籍していることが問題となった。

　そこで初等中等教育局長決定により2001（平成13）年10月9日に設置された「特別支援教育の在り方に関する調査研究協力者会議」は，2003（平成15）年3月にそれに対する提言としての報告書「今後の特別支援教育の在り方について（最終報告）」をまとめた。

　協力者会議がまとめた最終報告は，特殊教育の果たしてきた役割や障害のある子どもの教育をめぐる諸情勢の変化を踏まえたもので，障害の種類や程度に応じて特別の場で指導を行う「特殊教育」から通常の学級に在籍する児童生徒に対して，その一人ひとりの教育的ニーズを把握し適切な教育的支援を行う「特別支援教育」への転換を図るとともに，学習障害（LD），注意欠陥多動性障害（ADHD），高機能自閉症等[注1]のいわゆる発達障害を対象とする「通級による指導」[注2]等に関する制度の弾力化とその推進体制を整備することなどを提言する内容となっている。

　この提言を受け，文部科学省は平成15年度から「特別支援教育推進体制モデル事業（平成17年度からは「特別支援教育体制推進事業」として連携協働して

実施）」を全都道府県に委嘱して推進。また中央教育審議会は2004（平成16）年2月に初等中等教育分科会に特別支援教育特別委員会を設け，特別支援教育を推進するための学校制度の在り方について検討を重ね，同年12月に中間報告を公表し，それに対する意見募集の結果等を踏まえ，2005（平成17）年12月8日に「特別支援教育を推進する制度の在り方について（答申）」を取りまとめた。

　この答申に基づく改正法案が，「学校教育法等の一部を改正する法律」として2006（平成18）年6月に成立した。改正法の施行は2007（平成19）年4月1日からで，法律改正の趣旨は児童生徒等の障害の重複化に対応した適切な教育を行うために，現在の盲・聾・養護学校の障害種別による学校の区別をなくして学習障害（LD）・注意欠陥多動性障害（ADHD）・高機能自閉症等の発達障害に対する教育的支援も含めた「特別支援学校」とするというものである。

特別支援教育を推進するための制度の在り方について（答申）の概要[37]

平成17年12月8日
中央教育審議会

特別支援教育の理念と基本的な考え方
- 特別な場で教育を行う従来の「特殊教育」から，一人一人の教育的ニーズに応じた適切な指導および必要な支援を行う「特別支援教育」に転換。

盲・聾・養護学校制度の見直しについて
- 障害の重度・重複化に対応し，適切な指導及び必要な支援を行うことができるよう，盲・聾・養護学校を，障害種別を超えた学校制度「特別支援学校（仮称）」に転換。
- 「特別支援学校（仮称）」の機能として，小・中学校等に対する支援を行う地域の特別支援教育のセンターとしての機能を明確に位置付ける。

小・中学校における制度的見直しについて
- 特別支援教育を推進すべきことを，関係法令において明確に位置付ける。
- 「特別支援教室（仮称）」の構想が目指しているシステムの実現に向け，①小・中学校における総合的な体制整備，②LD・ADHDの児童生徒を新たに「通級による指導」の対象とするなど，制度の弾力化，③研究開発学校やモデル校における実践研究などの取組を推進。

（注）「特別支援教室（仮称）」とは，LD・ADHD・高機能自閉症等も含め障害のある児童生徒が通常の学級に在籍した上で，一人一人の障害に応じた特別な指導を必要な時間のみ特別の場で行う形態。
○ 上記の取組の実施状況も踏まえ，特殊学級が有する機能の維持，教職員配置との関連や教員の専門性の確保に留意しつつ，「特別支援教室（仮称）」の構想が目指しているシステムの法令上の位置付けの明確化等について今後検討。

教員免許制度の見直しについて

○ 盲・聾・養護学校の種別ごとに設けられている教員免許状を，障害の種類に対応した専門性を確保しつつ，LD・ADHD・高機能自閉症等を含めた総合的な専門性を担保する「特別支援学校教員免許状（仮称）」に転換。
○ 「当分の間，盲・聾・養護学校の教員は特殊教育免許の保有を要しない」としている経過措置を，時限を設けて廃止。

学校教育法等の一部を改正する法律（平成19年4月1日施行）の主な改正事項

① 盲学校，聾学校，養護学校を障害種別を超えた「特別支援学校」に一本化する。このことにより学校が特別支援学校であることを明示する必要はあるが，学校名については規制されるわけではない。
② 小・中学校等におくことができる「特殊学級」を「特別支援学級」に改めるとともに，幼稚園，小学校，中学校，高等学校および中等教育学校においては，学習障害（LD）・注意欠陥多動性障害（ADHD）等を含む障害のある児童生徒等に対して適切な教育を行うことを規定。
③ 盲学校，聾学校，養護学校ごとの教員免許状を特別支援学校の教員免許状とし，当該免許状の授与要件として，大学において習得すべき単位数等を定めるとともに，所要の経過措置を設ける。
④ 盲学校，聾学校および養護学校を特別支援学校に一本化し，特殊教育を特別支援教育に改めることに伴い，関係法令についての所要の規定を行う。

こうした特殊教育から特別支援教育への提言と法律改正の背景には，国際的な動向として，1993（平成5）年の国連総会において，障害のある人がそれぞれの社会の同じ市民として，同じ権利と義務を行使できることを確保することを目的とする「障害者の機会均等化に関する標準規則」が採択され，1994（平成6）年に障害のある子どもを含めた万人のための学校を提唱した「サラマンカ声明」[注3]が採択されたことによって，障害の有無で分けるのではなく，共に学ぶインクルーシブ教育[注4]が潮流となったことがある。

　さらに日本の事情として，養護学校や特殊学級に在籍する児童生徒が増加傾向にあり，平成14年に文部科学省が実施した全国調査では，小・中学校の通常学級に在籍する児童生徒のうち，学習障害（LD）・注意欠陥多動性障害（ADHD）・高機能自閉症等により学習や生活の面で特別な教育的支援を必要としていると思われる児童生徒が約6％程度存在する可能性（この調査は，医師等の診断を経たものでないために，あくまでも可能性である）が示されて，これらの児童生徒に対する適切な指導と必要な支援が学校教育における課題となっていたことがある。

　かくして平成19年4月4日に「学校教育法等の一部を改正する法律」が施行され，従来の盲・聾・養護学校の制度は，障害の重複化に対応し，複数の障害種別を受け入れることができる「特別支援学校」の制度に転換された。

　また特別支援学校は，これまでに蓄積してきた専門性を生かして，地域における特別支援教育のセンターとしての機能・役割（これを「センター的機能」という）を果たすために，小・中学校などの要請に基づき，これらの学校に在籍する障害のある児童生徒などの教育に関し，助言・援助を行うよう努めることとされた。そして小・中学校などにおいても発達障害を含む障害のある児童生徒等に対する特別支援教育を推進することが法律上明確に規定された。

　特別支援教育の対象となる幼児児童生徒の数は毎年の調査によると増加の傾向にあり，特別支援教育は今後ますます重要視されることになるであろう。

　義務教育ということで特別支援教育について考えた場合，それは単に学校に

入学すればよいということでも，学校を卒業すればそれでよいとうことでもない。就学前の保育や幼児教育，学校卒業後の就労や生活支援との関連で特別支援教育をどのように展開するかということがいま改めて重要な課題になっているのである。

注1）
学習障害（LD：Learning Disabilities）
　基本的には全般的な知的発達に遅れはないが，聞く，話す，読む，書く，計算する，推論する能力のうち，特定のものの習得と使用に著しい困難を示すさまざまな状態をさす。その原因としては，中枢神経系に何らかの機能障害があると推定されるが，視覚障害，聴覚障害，知的障害，情緒障害などの障害や，環境的な要因が直接の原因となるものではない。[38]
注意欠陥多動性障害（ADHD：Attention-Deficit/Hyperactivity Disorder）
　年齢あるいは発達に不釣合いな注意力，衝動性，多動性を特徴とする行動の障害で，社会的な活動や学業に支障をきたすものである。一般に7歳以前に現れ，その状態が継続するもので，中枢神経系に何らかの要因による機能不全があると推定される。[39]
高機能自閉症（High-Functioning Autism）
　3歳くらいまでに現れ，他人との社会的関係の形成の困難さ，言葉の発達の遅れ，興味や関心が狭く特定のものにこだわることを特徴とする行動の障害である自閉症のうち，知的発達の遅れを伴わないものをいう。中枢神経系に何らかの要因による機能不全があると推定される。[40]

注2）通級による指導
　小・中学校の通常の学級に在籍し，比較的軽度の言語障害，情緒障害，弱視，難聴などのある児童生徒を対象として，主として各教科などの指導を通常の学級で行いながら，障害に基づく種々の困難の改善・克服に必要な特別の指導を特別の場で行う教育形態であり，平成5年度から行われている。平成18年度からは，学習障害（LD）・注意欠陥多動性障害（ADHD）の児童生徒についてもその対象に位置づけられた。[41]

注3）サラマンカ声明
　スペインのサラマンカで開催された「特別ニーズ教育世界会議」で採択された声明。

この会議には92の政府と25の政府間組織の代表が参加した。「サラマンカ声明」の内容は，すべての子どもの独自の性格，関心，能力，及び学習ニーズを考慮した教育システムがつくられ，教育プログラムが実施されるべきであること，また特別な教育ニーズをもつ人々に見合った教育を行えるようなインクルーシブ（inclusive）な方向性をもつ普通学校こそが，差別的な態度と戦い，インクルーシブな社会を建設し，万人のための教育を達成するための最も効果的な手段であること，などが謳われている。

注4）インクルーシブ教育
　教育や福祉の分野における新たな理念としてインクルージョン（inclusion）が提起されている。インクルージョンとは「包み込む」という意味で，障害を含めさまざまな違いを認め合い，障害をもつ人ももたない人も，ともに生きる社会を創造しようということで，教育的分野におけるその具体化がインクルーシブ教育である。
　インクルージョンは，インテグレーション（統合）をさらに発展させた考え方で1980年代にアメリカの教育の分野で急速に広まった。

2）ノーマライゼーションとインクルーシブ教育

　教育が人としてよく育ち，よく生きるための成長発達を促すものであるならば，障害をもつ子どもの教育も障害のない子どもの教育もその教育目標は一つである。しかしそのための効果的な教育内容や方法を具体的に考えるということではその成長発達段階を踏まえた教育の内容や方法，教育の場を用意しなければならない。それは教育を受ける権利に対する義務である。障害をもつ子どもの教育では，その障害を理解することと，障害があるがためのニーズに可能な限り応えることを"普通"に行うことでなければならない。

　なぜなら障害の状態そのものが治ったり，回復したりするのはむずかしいということであっても，それを改善してよりよい方向へ向けての発達を促し，その人なりの生き方を実現することは可能であり，そのための教育を受ける権利は障害のない人と同等であるからである。

　したがってその障害の内容やその程度や状態に配慮した教育的施策は当たり前のこととして講じられなければならないわけであるが，重要なことは，その

障害の内容やその程度や状態に対してどのような配慮をするかということである。障害児を地域のいわゆる普通の学校や学級に統合して教育を行うというインテグレーション（統合教育）から，さらに発展した考え方であるインクルージョンが教育や福祉の分野におけるノーマライゼーションと並ぶ新たな理念となって現在に至っているわけであるが，障害をもつ人を含め，さまざまな違いを認め合い，障害をもつ人ももたない人も，ともに生きる社会をめざすということで，教育の分野におけるその具体化がインクルーシブ教育である。

　それは教育を受ける同等の権利を有するということに則った教育環境を分け隔てなく整備するということであるが，それが簡単なようで，なかなかそう簡単ではないところにいわゆる"合理的配慮"の問題がある。

　2007（平成19）年4月1日から「学校教育法等の一部を改正する法律」によって，従来の盲・聾・養護学校の障害種別による区分をなくして，特別な教育的ニーズを抱える発達障害も支援の対象に含めた「特別支援学校」の制度が始まったわけであるが，障害種別の区分をなくすということは，障害の内容等には関係なく誰もが教育を受けられるようにするということであって，障害の内容やその程度や状態等に何も配慮せずに，単に一緒に学ばせるということではないはずであるが，そこに誤解と混乱が生じているようである。

　インクルーシブ教育とは，個々の違いや抱える困難さとは関係なく，すべての子どもが地域社会の学校教育の場において包み込まれ，それぞれに必要な教育を受けることを意味するわけであるが，教育を受ける権利で大切なことは，どのような教育をどのような方法で，どのような教育的環境条件の下で受けることができるかどうかということである。

　一人ひとりを大切にした教育ということがいわれているが，それは教育を受ける権利に対する当然のことであるにしても，重要なことは，一人ひとりに対して具体的にどう対応していくかということである。その点をなおざりにしたまま，「共に学ぶ」「共に生きる」というのであれば，そこに無理が生じ，混乱を招く要因がある。障害のない子どもと同等に学ぶことができる適切な環境

条件をどのように整え，実際的にそうした教育をどのように進めていくかというところに課題を抱えているのが現状だといえる。

　戦後に制定された新しい日本国憲法に則って，「教育の機会均等」「義務教育」に関する新しい学校教育の制度が実施されたことにより，盲学校と聾学校の義務化だけは進行した。しかし終戦後の窮乏した財政事情や教育的な実績が乏しかったこともあり，盲・聾以外の知的障害，肢体不自由，病弱（身体虚弱を含む）を対象とする養護学校の義務制の実施は，新学校制度発足以来32年目の1979（昭和54）年4月からである。盲・聾以外の障害，特に知的障害は，日本の公教育制度の対象としては長い間取り残されてきたことになる。

　どのような障害であろうともその障害の有無に関係なく当然，教育を受ける権利は保障されなければならない。日本国憲法の第26条には，「すべて国民は，法律の定めるところにより，その能力に応じて，ひとしく教育を受ける権利を有する。」「すべて国民は，法律の定めるところにより，その保護する子女に普通教育を受けさせる義務を負ふ。」（傍線筆者）とある。教育を受ける権利を保障するからには教育の内容や教育方法に関する諸条件が整っていなければならないし，教育を受ける機会や教育の場が用意されていなければならない。

　戦後の1947（昭和22）年に制定された教育基本法は，掲げてきた普遍的な理念は大切にしつつ，新しい時代の教育理念を明示するとして全面的に改正されることになり，改正教育基本法が2006（平成18）年12月15日に成立，同月22日に公布，施行された。教育基本法の改正は戦後に制定されて以来はじめてとなるが，改正教育基本法の第4条には，「すべて国民は，ひとしく，その能力に応じた教育を受ける機会を与えられなければならず，人種，信条，性別，社会的身分，経済的地位又は門地によって，教育上差別されない。」「国及び地方公共団体は，障害のある者が，その障害の状態に応じ，十分な教育を受けられるよう，教育上必要な支援を講じなければならない。」「国及び地方公共団体は，能力があるにもかかわらず，経済的理由によって就学が困難な者に対して，奨学の措置を講じなければならない。」（下線筆者）と定めている。

法律上においては，すべての国民の教育を受ける権利とそれに対する教育を受けさせる義務が明確に規定されているわけであるが，問題は，憲法にある「その能力に応じて，ひとしく教育を受ける権利」「普通教育を受けさせる義務」ということと，教育基本法第4条の「その障害に応じ」という点である。

　その能力に応じてということは，能力的個人差や能力的発達の程度や状態に対応するということであり，その障害の状態に応じというのは，その障害に配慮するということであろうから，「ひとしく」とはいっても，それは教育の内容や方法が教育を受ける人に関係なく，まったく同じであればよいということではないということであり，「ひとしく」というのは「一律に」ということとは違うということである。

　また「普通教育」というところの普通というのは，どのような教育内容をいうのか漠然としているが，それは一応，人としてあるいは社会の構成員として生活していく上で必要な教育とか，次代を担うために必要な教育だというように解釈してよいであろう。それはまた社会環境としての文化レベルや生活習慣あるいはそのときの時代的状況などとの関連で相対的に考えられるものであるということになる。しかもそれは教育を受ける権利を有する側によって考えられるものであるというよりも，教育を受けさせる義務を負う側の価値観や判断基準に基づいて考えられるものということになる。特に学校教育における内容や方法はそういうことになる。

　教育ということについての一般的な考え方には，教科主義的方法論への執着や知育偏重の問題がある。それはいわゆる読み書きや算数の能力を重視することであり，そうしたことを教えることが大切だとして教科学習的なことにこだわる傾向が強いことである。むろんそうした能力を発揮できるようにすることは教育的な部分としては大切であり，必要であることはいうまでもない。

　しかし知的障害の場合は，知的発達が順調にいかない障害であり，そのために物事の理解や認識の仕方に特異性があり，単に教科主義的教育の内容や方法を強いるのではない教育的配慮が必要となる。

例えば，いろいろと教えて，そのうちの1割ができれば，あとの9割はできなくともよいというような考え方はそうした配慮に欠けるということになる。

なぜなら，人が何かを行う場合，はじめから失敗することがわかっていればわざわざやろうとはしないはずであり，ましてや何かを行う場合，その9割までも失敗するようなことであれば大抵はそれ以上やる意欲を失ってしまうはずだからである。[42]

学校教育法の第72条に特別支援学校の目的として，「特別支援学校は，視覚障害者，聴覚障害者，知的障害者，肢体不自由者又は病弱者（身体虚弱を含む。以下同じ。）に対して，幼稚園，小学校，中学校又は高等学校に<u>準ずる教育</u>を施すとともに，障害による学習上又は生活上の困難を克服し自立を図るために必要な知識技能を授けることを目的とする。」（下線筆者）とある。

この「準ずる教育」という規定をどのようにとらえるかということもまた重要な問題である。準ずる教育ということが悪いということではない。しかしこの準ずるという言い方は，なぞらえるということであり，障害のない子どもの教育と同じようにするということになる。同じようにするということで何も問題がないのであれば，わざわざ「準ずる」などと紛らわしい言い回しをせずに，最初から「同じ教育」といえばよい。同じ教育では問題があるからこそ特別な支援を要するということであるはずである。

特別な支援を行う学校というのであれば，その学校での教育は「準ずる教育」ではなく，特別な支援としての「適切な教育」を行うということでなければならない。学校教育法の「準ずる教育」という部分を「適切な教育」というように改めることによって，特別支援学校での具体的な教育的支援の方向性やそのための教育の内容や方法が考えやすくなるであろうし，工夫もしやすくなるはずである。準ずるということへのこだわりが混乱や弊害を招かないためにも，「準ずる教育」ではなく，「適切な教育」とすべきではないだろうか。

教育を受ける権利を保障するという意味からすれば，やはりその障害に応じた"適切な教育"を行うということでなければならない。それは教育的意義や

教育的効果に関わる重要なことであり，教育を受ける権利に対する教育を受けさせる義務という点からも重要なことである。

　教育というものが人としてよく育ち，よく生きるためのものであるならば，障害をもつ子どもの教育も，障害のない子どもの教育もその教育目標は一つであるが，そのための適切で具体的かつ効果的な教育の内容や方法としての教育的条件を整えなければならない。それは教育を受ける権利に対する義務である。

第1章　引用・参考文献
1) 田中克佳編著「教育史」川島書店 (1996) p.222-226, 244-245
2) 柿沼肇著「近代日本の教育史」教育資料出版会 (1990) p.40-44, 51-55
3) 同上
4) 全日本特殊教育研究連盟「日本の精神薄弱教育　戦後30年」第一巻　教育制度　日本文化科学社 (1979) p.2-10, 12-42, 124-127, 165-172
5) 全日本特殊教育研究連盟編「精神薄弱児講座2　精神薄弱児教育の教育原理」日本文化科学社 (昭和37) p.35-36, 51-66
6) 日本精神薄弱研究協会編：発達障害研究　第14巻第1号　日本文化科学社 (平成4年) p.18-22
7) 前掲書4)
8) 前掲書5)
9) 同上
10) 精神薄弱問題史研究会編「人物でつづる障害者教育史〈日本編〉」日本文化科学社 (1988) p.58-59, 72-73, 88-89, 194-195, 200-201, 206-207, 212-213
11) 前掲書4)
12) 日本精神薄弱者愛護協会「精神薄弱者施設運営の手引　改訂版」(平成4年) p.10-14
13) 前掲書4)
14) 前掲書10)
15) 三木安正編「精神薄弱児の教育」東京大学出版会 (1968) p.120-130
16) 前掲書4)
17) 前掲書15)
18) 前掲書5)
19) 前掲書10)
20) 精神薄弱問題史研究会編「人物でつづる障害者教育史〈世界編〉」日本文化科学社 (1988) p.66-67
21) 前掲書10)
22) 同上
23) 前掲書4)
24) 前掲書10)
25) 前掲書4)

26）日本精神薄弱者福祉連盟編「発達障害白書　戦後50年史」日本文化科学社（1997）p.354-357
27）前掲書12）
28）前掲書4）
29）同上
30）前掲書10）
31）同上
32）同上
33）同上
34）厚生省児童家庭局編「児童福祉法の解説」時事通信社（1991）p.5-11, 491-499
35）前掲書26）
36）前掲書34）
37）中央教育審議会編：特別支援教育を推進するための制度の在り方について（答申）（平成17年12月）
38）文部科学省「文部科学白書」平成21年版　p.144-145
39）同上
40）同上
41）同上
42）三木安正著「私の精神薄弱者教育論」日本文化科学社（昭和51年）p.85-95

第2章
戦後の復興から社会福祉基礎構造改革へ

第1節　社会福祉法人制度と措置委託制度

　日本で本格的な社会福祉制度の基盤が整うのは戦後である。それまでは社会福祉事業の多くを担っていたのは民間の篤志家や慈善事業家といわれた個人的な事業者であった。そのため急務である戦後処理・復興のためには，戦前からの社会福祉事業の担い手として大きな役割を果たしてきた民間事業の振興とその活用を図る必要があった。

　ところがそうした民間の福祉事業の振興と活用を図るには公的な助成を行う必要があるのだが，終戦後しばらく日本を統治していたGHQ（General Headquarters　連合国軍最高司令官総司令部）からは「公私分離の原則」（国家が国民の最低生活を保障する責任のあることを前提に政策等を規定する原則のこと）を指示され，憲法第89条には，「公金その他の公の財産は，宗教上の組織若しくは団体の使用，便益若しくは維持のため，又は公の支配に属しない慈善，教育若しくは博愛の事業に対し，これを支出し，又はその利用に供してはならない。」（下線筆者）とある。つまり公の支配に属さない民間事業への公金の支出が禁じられていたのである。そこで公費で民間事業を助成する方策として，公の支配に属し社会福祉事業を行うことを目的とする「社会福祉法人」という特別法人を新たに創設した。そして，この社会福祉法人に，行政の責務として実施すべき事業を行政の「措置」として委託する仕組みの制度を設けることにより，公共・公益性，非営利性という点において民法に根拠をおく公益法人[※]による事業よりもさらに社会的信用の得られるような事業の組織化を図り，国及び地方公共団体と民間が一体となって社会福祉事業に取り組むための法律を制定した。これが1951（昭和26）年の「社会福祉事業法」（現在の

社会福祉法)の制定である。

※2008(平成20)年12月の公益法人制度改革関連3法の施行以前は,民法に基づき設立された社団法人,財団法人が公益法人とされていた。

　社会福祉事業法の制定により,社会福祉事業の公益性・非営利性を高めるために,事業の内容を第一種社会福祉事業と第二種社会福祉事業に分け,入所施設のように利用者への影響が大きく,その継続性や安定性の確保等の必要性が特に高い事業を第一種社会福祉事業とし,それ以外の利用者への影響が比較的小さく公的規制の必要性が低い事業を第二種社会福祉事業として規定した。そして第一種社会福祉事業については「国,地方公共団体又は社会福祉法人が経営することを原則とする」と定め,本来的には行政の責務として実施すべき福祉事業を行政の措置という形で社会福祉法人に委託して,社会福祉法人がその事業を行うために必要な経費を公的資金から「措置費」という名目で投入する仕組みを設けたのである。それが措置委託制度(「措置制度」という。)である。つまり法的に公の事業を代行する公の支配に属する「社会福祉法人」という民間の特別法人の制度を設け,社会福祉法人以外の者がその名称中に「社会福祉法人」又はこれに紛らわしい文字を用いてはならないと定めるとともに,社会福祉法人の設立認可を受けるには社会福祉事業に必要な資産を備えていなければならないなどの厳しい条件をつけて規制したのである。その代わりに,事業に必要な経費は措置費によって賄うことができるようにし,寄付金や収益事業などに頼らなくとも最低限の経営の安定は確保できるようにし,そのほかに税制上の優遇措置や施設の整備に必要な費用の補助を受けられるようにした。したがって必然的に社会福祉法人の行う事業は,所轄庁の監督の下に公の代行機関として行うという点で,行政との連携が大きな部分を占めることとなった。

　措置制度の仕組みは,①対象者(障害者など)と②措置権者(行政・福祉事務所)と③受託事業者(社会福祉法人・福祉サービス提供者)の三者からなり,対象者が福祉サービスを利用するためには,まず措置権者に対して申請を行わ

なければならない。措置権者は申請に基づいて対象者のサービス利用の可否についての審査を行い，利用が適当と判断した場合に，措置権者は受託事業者に対してサービスを提供するように指示し，措置費を受託事業者に対して支払うという仕組みである。

　こうした社会福祉事業法による社会福祉法人の制度と措置制度の仕組みが，戦後日本の社会福祉行政の実施部門を約半世紀にわたって支えてきた。特に，障害児・者施設の整備を図る上で，この仕組みは障害児・者の親や家族らの切実な願いを受け止め，その期待に応え，そのための施設の運営を維持してきたことは確かであり，社会福祉法人が果たしてきた役割とその意義は大きい。

　しかしこうした仕組みによる施策は，何よりもまず戦災により困窮した国民の救済や保護が急務であったことからの出発でもあったため，弱者の救済や保護を中心とする行政主導の上から下への恩恵的施策であったともいえる。それが戦後から約半世紀にわたって続くことになるわけであるが，当然のことながら戦後から時を経るなかで，社会・経済状況も変化し，人々の意識にも変化が生じ，国民の福祉ニーズも多様化したため，単に弱者の救済や保護だけではなく，広く国民一般を対象とする福祉制度が求められるようになった。それが「社会福祉基礎構造改革」へ，そして「社会福祉法人制度改革」へと至ることになる。

　これからの社会福祉法人の経営をどのように進めていくかを考える前提として，きわめて重要な点は，社会福祉法人制度と措置制度がなぜ導入されたかということと，「措置制度」の意味を確認しておくことである。

　社会福祉法人は，社会福祉事業法という法律によって法的に公の代行機関として位置づけられた法人ではあるが民間の組織である。したがってそこに所属する職員は公務員ではない。その点で，社会福祉事業の担い手としての公務員を簡単に増員できない地方公共団体にとって，必要な社会福祉施設を設置経営していく上で，その経営を社会福祉法人に委託するという方式は都合がよかったといえる。

1965（昭和40）年以降，社会福祉法人による福祉施設が急増することになるが，この時期は，当時の自治省（現在の総務省）によって地方公務員の定数削減が指導されていた時期と重なる。そうした状況のなかで，公私分離を原則とする社会福祉の分野において公務員の定数増を抑えつつ，新たな社会福祉施設の整備に応えていく手段となるのが，1971（昭和46）年7月16日付で発出された各都道府県知事宛の当時の厚生省社会・児童家庭局長連名の通知「社会福祉事業団等の設立及び運営の基準について」である。これを通称「４６通知」（よんろくつうち）という。この通知にある「社会福祉事業団」とは，地方公共団体の設置した社会福祉施設を運営するために，地方公共団体によって設立された社会福祉法人のことである。「４６通知」はその設立及び運営の基準を示したものである。

この通知には，「地方公共団体が設置した社会福祉施設は，地方公共団体において自ら経営するほか，施設経営の効率化が図られる場合には，社会福祉法人組織により設立された社会福祉事業団に運営を委嘱することができるものとし，社会福祉事業団の設立，資産，役員，施設整備，委託料等に関する基準を設けて公的責任の明確を期するとともに，経営の合理化に資することとする」，「地方公共団体が設置した施設の委託先は社会福祉事業団を原則とする」とある。社会福祉法人は，社会福祉事業法の規定に基づき，認可を受けて設立される民間法人であるが，社会福祉事業団についての規定は社会福祉事業法にはない。つまり社会福祉事業団の設立根拠は，社会福祉事業法ではなく，「４６通知」による行政指導によるものということになる。[1]

「４６通知」が出された以降，都道府県や市が設置して社会福祉事業団が経営する形態の福祉施設の開設が相次ぐことになった。それは1960（昭和35）年の精神薄弱者福祉法（現在の知的障害者福祉法）の制定と，1963（昭和38）年の老人福祉法の制定により，知的障害者施設と老人施設が設置されるようになり，厚生省（現在の厚生労働省）が1971（昭和46）年から1975（昭和50）年に行った「社会福祉施設緊急整備５カ年計画」において公立民営方式で社会福祉施設を整備していく方針をとったことによる。

これらの背景には，昭和40年代に入って重度の心身障害者等を対象とする施設の設置が強く求められるようになったこともあるが，昭和30年以降，高齢者の増加，産業構造の変化による高齢者の就業機会の減少，人口の都市集中に伴う家族制度の変化など，高齢者を取り巻く環境が変化し，高齢者の福祉施策も障害者の福祉制度などと同様に求められるようになったからである。[2)]

　社会福祉事業団が設立された理由としては，社会福祉事業法の規定に，「社会福祉事業のうち，第一種社会福祉事業は国，地方公共団体又は社会福祉法人が経営することを原則とする。」とあり，障害者等の入所施設の経営は第一種社会福祉事業とされ，その施設の経営には，社会福祉法人と措置制度を基本とする仕組みは定着していたが，民間の社会福祉法人の設立要件が厳しく，その設立が期待通りに進まなかったこともあったようだ。そのため都道府県や市は自前の社会福祉法人を「社会福祉事業団」という形で設立して施設の設置経営に当たったと考えられる。

　社会福祉事業団は，都道府県又は市が設置した福祉施設の受託経営を行うことを目的とするもので，その設立には原則として組織の役員である理事長には都道府県知事又は市長がなり，副理事長又は理事には民生部（局）長が加わることになっている。こうした社会福祉事業団を含めた社会福祉法人による施設経営が増加するにつれ，それが社会福祉法人制度の形骸化を招くことになり，その結果として措置制度の問題点とともに，社会福祉事業団は単なる天下り先などという見方もされるようになった。

　ここでいう措置制度の問題点とは何か。措置制度とは，いわば上から下への恩恵的なサービス提供の仕組みである。サービスの内容は基準さえ満たしていればそれでよしとされていた。そのため，一定の基準を満たすものではあったが，あくまでも最低基準であって最高基準ではなかった。またサービスの利用者は，自らサービスの内容を選択し，決定するようなことができないため，質の悪いサービスであったとしてもそれに甘んじるよりほかなかった。さらに，その事業経営は，社会福祉法人の独自性を発揮したものというよりも，行政主

導の措置に基づくものであったために柔軟性に欠けるなどの制約があった。

　こうしたことから，安易な施設中心の施策への偏りを是正することと，社会福祉全般に関する抜本的な見直しが行われることになった。それが社会福祉基礎構造改革である。

　社会福祉基礎構造改革の流れのなかで，社会福祉法人の設立根拠となっている社会福祉事業法は，2000（平成12）年に「社会福祉法」に改正・改称された。そして2016（平成28）年には社会福祉法人制度改革に沿った最新改正が行われたが，この最新改正においても，「社会福祉事業」については，「第一種社会福祉事業と第二種社会福祉事業をいう。」という規定とともに，「社会福祉事業のうち，第一種社会福祉事業は，国，地方公共団体又は社会福祉法人が経営することを原則とする。」という規定はそのまま踏襲され，社会福祉法の第6章の第22条から第59条にわたって，社会福祉法人の設立に関すること及びその組織運営等に関する詳細が定められている。

　したがって社会福祉法人制度改革以降も，依然として社会福祉法人が社会福祉事業の担い手としての中心的存在であることに変わりはない。しかし社会福祉法人にとってこの制度改革をどのように受け止め，今後の事業経営をどのように進めていくかという点における課題があることは確かである。（本章第4節参照）

　なお参考までに，〈参考資料1〉は，1971（昭和46）年7月16日付で発出された社会福祉事業団の設立根拠となる通知文書「社会福祉事業団等の設立及び運営の基準について」（「４６通知」）である。〈参考資料2〉は，その後の2002（平成14）年8月21日に発出された「社会福祉事業団等の設立及び運営の基準の取扱いについて」である。〈参考資料3〉は，2016（平成28）年11月11日に発出された社会福祉事業団等の設立及び運営基準の「一部改正について」である。

〈参考資料１〉 出典：厚生省大臣官房障害保健福祉部障害福祉課/監修「知的障害者福祉六法　平成11年版」中央法規出版をもとに作成

社会福祉事業団等の設立及び運営の基準について

社会福祉事業団等の設立及び運営の基本方針
1　地方公共団体が設置した社会福祉施設は，地方公共団体において自ら経営するほか，施設経営の効率化が図られる場合には，社会福祉法人組織により設立された社会福祉事業団に経営を委託することができるものとし，社会福祉事業団の設立，資産，役員，施設整備，委託料等に関する基準を設けて公的責任の明確を期するとともに経営の合理化に資することとする。
2　地方公共団体が設置した施設の委託先は社会福祉事業団を原則とするが，これによりがたい場合には社会福祉事業団以外の社会福祉法人に経営を委託することができるものとし，この場合における所要の基準を設けることとする。
3　地方公共団体が広域行政の見地から社会福祉施設を設置しようとする場合は，従来の一部事務組合によるほか，関係地方公共団体が共同して社会福祉法人を設立しこれに施設の設置経営を行わせることができるものとし，この場合における所要の基準を設けることとする。

第一　社会福祉事業団の設立及び運営の基準
1　社会福祉事業団の設立
（１）社会福祉事業団（以下［事業団］という。）は，少なくとも二以上の収容施設（大規模な収容施設にあっては一以上。なお，収容施設には精神薄弱児（者）関係通所施設，精神薄弱者通勤寮，肢体不自由児通園施設を含む。）の経営をこれに委託しようとする都道府県，市が設立できるものとする。
（２）事業団は，社会福祉法人組織によるものとする。
2　事業団の事業目的
　事業団の主たる事業は，都道府県，市が設置した施設の受託経営に限るものとする。ただし，老人福祉センター，老人休養ホーム，母子休養ホーム等については，事業団自ら施設を設置し経営することができる。
3　条例の制定
　施設経営の委託は条例に基づくものとし，条例において施設の名称と委託先を明定するものとする。

4　資産について
(1) 設立の際基本財産として，都道府県が設立する事業団にあっては一〇〇〇万円以上，指定都市が設立する事業団にあっては五〇〇万円以上，指定都市以外の市が設立する事業団にあっては三〇〇万円以上をそれぞれ当該地方公共団体が出資するものとする。
(2) 事業団の残余財産は，定款の定めにより事業団が設立した地方公共団体に帰属させることができるものとする。

5　役員等
(1) 理事長は原則として都道府県知事又は市長とし，民生部（局）長が副理事長又は理事に加わるものとする。
(2) 理事，監事には関係都道府県，市の職員が相当数選任されることはやむを得ないが，理事，監事総数の三分の一程度は民間学識経験者，社会福祉事業関係者から選任されるよう配慮する。
(3) 事務局長及び施設の長は，理事長が都道府県知事又は市長の承認を得て任命する。

6　施設整備
　　都道府県，市は事業団の施設整備（増改築，修理を含む。）については責任をもってこれにあたること。また，設備運営に関する基準の遵守についても都道府県，市は指導監督にあたること。

7　委託料
(1) 都道府県知事又は市長村長が法律の規定に基づき行なう収容等の委託は，施設を設置した都道府県，市に対して手続きをとるものとする。したがって措置に要する費用もこれらの都道府県，市に対して支出するものとする。
(2) 都道府県，市は事業団に対してその管理運営に必要な費用として委託料を支払うものとする。
(3) 委託料の額は，この運営基準にしたがった適正な額とすること。
(4) 事業団の経営施設は，民間経営調整費を受けることはできないものとする。

8　職員
(1) 事業団の職員の処遇（給与，退職金等）は，事業団を設立した地方公共団体の職員に準ずるものとすること。ただし，各職員の格付にあたっては，単純に年功的処遇を行なうのではなく，職務に応じた給与の支給等適切な配慮を加えるものとする。
(2) 事業団の職員は，社会福祉施設職員退職手当共済制度の適用を受けられるものとする。この場合，都道府県，市の職員に準じた退職手当の額がこの制度による給付を

上回り経常委託費で措置できないときは，当該都道府県，市が補助金を交付すること。
9　経営の合理化
　　事業団は，各施設相互の有機的連携に配慮し，例えば，施設間の職員の人事の交流，施設の集団化，事務の集中化等経営合理化に努めるものとする。
10　民間資金の利用制限
　　事業団は，共同募金配分金，お年玉年賀葉書寄付金，日本自転車振興会，日本小型自動車振興会，日本船舶振興会等の補助金，社会福祉事業振興会貸付金等民間施設を対象とした資金の配分又は貸付は受けられないものとする。ただし，2により事業団が自ら設置する利用施設についてはこの限りではない。また，事業団が任意の寄付金を受けることは差し支えない。
11　付帯事業
　　都道府県が設立した事業団は，次のような付帯事業を行なうことができる。この場合，付帯事業の種類を定款に明記すること。
（1）民間の社会福祉施設に対する経営資金の貸付事業
（2）社会福祉施設職員の研修事業
（3）その他当該地域内の社会福祉事業に対する指導助成のための事業
12　予算，決算の承認
　　事業団の予算及び決算については，知事又は市長の承認を受けるものとし，この旨定款に明記すること。
第二　地方公共団体が設置した施設の経営を事業団以外の社会福祉法人に委託する場合の基準
　地方公共団体が設置した施設は，当該地方公共団体において自ら経営するほか事業団へ委託して経営させることを原則とするが，これによりがたい場合には事業団以外の社会福祉法人に経営を委託することができることとする。
1　委託先の社会福祉法人について
　　委託先の社会福祉法人は，経営者が社会福祉事業について熱意と高い識見を有し，施設経営全般について良好な経営の実績を有すること，及び次の（1）又は（2）のいずれかに該当する場合に委託することができるものとする。
（1）委託先の社会福祉法人は，委託しようとする施設と同種又は類似の施設についておおむね過去一〇年以上良好な経営の実績を有すること。
（2）委託しようとする施設の施設長又はこれに準ずる者が，当該施設と同種又は類似の施設においておおむね過去一〇年以上施設長又は幹部職員として勤務した経験を有

し，良好な勤務の実績を有すること。
2　条例の制定
　　事業団の場合と同様施設経営の委託は条例に基づくものとし，条例において施設の名称と委託先を明定するものとする。
3　役員等
　　施設を委託する地方公共団体は，原則として民生部課長が委託先の社会福祉法人の理事又は監事に加わるものとする。
4　施設整備
　　地方公共団体は，委託する施設の整備（増改築，修理を含む。）及び施設運営に関する基準遵守の指導監督について事業団の場合と同様責任をもってこれにあたること。
5　委託料
（1）措置の手続き，措置費及び委託料の支払いの方法については，事業団の場合と同様とする。
（2）委託料の額は，この運営基準にしたがって適正な額とすること。
（3）受託施設は，民間経営調整費を受け取ることはできないものとする。
6　民間資金の利用制限
　　受託施設の施設整備については，当該地方公共団体が責任をもってこれにあたることになるので，事業団の場合と同様民間施設を対象とした資金の配分又は貸付は原則として受けることはできないものとする。
　　なお，任意の寄付金を受け入れることは差し支えない。
第三　地方公共団体が広域行政の見地から設立する社会福祉法人の設立及び運営の基準
1　社会福祉法人の設立
　　この社会福祉法人（以下「法人」という。）は，少なくとも一以上の収容施設を設置運営しようとする二以上の関係市町村が共同して設立できるものとする。
　　（注）収容施設の範囲は事業団の場合と同様とする。
2　運営協議会の設置
（1）関係市町村は，設置しようとする施設の種類，規模，設置場所，施設整備及び管理運営に要する費用の負担割合，役員の人選，解散した場合における残余財産の帰属等法人の運営に関する基本事項を協議，決定する機関として運営協議会を設置するものとする。
　　運営協議会の委員は，原則として関係市町村長をもってこれにあてる。なお，会長は委員の互選による。

（2）運営協議会の決定事項の実施にあたっては，法人の理事会，評議員会の議決又は関係行政庁の認可を要するものについては，これらの手続きを経なければならない。

3　役員

（1）理事には関係市町村長及び民生担当部課長が加わるものとする。また，理事長は理事の互選による。

（2）理事及び監事総数の三部の一程度は民間学識経験者，社会福祉事業関係者から選任にされるよう配慮する。

4　資産について

（1）法人の設立の際，基本財産として総額一〇〇万円以上を関係市町村が出資するものとする。

（2）残余財産は，定款の定めにより当該法人を設立した市町村に帰属させることができる。

5　管理運営に要する費用

（1）法人の管理運営に要する費用は，原則として措置費収入のほか関係市町村の補助金によってこれにあてるものとする。

（2）管理運営費のための補助金は，この運営基準にしたがった適正な額とすること。

（3）法人の経営施設は，民間経営調整費を受けることはできないものとする。

6　施設整備

　　法人の施設の整備（増改築，修理を含む。）にあたっては，国，都道府県の補助金以外の部分については，原則として関係市町村が負担するものとする。したがって，法人がこの部分の額の全部又は一部を借入金で賄うことは差し支えないが，借入金の元利償還にあたっては，関係市町村が責任をもって財政措置を講ずること。

　　また，関係市町村は，法人の設備運営に関する基準の遵守の指導監督について責任をもってこれにあたること。

7　職員

（1）法人の職員の処遇（給与，退職金等）は，関係市町村の職員の平均的水準に準ずるものとする。

（2）法人の職員は，社会福祉施設職員退職手当共済制度の適用を受けられるものとする。

（3）各職員の給与，退職金の支給にあたっては，事業団の場合と同様適切な配慮を加えること。

8　民間資金の利用制限

　　法人は，共同募金配分金，お年玉年賀葉書寄付金，日本自転車振興会，日本小型自動車振興会，日本船舶振興会等の補助金等の資金の交付は受けられないものとする。ただし，社会福祉事業振興会から借入することができる。また，任意の寄付金を受けることは差し支えない。

9　予算，決算の承認

　　法人の予算及び決算については，関係市町村長の承認を受けるものとし，この旨定款に明定すること。

〈参考資料2〉 出典：厚生労働省ホームページ
　　http://www.mhlw.go.jp/file/06-Seisakujouhou-12000000-Shakaiengokyoku-Shakai/0000142656.pdf
　　当該URLをもとに作成

社会福祉事業団等の設立及び運営の基準の取扱いについて

平成14年8月21日　雇児発第0821001号　社援発第0821001号　老発第0821001号
各都道府県知事，指定都市市長，中核市市長あて
厚労省雇用均等・児童家庭局長，社会・援護局長，老健局長名通知

（抜粋）「社会福祉事業団等の設立及び運営の基準について」（以下「46通知」という。）制定以後，国の関与の削減，縮小や従前の機関委任事務制度等の見直しを内容とする地方分権の推進を図るための関係法律の整備等に関する法律（平成11年法律第87号）が施行され，社会福祉の増進のための社会福祉事業法等の一部を改正する法律（平成12年法律第111号）が施行されたことなどに基づき，利用者本位の制度を確立すること等を目的とする社会福祉基礎構造改革が進められているなど，事業団等を巡る社会経済情勢は大きく変化してきている。さらには，政府全体において，民間でできることは民間に委ね，地方でできることは地方に委ねるとの原則の下，一層の規制改革や地方分権の推進に向けた取組がなされている。

　このため，福祉分野においても，利用者の選択の拡大を図るとともにサービスの質の向上と効率化を図る観点から積極的に規制改革や地方分権を推進することが求められており，その事情は公設施設の経営の在り方についても同様である。

　このような状況の中で，事業団等についても，「地域福祉の推進」の一翼を担っていく主体として今後とも活躍が期待されるところである。

　このため，46通知で定める基準については，下記のとおり取り扱うこととし，地方自治法上の位置付けを明確化することとするので，十分御了知の上，適切にお取り計ら

い願いたい。

　なお，この通知は，地方自治法（昭和22年法律第67号）第245条の４第１項の規定に基づく技術的助言として発出するものである。

記

１　公設施設の経営の委託先等について

　「社会福祉事業団等の設立及び運営の基本方針」においては，「公設施設」の経営の委託先は事業団を原則とするなど委託先等に関する規定を定めているが，各地方公共団体においては，これらの規定にかかわらず，公設施設の経営の効率化や地域の実情に応じた対応を可能とするため，特段の要件を付することなく，委託先を選定すること等ができるものであること。

２　４６通知で定める基準の位置付けについて

　４６通知で定める基準は，国において適正な処理を特に確保する必要がある法定受託事務について定められる処理基準のように，これによることを義務付けるものではなく，本通知によりその旨を明確化するものであること。

　また，４６通知で定める基準は，社会福祉法人の設立の認可について（平成12年12月１日　社援第2618号等社会・援護局長等通知）の「社会福祉法人審査基準」等の容認し得る公設施設の受託経営等を行う法人の一つの在り方を示したものであることから，４６通知は今後も存置するものであること。

３　事業団等の在り方について

　４６通知で定める基準は，公設施設の受託経営等を行う社会福祉法人の一つの在り方を示すものであり，事業団等を運営するに当たっては，地域の実情を踏まえ，同基準に定める個々の項目について創意工夫を生かした対応が可能であること。

　また，今後事業団等は，社会福祉事業の担い手としての重要な役割を果たすことが期待されるものであるから，福祉サービスの質の向上に資するものとして，一般の社会福祉法人にとって先駆的な事業や研究事業等の地域の実情に応じて対応が必要な福祉に係る需要を満たすための事業を行うなど，積極的な取組を行われたいこと。

〈参考資料3〉 出典：厚生労働省ホームページ
http://www.mhlw.go.jp/file/06-Seisakujouhou-12000000-Shakaiengokyoku-Shakai/0000142656.pdf
当該URLをもとに作成

「社会福祉事業団等の設立及び運営の基準について」の一部改正について

平成28年11月11日　雇児発第1111第2号　社援発第1111第3号　老発第1111第5号
各都道府県知事，指定都市市長，中核市市長あて
厚生労働省雇用均等・児童家庭局長，社会・援護局長，老健局長名通知

　社会福祉事業団等の設立及び運営については，「社会福祉事業団等の設立及び運営の基準について」（昭和46年7月16日付厚生省社会局長，児童家庭局長連名通知）により示されておりますが，今般，別添のとおり改正し，平成29年4月1日から適用することといたしました。また，「社会福祉事業団等の設立及び運営の基準の取扱いについて」（平成14年8月21日付厚生労働省雇用均等・児童家庭局長，社会・援護局長，老健局長連名通知）については，同日をもって廃止する。
（中略）
　なお，本通知は，地方自治法（昭和22年法律第67号）第245条の4第1項の規定に基づく技術的助言として発出するものであることを申し添えます。

「社会福祉事業団等の設立及び運営の基準について」の一部改正について
（社庶　第121号　昭和46年7月16日　最終改正：平成28年11月11日）

社会福祉事業団等の設立及び運営の基準

（下線部分は改正部分と新設部分）

社会福祉事業団等の設立及び運営の基本方針
1　－（略）－
2　社会福祉事業団以外の社会福祉法人に経営を委託する場合の基準について第2に示すが，地方公共団体においては，公設施設の経営の効率化や地域の実情に応じた対応を可能とするため，特段の要件を付することなく，委託先を選定すること等ができるものである。
3　－（略）－
4　本通知で定める基準は，国においてその適正な処理を特に確保する必要がある法定受託事務について定められる処理基準のように，これによることを義務付けるものではなく，地方自治法第245条の4第1項の規定に基づく技術的助言としての位置付けを有するものであり，公設施設の受託経営等を行う法人の一つの在り方を示したもの

である。　（新設）
5　社会福祉事業団等を運営するに当たっては，地域の実情を踏まえ，同基準に定める個々の項目について創意工夫を生かした対応が可能である。
　　また，今後社会福祉事業団等は，先に述べたとおり，地域における社会福祉事業の担い手としての重要な役割を果たすことが期待されるものであることから，福祉サービスの質の向上に資するものとして，一般の社会福祉法人にとって先駆的な事業や研究事業等の地域の実情に応じて対応が必要な福祉に係る需要を満たすための事業を行うなど，積極的な取組を行われたい。　（新設）

第一　社会福祉事業団の設立及び運営の基準
1　社会福祉事業団の設立
（1）社会福祉事業団（以下「事業団」という。）は，少なくとも二以上の入所施設（大規模な入所施設にあっては一以上。なお，入所施設には福祉型・医療型児童発達支援センター，障害者福祉サービス（日中活動サービス，宿泊型自立訓練，共同生活援助に限る。）に係る施設を含む。）の経営をこれに委託しようとする都道府県，市が設立できるものとする。
（2）事業団は，社会福祉法人組織によるものとする。
2　事業団の事業目的
　　事業団の主たる事業は，都道府県，市が設置した施設の受託経営に限るものとする。ただし，当該受託経営に支障のない範囲で，事業団が自ら施設を設置し経営することができる。
3　条例の制定
　　施設経営の委託は条例に基づくものとし，条例において施設の名称と委託先を明定するものとする。
4　資産について
　　―（略）―
5　役員等
（1）　理事長は原則として都道府県知事又は市長とし，民生部（局）長が副理事長又は理事に加わるものとするが，評議員会及び理事会において適正に手続をとること。
（2）　理事，監事又は評議員には関係都道府県，市の職員が相当数選任されることはやむを得ないが，親族等特殊関係者の制限を遵守するとともに，理事，監事又は評議員総数の三分の一程度は民間学識経験者，社会福祉事業関係者から選任されるよう配

慮する。
（3）事務局長及び施設の長は，理事長が都道府県知事又は市長の承認を得て任命する。
6　施設整備
　都道府県，市は事業団の施設整備（増改築，修理を含む。）については責任をもってこれにあたること。また，設備運営に関する基準の遵守についても都道府県，市は指導監督にあたること。
7　委託料
（1）～（3）－（略）－
（4）事業団の経営施設は，<u>民間施設給与等改善費</u>を受けることはできないものとする。
8　職員
　－（略）－
9　経営の合理化
　事業団は，各施設相互の有機的連携に配意し，例えば，施設間の職員の人事の交流，施設の集団化，事務の集中化等経営合理化に努めるものとする。
10　付帯事業
　都道府県が設立した事業団は，次のような付帯事業を行なうことができる。この場合，付帯事業の種類を定款に明記すること。
（1）民間の社会福祉施設に対する経営資金の貸付事業
（2）社会福祉施設職員の研修事業
（3）その他当該地域内の社会福祉事業に対する指導助成のための事業
11　予算，決算の承認
　事業団の予算及び決算については，知事又は市長の承認を受けるものとし，この旨定款に明記すること。

第二　地方公共団体が設置した施設の経営を事業団以外の社会福祉法人に委託する場合の基準
　－（略）－
1　委託先の社会福祉法人について
　－（略）－
2　条例の制定
　－（略）－

3　施設整備
　地方公共団体は，委託する施設の整備（増改築，修理を含む。）及び設備運営に関する基準の遵守の指導監督について事業団の場合と同様責任をもってこれにあたること。
4　委託料
（1）措置の手続，措置費及び委託料の支払方法については，事業団の場合と同様とする。
（2）委託料の額は，この運営基準にしたがつて適正な額とすること。
（3）受託施設は，民間施設給与等改善費を受けることはできないものとする。

第三　地方公共団体が広域行政の見地から設立する社会福祉法人の設立及び運営の基準
1　社会福祉法人の設立
　この社会福祉法人（以下「法人」という。）は，少なくとも一以上の入所施設を設置運営しようとする二以上の関係市町村が共同して設立できるものとする。
　（注）入所施設の範囲は事業団の場合と同様とする。
2　運営協議会の設置
　―（略）―
3　役員
（1）理事には関係市町村長及び民生担当部課長が加わるものとするが，評議員会及び理事会において適正な手続をとること。
（2）理事，監事又は評議員については，親族等特殊関係者の制限を遵守するとともに，理事，監事又は評議員総数の三分の一程度は民間学識経験者，社会福祉事業関係者から選任されるよう配慮する。
4　資産について
　―（略）―
5　管理運営に要する費用
（1）法人の管理運営に要する費用は，原則として措置費収入のほか関係市町村の補助金によってこれにあてるものとする。
（2）管理運営費のための補助金は，この運営基準にしたがつた適正な額とすること。
（3）法人の経営施設は，民間施設給与等改善費を受けることはできないものとする。
6　施設整備
　―（略）―

7　職員
（1）法人の職員の処遇（給与，退職金等）は，関係市町村の職員の平均的水準に準ずるものとする。
（2）法人の職員は，社会福祉施設職員退職手当共済制度の適用を受けられるものとする。
（3）各職員の給与，退職金の支給にあたっては，事業団の場合と同様適切な配慮を加えること。
（削る）
8　予算，決算の承認
　法人の予算及び決算については，関係市町村長の承認を受けるものとし，この旨定款に明定すること

第2節　社会の変化と社会福祉基礎構造改革

　現在に至る日本の社会福祉に関する施策を概観すれば，その基盤整備は，1945（昭和20）年に戦争が終結し，その戦後処理と復興という特別な事情を伴って始まったといえる。第二次世界大戦後の日本は，戦争による傷病者や戦災孤児・浮浪児があふれ，国民の生活も困窮した状況にあり，国の責務としての戦後処理・復興対策を早急に講じる必要があった。
　1945（昭和20）年12月15日に生活困窮者に対する応急的な措置を講じるための「生活困窮者緊急生活援護要綱」が閣議決定され，翌年の4月から実施された。9月には生活保護法が制定，10月に施行された。こうした状況のなかで，1946（昭和21）年11月3日に新しい日本国憲法が公布され，1947（昭和22）年に児童福祉法，1949（昭和24）年に身体障害者福祉法が制定された。
　児童福祉法の制定は，広く児童全体の福祉の維持，増進を目的とするとともに，障害のある児童等の福祉施策も目的とするものであるという点で重要である。（第1章第2節参照）
　生活保護法については，憲法第25条「国民の生存権，国の保障義務」の理念

に基づき，全面的な改正が行われ，1950（昭和25）年に新たな生活保護法（現在の生活保護法）が制定された。戦後日本の福祉施策は，生活保護法，児童福祉法，身体障害者福祉法のいわゆる「福祉三法」の体制から始まったといえる。そして社会福祉事業に関する共通的な基盤を整備するための法律として1951（昭和26）年に社会福祉事業法（現在の社会福祉法）が制定された。

　昭和30年代に入って，1960（昭和35）年に精神薄弱者福祉法（現在の知的障害者福祉法），1963（昭和38）年に老人福祉法，1964（昭和39）年に母子福祉法（現在の母子及び父子並びに寡婦福祉法）が制定されたことで，いわゆる「福祉六法」体制となって社会福祉に関する政策的取り組みは進展する。

　障害者のための総合的な施策の基盤は，1970（昭和45）年に，心身障害者対策基本法が各省庁の所管するそれぞれの障害者関連施策の基本となる法律として制定されたことでほぼ整うことになる。心身障害者対策基本法は，1993（平成5）年の改正で，「障害者基本法」に改称され，その後も障害者を取り巻く社会状況及び国際的動向等を踏まえ，2004（平成16）年，2011（平成23）年，2013（平成25年）に改正があり，現在に至っている。

　戦後から時が経ち，社会・経済状況も変化し，各分野の行政施策の見直しが行われるなかで，厚生省（現在の厚生労働省）においても，国民の福祉ニーズが多様化し，広く国民一般を対象とする福祉制度を構築する必要性が生じてきたとして，戦後から続いてきた日本の社会福祉の共通基盤制度の基本的な枠組みそのものを見直すこととなった。

　見直しに向けて，1997（平成9）年8月に，有識者からなる「社会福祉事業の在り方に関する検討会」が設けられた。同検討会は，1951（昭和26）年の社会福祉事業法の制定以来，大きな改正が行われてこなかった福祉事業の意義及び，社会福祉法人の在り方及び措置制度の在り方，さらに福祉事務所の役割，老人福祉，児童福祉，障害者福祉などの各分野に関わる共通基盤制度の在り方について検討を進め，1997（平成9）年11月に「社会福祉の基礎構造改革について（主要な論点）」としてまとめた。[3]

〈参考資料4〉 出典：厚生省社会・援護局企画課監修「社会福祉基礎構造改革の実現に向けて」
中央法規出版（平成10年9月）をもとに作成

「社会福祉の基礎構造改革について（主要な論点）」の概要

平成9年11月25日
社会福祉事業等の在り方に関する検討会

　当検討会では，社会福祉の基礎となる制度の在り方について議論を行ってきたが，その議論の内容を踏まえ，主要な論点について以下のとおり整理を行った。
　今後，これらについてさらに検討が深められることを期待する。

改革の方向

○少子高齢化の進展，核家族化や女性の社会進出による家庭機能の変化などに伴う福祉需要の増大・多様化に対応して，社会福祉制度も弱者救済にとどまらず国民全体の生活の安定を支える役割を適切に果たしていくことが期待されている。
○こうした変化に応じて，社会福祉の各分野においても，児童福祉法の改正や介護保険法案の提出など，国民の自立支援，選択の尊重，サービスの効率性の向上などを目指した取り組みが行われている。
○しかしながら，社会福祉事業，社会福祉法人，福祉事務所などの社会福祉全般を支える基礎構造については，昭和26年の社会福祉事業法制定以来，基本的な枠組みが維持されたままである。このため，低所得者等を対象にした行政処分による一律のサービス提供，福祉事務所等の役割が地域の福祉需要の変化に十分対応していないことなど，時代の要請にそぐわない部分が出てきている。
○また，最近，社会福祉法人に関連した不祥事の発生が見られるが，こうした事件の背景には，現在の社会福祉制度の抱える構造的な問題があると考えられる。
○したがって，将来にわたって増大・多様化する福祉需要に的確に対応し，利用者の信頼と納得の得られる質の高い福祉サービスを効率的に確保していくためには，社会福祉の基礎構造全体を抜本的に改革し，強化を図る必要がある。
○個人の自己責任による解決に委ねることが適当でない生活上の問題に関し社会連帯の考え方に立った支援を行うことにより個人の自己実現と社会的公正の確保を図ることを社会福祉の基本理念として，次のような方向に沿った改革を進めるべきである。
　その場合，具体的なサービスの提供に当たっては，利用者の選択を尊重し，その要望とサービスの提供者の都合を調整する手段として，市場原理をその特性に留意しつつ幅広く活用していく必要がある。

①対等な関係の確立
　サービスの利用者を弱者保護の対象としてとらえるのではなく，個人の自立と自己実現を支援する福祉サービスにふさわしい，利用者とサービス提供者との対等な関係を確立する
②個人の多様な需要への総合的支援
　心身の状況や家族環境などに応じて個々の利用者が持つさまざまな需要を総合的にとらえるとともに，それに対応して必要となる福祉・保健・医療等の各種のサービスが地域において相互に連携し，効果的に提供される体制を構築する
③信頼と納得が得られる質と効率性
　サービス利用や費用負担について，国民の信頼と納得が得られるよう，適正な競争を通じて良質なサービスの効率的な提供を確保する
④多様な主体による参入促進
　利用者の幅広い要望に応えるため，多様な提供主体による福祉サービスへの参入を促進する
⑤住民参加による福祉文化の土壌の形成
　社会連帯の考え方に基づき，幅広い住民の積極的な参加を得て豊かな福祉文化の土壌を形成する
⑥事業運営の透明性の確保
　サービスの内容や事業運営に関する情報を公開し，利用者による適切なサービスの選択と事業運営に対する信頼を確保する
　なお，制度全般の改革とあわせて，生活保護制度が今後とも国民生活の安全網（セーフティネット）としての役割を適切かつ効果的に果たせるよう，その在り方について検討する必要がある。

主な検討事項
【社会福祉事業】
○現行の社会福祉事業の概念を見直すとともに，その範囲，区分，規制，助成等の基本的な在り方について検討する必要がある。
○社会福祉法人には，行政機関からの措置委託に係るサービスの提供だけでなく，幅広い事業実施が望まれる。
○ボランティア団体や住民参加型民間団体などの活動の社会福祉事業における位置付けや社会福祉法人格の取得を可能にすることを検討する必要がある。この場合，これらの団体の持つ活力や創造性が失われないような配慮が必要である。

○民間企業等の多様な主体の参入促進の方策を検討する必要がある。
○個々の対象者が持つ様々な需要に対応した包括的な生活支援のためのサービスの提供が必要である。このため，地域における各種サービス間の調整や総合的な助言・相談が行える体制について検討する必要がある。

【措置制度】
○現行の措置制度は，一般的に事業の効率性や創意工夫を促す誘因に欠け，利用者にとってはサービスの選択や利用しやすさの面で問題がある。また，事業者補助であるため透明性を欠き，これが腐敗につながる場合もある。
○このため，行政処分を行うことによりサービスを提供する措置制度を見直し，個人が自ら選択したサービスを提供者との契約により利用する制度を基本とする必要がある。
○この場合，サービスの利用に必要な費用をすべて利用者自身の負担とすることは適当ではなく，社会連帯の考え方に基づく公的助成を行うことにより，利用者を支える仕組みが必要である。また，この助成は，介護保険制度の考え方のように利用者に提供されるサービスに着目したものとする必要がある。
○これを通じて，事業者にとっても，よいサービスを効率的に提供することが経営状態の改善につながることになる。
○また，公的な費用負担の対象となるサービスと併せて，より快適な環境や付加的なサービスを自らの負担により購入できる仕組みとする必要がある。
○自己決定能力が低下している者については，その者の権利を擁護し，本人の意向を尊重したサービスの利用が可能となる制度が必要である。

【サービスの質】
○サービスの質を確保するためには，サービス提供の中心的な担い手となる専門職の位置付け及び専門職とそれ以外の従事者との関係について検討する必要がある。
○利用者による選択に委ねるべき事項は事業者の自主的な取り組みに任せる一方，施設・設備や人員配置などの外形的な基準は，公的基準によって質を確保すべき事項に重点化した上で，サービスの内容についても基準を定める必要がある。
○契約による利用に対応し，消費者保護の観点からの規制が必要となる。
○さらに，サービス内容に関する情報を公開し，利用者による適切なサービスの選択を可能にするとともに，専門家による客観的な質の評価制度の導入・拡大について検討する必要がある。
○福祉サービスに対しサービス利用者の意見が反映され，権利が擁護される仕組みを検討する必要がある。

○都道府県等による監査指導は，会計経理などにとどまらず，サービスの質と効率性の向上につながる手法について検討する。
【効率化】
○事業者間の適正な競争を促進することを通じてサービス提供の効率性の向上を図る必要がある。
○また，機械化，省力化，外部委託の推進などの，効率性向上のための方策について検討する必要がある。
【施設整備】
○社会福祉施設の整備に当たっては，設置者自身にも一定の自己負担を求めているが，施設が大規模化した今日，これを寄付により償還することは事実上困難になってきている。
○措置制度の見直しの際に，効率的な経営が質の向上と業務の拡大につながるよう，サービスの対価としての収入を施設整備の費用に充当することを認めるなど費用調達の在り方を検討する必要がある。
【社会福祉法人】
○福祉サービス分野への多様な主体の参入が進む中で，社会福祉法人が今後果たしていくべき役割や意義について検討する必要がある。
○社会福祉法人設立等の要件の見直しについて検討する必要がある。
○社会福祉法人の概は一施設のみを経営しているが，社会福祉法人の規模の在り方について検討する必要がある。
○各施設・事業ごとではなく，社会福祉法人単位で経営を考える必要がある。このため，本部会計と施設会計を分離する仕組みを改めることなどを検討する必要がある。
○法人・事業の適正な運営を図るためには，規制強化ではなく，外部監査の導入や情報開示など自主的な取り組みを促進する必要がある。
○理事会・評議員会など，社会福祉法人の経営管理組織の在り方について検討する必要がある。
○社会福祉法人に対する監査を実効あるものとするため，国と都道府県・市との役割分担など監査の在り方について検討する必要がある。
【社会福祉協議会・ボランティア団体等】
○社会福祉協議会は，ボランティア団体，住民参加型民間団体，保健・医療関係団体，生活協同組合，農業協同組合，企業，労働組合などと協働して，地域におけるネットワークづくりや身近な生活支援活動に一層取り組む必要がある。

○民生委員・児童委員について，一人暮らし高齢者等の訪問や相談など実際に地域のなかで果たしている役割にふさわしい位置付けを行う必要がある。

【共同募金】

○募金方法や，県単位，過半数配分などの配分方法の見直しについて検討する必要がある。

【人材養成・確保】

○福祉分野の人材確保についても市場原理の活用を考えるべきである。それによって，福祉分野の仕事に対する社会的評価の向上，業務の省力化及びサービスの高度化がもたらされることになる。

○他の分野からの人材の参入を促すためには，福祉の現場で働きながら資格が取れるような仕組みが重要である。

○社会福祉の専門職の養成とあわせて，福祉施設での介護体験・実習の受け入れなどを通じて，福祉の仕事に対する幅広い関心と理解を得る努力が必要である。

○保健・医療・福祉の連携や，適切な説明により利用者の理解を得ることなど，利用者への配慮・倫理面を重視した人材養成が必要である。

○福祉系大学等が専門職養成のために必要な実習教育，研究のための付属実習施設を持つことを認めるなど福祉系大学等の教育や研究の質の向上を図るべきである。

【地域福祉計画】

○まちづくりの視点も含めた地域福祉計画の策定について検討を進める必要がある。その策定に当たっては，民間の発想をできるだけ取り入れる方式を取り入れるとともに，計画づくりの過程を通じて公と民の役割分担についての合意を形成することを検討する必要がある。

【福祉事務所】

○保健所，市町村保健センター，福祉関係の各種相談所と福祉事務所との連携，統合など，地域における保健・医療・福祉の総合的な行政実施体制の在り方について検討する必要がある。

○福祉事務所については，地域における役割と併せて必置規制の在り方などについて検討する必要がある。

○また，福祉事務所職員等の任用に必要とされる社会福祉主事の資格についても，自治体の人事における専門職の処遇，福祉事務所や社会福祉施設職員の必要とする専門性との関連において見直す必要がある。

以上が，社会福祉事業の在り方に関する検討会がまとめた「社会福祉の基礎構造改革について（主要な論点）」の概要で，改革の方向と社会福祉に関する主な検討事項を示しているが，この論点については，さらに検討が深められることを期待するということが記されている。そこでこれを受ける形で，中央社会福祉審議会に設置された社会福祉基礎構造改革分科会によってさらに検討が加えられることとなった。そして同分科会は検討結果として1998（平成10）年6月17日に，改革の必要性と改革の理念についてまとめた「社会福祉基礎構造改革について（中間まとめ）」を公表し，1998（平成10）年12月8日に「社会福祉基礎構造改革を進めるにあたって（追加意見）」を公表した。[4]

　「中間まとめ」は，主要な論点についてさらに検討をくわえ，改革の必要性と改革の理念，改革の具体的内容等についてまとめたもので，「追加意見」は，中間まとめに対する意見等を取りまとめたものである。

〈参考資料５〉 出典：厚生省社会・援護局企画課監修「社会福祉基礎構造改革の実現に向けて」
　　中央法規出版（平成10年9月）p.3-5をもとに作成

「社会福祉基礎構造改革について（中間まとめ）」の要点

Ⅰ　改革の必要性

〈福祉を取り巻く状況〉
- 少子・高齢化，家庭機能の変化，低成長経済への移行
- 社会福祉に対する**国民意識の変化**
- **国民全体**の生活の安定を支える社会福祉制度への期待

〈社会福祉制度〉
- 現行の基本的枠組みは，終戦直後の生活困窮者対策を前提としたものであり，今日まで**50年間維持**
- 現状のままでは増大，多様化する福祉需要に十分に対応していくことは困難
- この間，**児童福祉法の改正**，**介護保険法の制定**を実施

↓

社会福祉の基礎構造を抜本的に改革

II 改革の理念

改革の基本的方向
① サービスの利用者と提供者の**対等な関係の確立**
② 個人の多様な需要への**地域での総合的な支援**
③ 幅広い要望に応える**多様な主体の参入促進**
④ 信頼と納得が得られるサービスの**質と効率性の向上**
⑤ 情報公開等による**事業運営の透明性の確保**
⑥ 増大する費用の**公平かつ公正な負担**
⑦ 住民の積極的な参加による**福祉の文化の創造**

⬇

社会福祉の理念
○ 国民が自らの生活を自らの責任で営むことが基本
○ 自らの努力だけでは自立した生活を維持できない場合に社会連帯の考え方に立った支援
↓
○ **個人が人としての尊厳をもって,家庭や地域のなかで,その人らしい自立した生活が送れるよう支える**

III 改革の具体的内容

社会福祉事業法及び関係法令の改正を含め,次のような制度の抜本的な改革のための措置を早急に講じる必要がある。

1 社会福祉事業の推進

[社会福祉事業]
◎ 権利擁護のための相談援助事業,障害者の情報伝達を支援するための事業などを新たに追加するとともに,公益質屋など存在意義の薄れたものは廃止
○ 身近できめ細かなサービス提供のため事業の規模要件を緩和
◎ 多様なサービス提供を確保するため,事業の性格等に応じ経営主体の範囲を見直し

[社会福祉法人]
◎ 社会福祉法人は,低所得者,援護困難者に配慮した事業実施など,引き続きサービス提供において中心的な役割
◎ 民間企業等の他の事業主体との適正な競争条件の整備
◎ 厳格な会計区分の撤廃,理事長等の経営責任体制の確立,法人の経営規模の拡大な

どによる経営基盤の確立
○ 外部監査の導入や情報開示による適正な事業運営の確保
○ 既存法人の資産の活用の検討

サービスの利用
◎ 行政処分である措置制度から，個人が自ら選択し，それを提供者との契約により利用する制度への転換を基本
○ 利用者にとって利便性の高い利用手続及び支払方法の導入
○ 契約による利用が困難な理由があるものは特性に応じた制度

権利擁護
◎ 成年後見制度と合わせて，社会福祉分野において，各種サービスの適正な利用を援助するなどの権利擁護の制度を導入・強化

施設設備
◎ サービスの対価を施設整備に係る借入金の償還に充てることができる仕組みを導入
○ 選択に基づくサービス利用ができるよう供給体制の計画的な整備
○ 地方分権の観点から，老人福祉計画等との整合性を確保した上で，公立施設の単独整備も可能となるように公費補助制度の見直し
○ 施設の複合化の推進などに対応し，公費補助制度の弾力的，効果的な運用

2 質と効率性の確保

サービスの質
◎ サービスの提供過程，評価などの基準を設け，専門的な第三者機関によるサービスの評価の導入
○ 福祉サービス全般に介護支援サービス（ケアマネジメント）のようなサービス提供手法の確立
○ サービスに関する情報の開示，利用者等の意見反映の仕組みや第三者機関による苦情処理
○ 外部監査，情報開示などを踏まえ，行政による監査の重点化，効率化

効率性
○ 経営管理指標の設定，外部委託制限の緩和等の実施による経営の効率性の向上
○ 福祉事業経営のための人材育成や専門的な経営診断・指導の活用

人材養成・確保
◎ 社会福祉施設職員にふさわしい給与体系を導入し，その能力等に応じた処遇
○ 幅広い分野からの優秀な人材の参入を促進

第2章 戦後の復興から社会福祉基礎構造改革へ

○ 専門職の教育課程の見直しなど質の向上

3 地域福祉の確立

[地域福祉計画]

◎ 地域での総合的なサービスを受けられる体制を整備するため、対象者ごとの計画を統合した地域福祉計画の導入

[福祉事務所等行政実施体制]

○ 地域の実情に応じ、福祉事務所の機能を効果的かつ効率的に発揮できるような行政実施体制の確立

○ いわゆる三科目主事について、その資質を確保する観点から見直し

[社会福祉協議会]

◎ 市区町村社協は、地域の住民組織、ボランティア組織の連携強化や日常的生活援助を中心的な活動として、地域の公益的な組織として連絡調整等を推進

○ 都道府県社協は、社会福祉事業経営者の協議会として連絡調整等を推進

[民生委員・児童委員]

○ 住民が安心して暮らせるような支援を行う者として位置付け

○ 児童委員としての機能の強化、主任児童委員の積極活用

[共同募金]

○ 事業の透明性の向上、社会福祉事業者への過半数配分規制の撤廃、広域配分が可能となる仕組みの導入

〈参考資料6〉 出典:厚生労働省ホームページ「社会福祉基礎構造改革を進めるに当たって(追加意見)」http://www1.mhlw.go.jp/houdou/1012/h1208-1_16.html 当該URLをもとに作成

社会福祉基礎構造改革を進めるに当たって(追加意見)

平成10年12月8日
中央社会福祉審議会
社会福祉構造改革分科会

社会福祉基礎構造改革の目的は、21世紀において国民の期待に応えることのできる社会福祉の共通的な基盤を作り上げることにある。-(略)-

今般、改革の具体的内容に関するこれまでの検討状況について、厚生省から概略別添のとおりの報告があった。厚生省においては、各種の関係団体と数度にわたり意見交換を行うとともに各地のシンポジウムに参加するなど、広く関係者の意見を聴取しつつ、

「中間まとめ」の指摘に沿った検討が進められている。今後，基本的にはこの方向に沿って，関係審議会等の意見を十分聴きながら社会福祉事業法等の改正法案の作成等を進められたい。その際には，特に下記の点について配慮する必要がある。

なお，「中間まとめ」の公表後，関係者の間で，この改革が利用者負担の増大など公的責任の後退を招くのではないかとの懸念が少なからず表明されているが，我々の目指す改革の方向は，「中間まとめ」にもあるように国及び地方公共団体には社会福祉を増進する責務があることを当然の前提としつつ，利用者の視点から福祉制度の再構築を行おうとするものである。この改革においては，国及び地方公共団体は，それぞれの役割に応じ，利用料助成やサービス供給体制の基盤整備などを通じて国民に対する福祉サービス確保のための公的責任を果たすことになっており，この改革の趣旨について，関係者に十分周知しながら，検討を進める必要がある。

また，この改革を進めるに当たっては，具体的な実施に当たる地方公共団体等の実施体制や財源確保に支障が生じないよう十分配慮する必要がある。

記

1．利用者の立場に立った福祉制度の構築
○ 利用者本位の考え方に立った新しい制度については，それぞれのサービスの特性にふさわしい仕組みになるよう，関係各審議会等において十分な検討が行われることを期待するものであること。
○ 利用者本位の利用制度への転換に伴って導入される，権利擁護，サービスの質の確保，情報開示など利用者のサービス利用を支援するための仕組みについては，効果的かつ適切な運用が行われるものとすること。
○ 事業者に対する措置費から利用者に対する利用料助成への変更に当たっては，利用者の負担能力に対する十分な配慮を行うとともに，利用者の選択権が保障される助成の仕組みとすること。なお，この場合，事業者にとっても確実な事業運営が可能となるよう配慮すること。
○ 利用者の選択が実際に確保されるよう，利用しやすい手続きとするとともに，多様なサービスが提供されるよう，施設等の供給体制の整備を促進すること。
○ 利用者及び事業者の双方が納得できる解決策を円滑に見いだせるよう，すでに行われている地域での自主的な取組みも活かしながら，サービスの特性に対応した中立的な第三者の関与する適切な苦情解決の仕組みとすること。
○ 新たな利用制度などの構築に当たっては，介護保険制度など関連諸制度との整合性

を図ること。
2．社会福祉事業の推進
○ 多様な需要に応える多様な主体の参入を促進するための環境整備を進める必要がある。その際，利用者保護の観点から，それぞれの事業ごとに，それぞれの主体の性格に応じ，サービスの質，事業の継続性・安定性の確保などを十分考慮すること。
○ 社会福祉事業運営の効率化を進めるに当たっては，サービスの質及び人材の確保などの面で適切な事業運営に支障を招かないように十分配慮すること。
○ 一般の社会福祉法人のほか，公立施設の経営委託を受けている社会福祉事業団についても，その活性化のための見直しを行うこと。
3．地域福祉の充実
○ 都道府県及び市町村が策定する地域福祉計画においては，個別計画との整合性，保健・医療・介護分野との連携を図ること。計画の策定に当たっては，住民本位のまちづくりや幅広い地域住民の参画の視点を持つこと。
○ 民生委員・児童委員制度の見直しにおいては，主任児童委員制度の積極的活用を含め，児童委員としての機能の強化を図ること。
　（注）別添略

　「社会福祉基礎構造改革について（中間まとめ）」に続いて，公表された「追加意見」で特に重要な点は，厚生省において各種の関係団体等と数度にわたり意見交換を行うなど広く関係者の意見を聴取しつつ，「中間まとめ」に沿った検討が進められていることに対して，関係審議会等の意見を十分に聴きながら社会福祉事業法等の改正法案の作成等を進めるようにということと，「中間まとめ」の公表後，関係者の間で，利用者負担の増大など公的責任の後退を招くのではないかとの懸念が表明されていることについて，「改革の方向は，国及び地方公共団体には社会福祉を増進する責務があることを当然の前提としつつ，利用者の視点から福祉制度の再構築を行おうとするものである。」とし，さらに，「この改革の趣旨を関係者に十分周知しながら検討を進めること」「改革を進めるに当たっては，具体的な実施に当たる地方公共団体等の実施体制や財源確保に支障が生じないように十分に配慮する必要があること」と

いう留意事項も合わせて示している点である。[5]

　こうして厚生省は，社会福祉基礎構造改の趣旨に沿った社会福祉事業法及び関連する法律の改正法案「社会福祉の増進のための社会福祉事業法等の一部を改正する等の法律案」を内閣提出法案として2000（平成12）年3月に国会に提出し，平成12年5月29日に成立した。これにより社会福祉事業法は「社会福祉法」に改正・改称され，平成12年6月7日に公布，施行となった。[6]

〈参考資料７〉 出典：厚生労働省ホームページ
　　　http://www1.mhlw.go.jp/topics/sfukushi/tp0307-1_16.html　当該URL，他をもとに作成

社会福祉の増進のための社会福祉事業法等の一部を改正する等の法律の概要

（平成12年6月　厚生省）

Ⅰ　趣旨
○　本改革は，1951（昭和26）年の社会福祉事業法制定以来大きな改正の行われていない社会福祉事業，社会福祉法人，措置制度など社会福祉の共通基盤制度について，今後増大・多様化が見込まれる国民の福祉への要求に対応するため，見直しを行うものである。
○　この見直しは，2000（平成12）年4月から施行される介護保険制度の円滑な実施や成年後見制度の補完，地方分権の推進，社会福祉法人による不祥事の防止などに資するものである。

Ⅱ　制度改正の概要
1　改正等の対象となる法律（8本）
　・社会福祉事業法（「社会福祉法」に題名改正）
　・身体障害者福祉法，知的障害者福祉法，児童福祉法，民生委員法，社会福祉施設職員等退職手当共済法，生活保護法の一部改正。
　・公益質屋法の廃止。
2　改正の内容
（1）利用者の立場に立った社会福祉制度の構築
①福祉サービスの利用制度【身体障害者福祉法，知的障害者福祉法，児童福祉法】

　　行政が行政処分によりサービス内容を決定する措置制度　→　利用者が事業者と対等な関係に基づきサービスを選択する利用制度

　　　※1　公費助成については，現行の水準を維持
　　　※2　要保護児童に関する制度などについては，措置制度を存続

②利用者保護のための制度の創設【社会福祉法】
　ア）地域福祉権利擁護制度（福祉サービス利用援助事業）
　〇痴呆性高齢者など自己決定能力の低下した者の福祉サービス利用を支援するため，民法の成年後見制度を補完する仕組みとして制度化
　〇都道府県社会福祉協議会等において実施
　イ）苦情解決の仕組みの導入
　〇福祉サービスに対する利用者の苦情や意見を幅広く汲み上げ，サービスの改善を図る観点から，
　・社会福祉事業経営者の苦情解決の責務を明確化
　・第三者が加わった施設内における苦情解決の仕組みの整備
　・上記方法での解決が困難な事例に備え，都道府県社会福祉協議会に，苦情解決のための委員会（運営適正化委員会）を設置
　　※運営適正化委員会は，地域福祉権利擁護制度の運営にも関与
　ウ）利用契約についての説明・書面交付義務付け
（2）サービスの質の向上
①事業者によるサービスの質の自己評価などによる質の向上【社会福祉法】
【運用事項】
　・福祉専門職について，保健医療との連携，介護保険への対応，全体の資質向上などの観点から教育課程の見直し
　・サービスの質を評価する第三者機関の育成
②事業運営の透明性の確保，サービス利用の選択に資するため，
　・事業者によるサービス内容に関する情報の提供
　・財務諸表及び事業報告書の開示を社会福祉法人に対して義務付け
　・国，地方公共団体による情報提供体制の整備【社会福祉法】
（3）社会福祉事業の充実・活性化
①社会福祉事業の範囲の拡充【社会福祉法】
　〇社会福祉に対する需要の多様化に対応し，権利擁護のための相談援助事業，手話通訳事業，知的障害者デイサービス等9事業を追加。
②社会福祉法人の設立要件の緩和【社会福祉法】
　〇地域におけるきめ細かな福祉活動を推進するため，
　・障害者の通所授産施設の規模要件の引き下げ（20人以上→10人以上）【運用事項】
　・小規模通所授産施設又はホームヘルプ事業を行う社会福祉法人の設立のための資産

要件（1億円）を大幅引き下げ（1億円→1千万円）
③社会福祉法人の運営弾力化
【運用事項】
- 施設ごとの会計区分を弾力化し，法人単位の経営を確立すること。
- 利用制度化した事業については，利用料収入を施設整備費の償還に充てることを認めること。
- 行政監査の重点化・効率化を図ること。

（4）地域福祉の推進
①市町村地域福祉計画及び都道府県地域福祉支援計画【社会福祉法】
②知的障害者福祉等に関する事務の市町村への委譲【知的障害者福祉法，児童福祉法】
③社会福祉協議会，共同募金会，民生委員・児童委員の活性化【社会福祉法，民生委員法，児童福祉法】
○市町村社会福祉協議会を地域福祉の推進役として明確に位置付けるとともに，二つ以上の市区町村を区域として設立することができること。都道府県社か福祉協議会の役割として社会福祉事業従事者の養成研修，社会福祉事業の経営指導を行うことを明確にすること。
○県内配分を原則とする共同募金について，大規模災害に対応した広域配分を可能にするとともに，配分の透明性確保のための配分委員会設置の義務付けや，「過半数配分の原則」の撤廃を行うこと。
○住民の立場に立った活動を行う民生委員・児童委員の職務内容を明確にすること。

（5）その他の推進
社会福祉施設職員等退職手当共済法の見直し，公益質屋法の廃止　等

3　成立日
平成12年5月29日

4　公布日及び施行日
平成12年6月7日公布，施行。ただし，
- 身体障害者生活訓練等事業，盲導犬訓練施設の社会福祉事業への追加，助産施設および母子生活支援施設の入所方式の見直し，社会福祉施設職員等退職手当共済法の見直しについては，平成13年4月1日施行。
- 措置制度の利用制度への変更，地域福祉計画の策定，知的障害者福祉らに関する事務の市町村への移譲に関する規程については，平成15年4月1日施行

この法改正の目的は，①利用者の立場に立った社会福祉制度の構築，②サービスの質の向上，③社会福祉事業の充実・活性化，④地域福祉の推進，にあるのだが，これらが法の施行によって具体的，実際的にどのように展開されることになるのかというところが重要な点である。特に①～③については，実際の動向注視が肝要となる。

　①利用者の立場に立った社会福祉制度の構築
　　　⇒「措置」による福祉制度から「契約」による福祉制度へ移行
　②サービスの質の向上
　　　⇒利用者がサービスを選択することによりサービス提供者間の競争を促す
　　　　サービスの情報公開と第三者によるサービス評価の実施
　③社会福祉事業の充実・活性化
　　　⇒社会福祉法人の設立要件を緩和し，多様な事業主体の参入を促進

第3節　「措置」から「契約」への制度転換と問題点

　今後増大・多様化が見込まれる国民の福祉需要に対応するには，戦後から続いてきた日本の社会福祉の共通基盤制度としての基本的枠組みを見直す必要があるというのが社会福祉基礎構造改革の考え方である。その改革の趣旨に沿った法の改正（前述〈参考資料7〉）により，社会福祉事業法は「社会福祉法」に改正・改称され，福祉サービスの利用については，利用者の立場に立った社会福祉制度の構築ということで，これまでの措置制度を改め，利用者が自ら「契約」によってサービスを選べる仕組みの利用制度が導入された。

　社会福祉基礎構造改革の趣旨の具現化が，行政の「措置」によるサービス提供の仕組みからサービス利用者本位の「契約」による仕組みである利用制度（「支援費制度」という。）への転換である。支援費制度は2003（平成15）年4月から実施された。支援費制度の仕組みは，必要とする福祉サービスを利用者が自ら選択，決定し，サービスの提供者と契約を結んで利用するという方式

で，そのサービスの利用料金を行政が「支援費」という名目で支給する仕組みである。措置制度でいう「措置費」は，支援費制度では，行政がサービスの利用者を支援するという意味の「支援費」に代わったのである。措置費と支援費の異なる点は，措置費の場合は行政がサービスを提供する事業者との委託契約に基づいて支払う委託費という性格のものであるが，支援費はサービス利用者の支援を目的に行政から利用者に支給されるものである。

ただし支援費は，利用者に対して支給されるものではあるが，法令上は行政からサービスの提供事業者に直接支払ったことをもって，利用者に支給したものとみなす形をとっている。これを「法定代理受領」という。したがってサービスの利用者はそのサービスの利用に応じて，行政から支払われる資金以外の部分については「利用者負担金」として負担することになる。つまり支援費の制度上の性格は，利用者にとってはサービスの利用に伴う対価であり，事業者にとっては措置費のような行政の意図に沿った支弁が求められない性格の資金となる（資金の使途制限の緩和）。[7]

改革のねらいには，福祉サービスを提供する仕組みを「措置」から「契約」による利用制度へと転換することで，サービスの提供者とサービスの利用者の対等な関係性を確保するとともに，規制を緩和し，営利業者も含めた多様な事業経営者に福祉サービス事業への参入を促し，それにより一般の市場原理と同じように競争によってサービスの質が向上し，量的拡大が期待できるという考えがあったわけであるが，「措置」から「契約」による仕組みへの制度転換が，今後どのようにサービスの質の向上や社会福祉事業の充実・活性化に向かって進展するかについては注視すべき点であり，これからの社会福祉事業の経営を考える上で大変重要な点である。なぜなら福祉サービスも一般の市場におけるような競争原理によって，その質的向上や量的拡充が期待できるとする考え方に基づけば，福祉ニーズは需要であり，福祉サービスの提供は，需要に対する供給である。しかしその需要と供給の関係は，一般の市場における需要と供給の関係とまったく同じように考えることができるかどうかとなると，福祉サー

ビスの特質として，一般の市場原理にはなじまない要素があるからである。
　例えば，一般の市場においては営利目的の事業者が，需要があるかないか，利益になるかならないかでその事業（商売）をやるかやらないかは自由である。しかし福祉サービスの場合は需要が少ないから，あるいは利益にならないからやらなくともよいというものではないはずである。
　福祉サービスは日々の生活に関わることであり，障害者の生活を支援するという意味では，それが市場性のない事業であったとしても，人間らしい暮らしの維持には必要なものだとすれば，採算が合わないからやらなくてよいというものではない。そこに営利目的では成り立たない性質があるといえる。
　さらに利用者本位のサービス提供の仕組みとして「契約」による利用制度が導入されたわけであるが，障害の内容やその程度状態によっては，必要なサービスを自ら選択，決定し，契約手続きをして，サービスを受ける（利用する）ということ自体に困難がある。それを家族が支えるにしても限界がある。そもそも契約行為自体に困難を抱えているからこそ障害を有しているということであるわけで，措置制度とは，そうしたことも踏まえたものであったはずである。
　「社会福祉基礎構造改革（中間まとめ）」は，改革の必要性について，「かつてのような限られた者の保護・救済にとどまらず，国民全体を対象として，その生活の安定を支える役割を果たしていくことが期待されている」としているが，国民全体を対象にするということは，障害児（者）を排除するということではないはずである。
　措置制度は，本来的には行政の責務として実施すべき福祉事業を法律に基づく行政の措置として社会福祉法人に委託し，その事業運営に必要な経費を公的資金から「措置費」として投入する仕組みの制度であり，措置制度そのものは，戦後の処理・復興を進める日本の状況下において，福祉事業を行政の責務として推進する意味では，最善の方策であったといってよいかもしれない。しかし戦後から時が経ち，国民の暮らしぶりにも変化が生じ，必然的に福祉ニーズにも変化が生じてきた。そうした福祉ニーズに対して措置制度が柔軟にかつ十分

な対応ができなくなってきたことが措置制度の形骸化や弊害という問題として指摘されるようになり，それが社会福祉基礎構造改革の理念となったといえる。その理念の具現化が，「措置」から「契約」への転換であり，それが「支援費制度」として2003（平成15）年4月から実施されたのである。しかしその実施から1年も経たないうちに，制度を維持する財源確保の問題や制度の対象となる障害の範囲，制度の実施主体である市町村ごとの地域格差の問題などが明らかとなった。こうした問題は，社会福祉基礎構造改革のそもそもの考え方のなかに，基本的な問題点として当然，含まれていたはずではなかったのかという点についての検証は，今後に向けて大切なことである。

支援費制度で問題になったことをまとめると以下のようなことである。

① 社会福祉法の改正で，社会福祉法人の設立要件の緩和や社会福祉法人の運営の弾力化等のための規制緩和により，多様な事業者が福祉サービスに参入するようになり，提供されるサービスの量もサービスの利用者数も増大した。そのため，支援費制度の財源は税金であるが，利用者が増え続けるとその財源の確保がむずかしいという問題が明らかとなった。

② 戦後から続いてきた障害者施策は，身体障害，知的障害，精神障害に区分され，それぞれに対応する法律に基づいた縦割りの施策である。そのため，精神障害は支援費制度の対象には含まれず，施設の種類や利用もわかりにくい体系で，三障害の間には施策に関する格差があり，さらにサービスの実施主体である市町村によっては希望するサービスが受けられないなどの地域格差の問題も生じた。

③ サービスの内容を自ら選択，決定できる「自己選択」「自己決定」ということではあっても，障害の程度や状態によっては契約行為自体に困難が伴い，自ら結ぶ契約には「自己責任」も伴う。

こうした支援費制度の問題点を解決するための改革案として，厚生労働省は2004（平成16）年10月に，「今後の障害者保健福祉施策（改革のグランドデザイン案）」を発表した。この改革案をもとにした法律案が，「障害者自立支援

法」であり，2005（平成17）年10月31日に成立，2006（平成18）年4月から一部施行，同年の10月から完全実施された。[8]（第3章第1節参照）

なお障害者自立支援法成立の前年に「発達障害者支援法」が成立し，平成17年4月から施行され現在に至っている。

障害者自立支援法は，法の成立・施行が拙速すぎたこともあり，当初から問題視される法の施行となった。それは支援費制度の問題を解決するというよりも，むしろ問題を大きくしたともいえる。

障害者自立支援法は，改革のグランドデザイン案を基に，「障害者の地域生活と就労を進め，自立を支援する観点から，障害者基本法の基本理念にのっとりこれまで障害種別ごとに異なる法律に基づいて提供されてきた福祉サービス，公費負担医療等について，共通の制度の下で一元的に提供する仕組みを創設する」として成立した。しかしサービスの利用手続きやサービス提供の仕組みはかえってわかりにくく，煩雑になり，サービスの内容そのものが実態に即していないなどの問題が噴出した。

そして障害者自立支援法は憲法に違反するとして，障害当事者等による法の抜本的見直しを求める国を相手の訴訟に至る事態となった。

訴訟については，法の廃止が約束されて和解となったが，何がどのように問題で，訴訟となったかについての検証は，今後を展望する上では重要である。「措置」から「契約」による制度への転換は，障害者福祉に関するサービス提供の仕組みを利用者本位に改め，サービスの質的向上や量的拡充を期待するものであったが，実際的にはそのための財源確保の問題や制度の対象となる障害の内容や範囲の問題，契約行為に伴う諸問題などが浮上することになり，利用者本位とは言い難く，サービスの質や量の問題が改善されたとも言い難い。

それは明確な福祉理念が確立されないまま，福祉財源の確保の問題が措置制度の弊害という問題にすり替えられ，拙速に契約制度へ転換したことに起因するという見方もできるし，改革の考え方としてはむしろ行政主導により，よりよい措置制度を再構築し直すことでよかったのではないかとも考えられる。

〈参考資料8〉出典：厚生労働省障害保健福祉部「今後の保健福祉施策について（改革のグランドデザイン案）」（平成16年10月12日）http://www.mhlw.go.jp/shingi/2004/10/s1025-5c.htmlをもとに作成

今後の障害保健福祉施策について
（改革のグランドデザイン案）

平成16年10月12日
厚生労働省障害保健福祉部

本案の位置付け

　本案は，厚生労働省としての試案であり，今後，関係審議会の意見を聴き，関係機関等との調整を行い，(1)地域の基盤や実施体制の整備に一定の準備期間を要する項目と，(2)制度の持続可能性の確保の観点からできる限り速やかに実施すべき項目等に区分して，実施スケジュール等を整理するものである。

　なお精神障害固有の問題については，本案に記載するものの他，「精神保健医療福祉の改革ビジョン（厚生労働省精神保健福祉対策本部　平成16年9月）」に基づき，改革を進める。

　また，介護保険制度との関係については，基本的考え方，論点について，別途整理して，提示する予定である。

I　今後の障害保健福祉施策の基本的な視点

1　障害保健福祉施策の総合化

　身体・知的・精神等と障害種別ごとに対応してきた障害者施策について，『市町村を中心に，年齢，障害種別，疾病を超えた一元的な体制を整備』する中で，創意と工夫により制度全体が効果的・効率的に運営される体系へと見直し，『地域福祉を実現』することが必要である。

2　自立支援型システムへの転換

　障害者施策について，政策のレベルにおいて，保護等を中心とした仕組みから，「障害者のニーズと適性に応じた自立支援」を通じて地域での生活を促進する仕組みへと転換し，障害者による「自己実現・社会貢献」を図ることが重要である。また，これにより，地域の活性化など，地域再生の面でも役割を果たすこととなる。

3　制度の持続可能性の確保

　現行の支援費制度や精神保健福祉制度は，既存の公的な保険制度と比較して制度を維持管理する仕組みが極めて脆弱であり，必要なサービスを確保し障害者の地域生活を支えるシステムとして定着させるため，国民全体の信頼を得られるよう「給付の重点化・公平化」や「制度の効率化・透明化」等を図る抜本的な見直しが不可欠である。

II　改革の基本的方向
1　市町村を中心とするサービス提供体制の確立
　　1）福祉サービスの提供に関する事務の市町村移譲と国・都道府県による支援体制の確立
　　2）障害保健福祉サービスの計画的な整備手法の導入
　　3）各障害共通の効果的・効率的な事務執行体制の整備
　　4）障害等に対する国民の正しい理解を深める国の取り組み
2　効果的・効率的なサービス利用の促進
　　1）市町村を基礎とした重層的な障害者相談支援体制の確立とケアマネジメント制度の導入
　　2）利用決定プロセスの透明化
　　3）障害程度に係る各サービス共通の尺度とサービスモデルの明確化
　　4）人材の確保と資質の向上
3　公平な費用負担と配分の確保
　　1）福祉サービスに係る応益的な負担の導入
　　2）地域生活と均衡のとれた入所施設の負担の見直し
　　3）障害に係る公費負担医療の見直し
　　4）国・都道府県の補助制度の見直し

　措置制度から「契約」による制度への転換で，公益性，非営利性の強い福祉サービスという事業の特徴をどのように踏まえ，その事業の継続性と安定性をどのように確保し，維持していくかというところに重要な課題があるわけであるが，そこを国及び地方公共団体の責務としてはどのように考えるかというところが明確でなければならない。同時にその裏づけとなる財源をどう確保するかということも明確でなければならない。換言すれば，行政主導による「措置」のどこが，なぜよくなかったのかということと，「契約」による利用制度への転換の意義や問題点を検証することで，行政主導であるからこそできること，あるいは行政主導でなければできないことを明確にし，措置制度の意義を再確認，再認識することで改善を図るということでもよかったのではないかということである。そもそも改革に向けた検討を進めるなかで，公的責任の後退

を招くのではないかとの懸念が表明されたことについて，「社会福祉基礎構造改革について（追加意見）」では，「本改革は，国及び地方公共団体に社会福祉を増進する責務があることを当然の前提としつつ，利用者の視点から福祉制度の再構築を行おうとするものである」ということを明確に示している。この追加意見は，改めて確認しておくべき重要な点である。

「福祉サービス」という言葉が一般的な用語として定着している現状において，改めて福祉サービスとは何かを考えてみることが大切である。現状の福祉サービスという事業内容が，その利用ニーズに対して，十分に応えるものであるかどうかはともかくとして，そのすべてが人の暮らしに大きく関わるものであり，福祉サービスとはその点に配慮したものでなければならない。そのため福祉サービスの利用といえば，それは事業者が自由勝手に行うサービスを，利用したい人が自由気ままに利用するというのとは違う。

現状は，法に則ったサービスの提供があり，それを必要とする利用者がサービスを提供する事業者と契約を結ぶことにより利用する仕組みになっているが，改革が意図したような利用者のニーズに応えられるサービスの質や量が整っているといえるであろうか。こうした点も含め，「福祉サービス」とは何かを，改めて考えてみるべきである。社会福祉法では，「社会福祉事業」とは，「第一種社会福祉事業及び第二種社会福祉事業をいう」（社会福祉法第2条）と規定している。そして「社会福祉事業のうち，第一種社会福祉事業については，国，地方公共団体又は社会福祉法人が経営することを原則とする」（社会福祉法第60条）と規定している。

日本国憲法の第13条には，「すべて国民は，個人として尊重される。生命，自由，及び幸福追求に対する国民の権利については，公共の福祉に反しない限り，立法その他の国政の上で，最大の尊重を必要とする。」とある。同25条には，「すべて国民は，健康で文化的な最低限度の生活を営む権利を有する。②国は，すべての生活部面について，社会福祉，社会保障及び公衆衛生の向上及び増進に努めなければならない。」とある。（下線筆者）

福祉サービスについて考える根拠として，憲法の第13条，第25条と社会福祉法の規定はきわめて重要である。（第4章第4節参照）

第4節　社会福祉法人制度改革の意義と課題

社会福祉法人とは，1951（昭和26）年に制定された社会福祉事業法の定めるところにより社会福祉事業を行うことを目的に設立された法人で，民法の規定に基づく公益法人よりも公益性のきわめて高い法人として，戦後日本の社会福祉行政の実施部門において重要な役割を担ってきたといってよい。

厚生労働省の資料によれば，社会福祉法人は，平成26年度において1万9823法人を数え，そのうち施設を経営する法人は，1万7375法人と全体の約9割を占めている。[9]

社会福祉法人制度の根拠法ともいうべき社会福祉事業法は，社会福祉基礎構造改革の流れのなかで2000（平成12）年に改正され，法律名も「社会福祉法」に改称された。しかし社会福祉法人が社会福祉事業の担い手の中心的な存在であるという法的な位置づけは変わらずに現在に至っている。その一方において，社会福祉基礎構造改革は，社会福祉に対する国民の意識も大きく変化し，それに伴い多様化・増大する福祉ニーズに応えていくには社会福祉法人についてもその活性化を図るための規制緩和や公益法人としての透明性の確保等の観点から見直す必要があるとした。その見直しが「社会福祉法人制度改革」である。

そこに至るまでの背景と社会福祉法人をめぐる問題は以下のような点である。

社会福祉法人制度改革へ至る背景
①社会福祉に対するニーズの多様化，増大
②福祉サービス事業への多様な経営主体の参入促進
③社会福祉法人数の増加
④NPO法人（特定非営利活動法人）の増加
⑤第三者評価制度や苦情解決制度などが導入され，質の高いサービスが求め

られるようになった。
⑥公益法人制度改革による新しい公益法人制度の施行や社会医療法人制度の創設
⑦官から民への政策と公的責任論に関する問題
⑧福祉財源の確保に関する問題

社会福祉法人をめぐる問題
①社会福祉法人は補助金漬け，行政の下請けで，独自の事業展開ができていない。
②制度にある福祉サービスを提供するだけでなく，制度では対応できない地域社会の福祉課題にも積極的に対応していくべきではないか。
③社会福祉法人に対する税制上の優遇措置や助成に対する「イコールフッテング（競争条件の同一化）」論。
④福祉ニーズの増大に対応するための事業の担い手を増やすために，社会的企業が活躍しやすいように新たな法人格を作ってはどうか。
⑤一法人一施設の小規模経営や同族的経営では，将来を展望できない。
⑥社会福祉法人経営において重要な理事会運営などの本部機能に関しては，社会福祉法の規定は不備であり，専任の職員配置等にも無理がある。
⑦財務状況の不透明さ過度な内部留保（お金をため込んでいる）。
⑧社会福祉法人経営におけるガバナンス及びコンプライアンスの欠如（一部の理事長による法人の私物化）。

改革が必要だとされるに至る経緯のなかで社会福祉法人は，「地域社会の福祉課題にも積極的に取り組むべきだ」「社会貢献が不十分である」などと批判された。また税制上の優遇措置や助成に対する「イコールフッテング（競争条件の同一化）」論などが問題として提起された。こうしたことが問題にされたということは，社会福祉法人のそもそもの成り立ちや存在が，一般的にはあまり理解されてこなかったということでもある。

社会福祉法は，社会福祉事業の内容を第一種社会福祉事業と第二種社会福祉

事業に分けて規定している。そして第一種社会福祉事業については，利用者の生活の大部分に影響が及ぶため人権擁護や生活の保護という点できわめて重要な事業であるとして，「国及び地方公共団体と社会福祉法人が経営することを原則とする」としている。第二種社会福祉事業については，利用者への影響が比較的小さいということから，公的規制も第一種社会福祉事業ほど厳しくはなく，経営主体の制限もなく，多様な経営者が届け出をすることにより事業への参入が可能である。行政的には，「社会福祉事業」という場合は第一種社会福祉事業のことを指し，「社会福祉を目的とする事業」という場合は第二種社会福祉事業のことを指すようであるが，このようなことはおそらく一般的には理解されにくいであろう。いずれにしても社会福祉法人の行う事業は社会福祉法に則った社会福祉の事業であり，それは社会に貢献するはずのものである。

　社会福祉法人制度の創設は，戦後日本の社会福祉事業を推進する上で，国家的責務と民間との協同を意図したものであったはずである。そうであるにもかかわらず，社会福祉法人をめぐる問題が提起されるなかで，厚生労働省側からも社会福祉法人に対して「低所得者や生活困窮者の対応など，地域の福祉ニーズに積極的かつ主体的に対応するように社会貢献を義務づけるなどの制度見直しが必要と考えている」という意向が示された。社会福祉基礎構造改革以来，「地域福祉の推進」が強調され，さらに今，「地域貢献」ということがいわれている。社会福祉法人の行っている事業は，地域福祉とか地域貢献には値しないということなのであろうか。そうだとすれば，地域福祉とは何か，社会貢献とは何か，何をもって社会貢献というのであろうか。社会福祉法人の内部留保を問題視することや，福祉事業についてのイコールフッティング論は，社会福祉法人の継続的かつ安定的な質のよい福祉事業の維持展開に関わる大きな問題であり，社会福祉事業とは何かということにも関係する点で重要である。

　なぜなら社会福祉法人の設立認可の条件には，「社会福祉事業を行うに必要な資産を備えなければならない（社会福祉法第25条）」と規定されているからである。そもそも社会福祉法人とは，見返りを求めることなく資産をなげうっ

て設立する事業組織であり，利益が出たらそれを配分する営利組織とは成り立ちが異なるわけで，社会福祉法人の行う事業は非営利性と公共・公益性を踏まえた事業であるところに大きな特徴がある。それは採算が合わないからやらないとか事業から撤退するというような安易な考え方では成り立たないといえる。しかもよりよい事業を推進するための人材を確保し，継続的かつ安定的な事業運営が求められている。そこに措置制度の意味もあったはずである。それを前提に認可を受けて事業を行ってきているわけで，なぜ社会貢献を義務づけるなどというのか。なんとも腑に落ちないとして戸惑う社会福祉法人も多かったのではないだろうか。

　社会福祉法人に社会貢献を義務づけるなどという言い方は，社会福祉と社会保障についての不明確な考え方が，国家的な財政基盤整備の問題と錯綜して出てきたものといってよい。それは国家的責務の責任転嫁ともいえる。社会福祉法に定められた社会福祉事業に励むことと社会貢献とは厳密には区別すべきことかもしれない。しかし社会福祉の事業にしても社会貢献の事業にしても，そのどちらの事業もいわゆるボランティア活動とは違う非営利性を特徴とする継続性，安定性が求められる事業である。ちなみに厚生労働省が，平成26年3月25日に「社会福祉法人のガバナンスと社会貢献活動の義務化に対する考え方」で提示した資料では，社会貢献活動について示しているので，その概略をここに記す。(詳細は，http://www8.cao.go.jp/kisei-kaikaku/kaigi/meeting/2013/discussion/140325/gidai1/gidai1-5.pdf を参照。)

・介護保険，障害福祉サービス等における低所得者の利用者負担減免
・地域の単身高齢者等を対象とした見守り・配食サービス等の実施
・地域の単身高齢者等を対象とした各種相談事業の実施
・災害時における各種支援活動の実施
・生活困難者に準ずる者に対する資金の給付・貸付
・貧困・生活困窮者等を対象とした住宅の斡旋，食事提供等の生活支援の実施
・他法人との連携による人材育成事業

この厚生労働省が表明した「社会貢献活動」の内容をどのように受け止めるかということも今後の社会福祉法人の事業経営を考える上では大切なことである。社会福祉と社会保障に関する明確な考えや施策の確立は文化国家であるための必須の条件である。文化国家は豊かでなければならない。しかしそれは必ずしも物質的あるいは経済的な豊かさを意味することではない。

　社会福祉と社会保障についての明確な考えもないままに，経済成長とか成長戦略などという言葉が飛び交い，「中負担・中福祉」などという政策がまかり通るようでは本物の成熟した文化国家とはいえない。社会福祉に関する問題と社会保障に関する問題は切り離せない国家社会の在りように関わる重大な問題であるという認識をしっかりともたなければならない。

　福祉事業を営む現場では，めまぐるしいほどの法制度の改変があり，その都度それなりの理念は掲げられてきたが，それはもっともらしくはあっても実際には，不明確な，あるいは矛盾するような不可解な論理がまかり通り，ただ単に煩雑になっただけのような現状がある。

　厚生労働省は，社会福祉法人が福祉事業の重要な担い手として存在し続けるための改革案を検討するとして「社会福祉法人の在り方等に関する検討会」を設けた。同検討会は，社会福祉法人制度の改革に向けた方向性と論点をまとめた報告書「社会福祉法人制度の在り方について」を2014（平成26）年7月4日に公表した。その後，社会保障審議会福祉部会による検討が行われ，その結果をまとめた報告書「社会福祉法人制度について」が2015（平成27）年2月12日に公表された。本報告書は，社会福祉法人制度の見直し等について，制度的な対応が必要な事項を中心に取りまとめている。[10]

　これら二つの報告書を踏まえて，福祉サービスの供給体制の整備及び充実を図るため，社会福祉法人の経営組織のガバナンスの強化，事業運営の透明性の向上等の改革を進めるとともに，福祉人材の確保推進を目的とするとした改正法案「社会福祉法等の一部を改正する法律案」が平成27年4月3日に国会に提出された。そして2016（平成28）年3月31日に成立，翌月の4月1日に施行（法の

一部は公布日と平成28年4月1日に施行）された。この法律の施行により，社会福祉法人制度改革の実際的なことが進められることとなった。

　この改革は社会福祉法人が福祉事業の重要な担い手として存在し続けるためのものということではあるが，少なからず混乱を伴うものとなった。果たしてこの改革の実際がどのように定着し進展していくのか，今後の社会福祉や社会保障の動向との関連で注視する必要がある。

　社会福祉基礎構造改革に連なる形の社会福祉法人制度改革の目的とその内容は，今後の社会福祉法人の経営を考える上できわめて重要である。それは社会福祉について，あるいは福祉サービスについてどのように考えるかという意味ではいわゆる福祉理念にも大きく関係することである。

〈参考資料9〉出典：厚生労働省ホームページ
　　http://www.mhlw.go.jp/topics/bukyoku/soumu/houritu/dl/189-31.pdf　当該URL，他をもとに作成

社会福祉法等の一部を改正する法律の概要

平成28年3月31日

　福祉サービスの供給体制の整備及び充実を図るため，
　　・社会福祉法人制度について経営組織のガバナンスの強化，事業運営の透明性の向上等の改革を進めるとともに，
　　・介護人材の確保を推進するための措置，社会福祉施設職員等退職手当共済制度の見直しの措置を講ずる。
１．社会福祉法人制度の改革
（1）経営組織のガバナンスの強化
　　○議決機関としての評議員会を必置（小規模法人について評議員の定数の経過措置），一定規模以上の法人への会計監査人の導入　等
（2）事業運営の透明性の向上
　　○財務諸表・現況報告書・役員報酬基準等の公表に係る規定の整備　等
（3）財務規律の強化（適正かつ公正な支出管理・いわゆる内部留保の明確化・社会福祉充実残額の社会福祉事業等への計画的な再投資）
　　○役員報酬基準の作成と公表，役員等関係者への特別の利益供与の禁止　等

○「社会福祉充実残額（再投下財産額）」（純資産の額から事業の継続に必要な財産額（※）を控除等した額）の明確化
　※①事業に活用する土地，建物等　②建物の建替，修繕に要する資金　③必要な運転資金　④基本金及び国庫補助等特別積立金
○「社会福祉充実残額」を保有する法人に対して，社会福祉事業又は公益事業の新規実施・拡充に係る計画の作成を義務付け　等
(4) 地域における公益的な取組を実施する責務
○社会福祉事業及び公益事業を行うに当たって，無料又は低額な料金で福祉サービスを提供することを責務として規定
(5) 行政の関与の在り方
○所轄庁による指導監督の機能強化，国・都道府県・市の連携
2．福祉人材の確保の促進
(1) 介護人材確保に向けた取組の拡大
○福祉人材の確保等に関する基本的な指針の対象者の範囲を拡大（社会福祉事業と密接に関連する介護サービス従事者を追加）
(2) 福祉人材センターの機能強化
○離職した介護福祉士の届出制度の創設，就業の促進，ハローワークとの連携強化　等
(3) 介護福祉士の国家資格取得方法の見直しによる資質の向上等
○平成29年度から養成施設卒業者に受験資格を付与し，5年間かけて国家試験の義務付けを漸進的に導入　等
(4) 社会福祉施設職員等退職手当共済制度の見直し
○退職手当金の支給乗率を長期加入者に配慮したものに見直し
○被共済職員が退職し，再び被共済職員となった場合に共済加入期間の合算が認められる期間を2年以内から3年以内に延長
○障害者支援施設等に係る公費助成を介護保険施設等と同様の取扱いに見直し
【施行期日】
　平成29年4月1日（1の(2)と(3)の一部，(4)(5)の一部，2の(1)，(4)は平成28年4月1日，2の(3)は公布の日

　社会福祉法人の行ってきた事業は，本来的には行政が責任を負うべき事業であって，その点で一般的な営利目的の事業経営とは異なる特徴を有している。そこに行政主導による措置制度の意味があったわけで，社会福祉法人は措置制

度とともに存在してきた。したがって社会福祉基礎構造改革による「措置」から「契約」への制度転換は，今後の社会福祉法人の事業経営に大きく関係することは確かである。なぜなら社会福祉法人制度改革の狙いとするところは，これまでの社会福祉法人の事業が，行政の措置として行政主導で行われてきた事業の「運営」から脱皮して，社会福祉法人が自ら自主的・自律的に社会に貢献する事業の「経営」をめざすようにするところにあるからである。それが改正法に掲げられた「経営組織のガバナンスの強化」「事業運営の透明性の向上」「財務規律の強化」「地域における公益的な取り組みを実施する責務」ということである。たしかに事業経営においては自主的・自律的であることが大切であり，経営とは本来的にそういうものだといえる。社会福祉法人はそうした点が不十分であったということになる。この制度改革が社会福祉法人のそうした自覚を促し，責任ある事業経営に励むようになれば，競合による成果も期待できそうであり，社会福祉法人に対する一般社会の認識度も高まり，目の向け方も違ってくるのではないかという点での意義はある。

　以下が，改正社会福祉法によって社会福祉法人に義務づけられたことである。
　①無料または定額な料金による福祉サービス（地域公益活動）の提供が責務
　②議決機関としての評議員会が必置
　③一定規模以上の法人には会計監査人による監査の実施
　④定款や役員報酬基準などを広く一般に公表
　⑤法人の全財産から事業継続に必要な財産を控除して社会福祉充実残額（いわゆる余裕財産。改革検討当初は内部留保とされた）を明確にし，残額のある法人は社会福祉充実計画を策定し所轄庁の承認を得なければならない。
　厚生労働省は，社会福祉法人制度改革に関連して，「地域公益活動の責務化は法人の本旨を明確化したもの」「充実残額の算出を容易にするソフトを開発して配布し，小規模法人を支援する」「充実残額を職員処遇改善に充てる場合は充実計画に位置づけることになる」「大規模法人の会計監査人費用は法人が負担する」などと説明しているが，そもそも社会福祉法人制度とは何だったの

かということと、福祉サービスの供給体制の整備と充実を図るため、という点においては、確かな見解に基づく改革といえるのかどうか、公的責務の在りようについてなどは疑問を伴う改革ともいえる。

例えば、一定規模以上の法人への会計監査人の導入については、一見筋が通っているようであるが、そのための費用等のことなどを考えるとはなはだ不合理なことである。社会福祉法人は公費を原資として事業を行っているわけであるから、これまでの所轄庁による指導監査を効果的・効率的に強化する方向で考えるのが本来ではないだろうか。

社会福祉法人制度をめぐる問題を考えるポイントとして、次のことをあげておきたい。

①なぜ社会福祉法人制度が創設されたか
- 社会福祉法人の事業経営は、その創設以来、措置委託制度(措置制度)とともにあったわけだが、それはなぜかというところに重要な意味がある。

②社会福祉法人が担ってきた事業内容の特徴を一般的な営利事業との比較においてどのように理解するか
- 社会福祉法人がこれまで担ってきた事業とはどのようなことか、何のために、なぜ行ってきたのかという点が重要である。
- 社会福祉事業とは何か、を改めて考えてみる

③社会福祉法人を取り巻く状況はなぜ、どのように変化してきたか
- 終戦当時の状況から現在に至るまでの社会的変化についての理解が、社会福祉法人を取り巻く現在の諸問題を考える上できわめて重要であり、そのためには社会福祉基礎構造改革の考え方を検証することが重要となる。

④社会福祉法人の事業経営をめぐってどのようなことが、なぜ問題視されたか

社会福祉法人の今後に向けた課題を考える重要なポイントは、福祉事業(福祉サービス)というものをどのようにとらえ、どのように考えるかということと、営利業者を含む多様な経営者の福祉事業への参入を図ることが、一般の市

場における競争原理に基づくような競合を生み，その競合が福祉サービスの質的向上や量的拡充につながっていくのかどうかという点にある。いずれにしてもこうした課題は，単に社会福祉法人だけが抱える課題ではない。それは社会保障の問題とも関連するわけで，換言すれば，国家的な課題のなかで社会福祉法人の立場ではどう考えるかということである。このことは，これまで国レベルの権限や財源確保の問題であったのが，地方分権化の流れのなかで地方自治体の問題としてどう取り組むかということとも合わせて考えなければならない。地方分権化がこのまま進展するとして，そのメリットもデメリットもあるなかで，一般の市場原理にはなじみにくい社会福祉事業に対する地方自治体の取り組みがどの程度どのように可能か，またそのレベルについて考えた場合，当然，それぞれの自治体による格差が予想される。そうした格差の是正にはやはり国家的指導力，力量が問われることになる。

社会福祉法人も社会福祉事業も，「社会福祉法」の規定に基づくものであり，「福祉サービス」という言葉が普通に使われるようになった今日，これらに関する理解，周知を図る必要がある。

なお社会福祉法に規定されている社会福祉法人には，第一種社会福祉事業である入所施設等を設置経営する社会福祉法人のほかに，福祉人材センター，福利厚生センター，社会福祉協議会，共同募金会がある。[注]

注）社会福祉法に規定されている社会福祉法人
（１）福祉人材センター
①都道府県人材センター（都道府県センター）
　社会福祉事業に関する連絡及び援助を行う等により社会福祉事業従事者の確保を図ることを目的として設置された社会福祉法人。
　申請により，都道府県知事は，都道府県ごとに一個に限り，都道府県人材センター（「都道府県センター」という。）として指定することができる。（社会福祉法第93条）
②中央福祉人材センター（中央センター）
　都道府県センターの業務に関する連絡及び援助を行うこと等により，都道府県セン

ターの健全な発展を図るとともに，社会福祉事業等従事者の確保を図ることを目的として設立された社会福祉法人。

　申請により，厚生労働大臣は，全国を通じて一個に限り，中央福祉人材センター（「中央センター」という。）として指定することができる。（社会福祉法第99条）

（2）福利厚生センター

　社会福祉事業等に関する連絡及び助成を行うこと等により社会福祉事業等従事者の福利厚生の増進を図ることを目的として設立された社会福祉法人。

　申請により，厚生労働大臣は，全国を通じて一個に限り，福利厚生センターとして指定することができる。（社会福祉法第102条）

（3）社会福祉協議会

①市町村社会福祉協議会及び地区社会福祉協議会

　市町村社会福祉協議会は，一又は同一都道府県内の二以上の市町村の区域内で地域福祉の推進を図ることを目的とする団体で，その区域内における社会福祉事業経営者及び社会福祉に関する活動を行う者が参加し，指定都市ではその区域内の地区社会福祉協議会の過半数及び社会福祉事業又は更生保護事業を経営する者の過半数，指定都市以外の市及び市町村ではその区域内の社会福祉事業や更生保護事業を経営する者の過半数が参加するもの。（社会福祉法第109条）

②都道府県社会福祉協議会

　都道府県社会福祉協議会は，都道府県の区域内において地域福祉の推進を図ることを目的とする団体で，その区域内の市町村社会福祉協議会の過半数及び社会福祉事業又は更生保護事業を経営する者の過半数が参加するもの。（社会福祉法第110条）

（4）共同募金会

　社会福祉法では，「共同募金」とは，都道府県の区域を単位として，毎年一回，厚生労働大臣の定める期間に限ってあまねく行う寄附の募集であって，その区域内における地域福祉の推進を図るため，その寄附金をその区域内において社会福祉事業，更生保護事業その他の社会福祉を目的とする事業を経営する者に配分することを目的とするものをいう。（社会福祉法第112条）

　さらに共同募金を行う事業は第一種社会福祉事業とすると規定するとともに，共同募金事業を行うことを目的として設立される社会福祉法人を共同募金会と称する，共同募金会以外の者は共同募金事業を行ってはならない，共同募金会及びその連合会以外の者は，その名称中に，「共同募金会」又はこれと紛らわしい文字を用いてはならないと規定している。（社会福祉法第113条）

〈参考資料10〉 出典:厚生労働省ホームページ「社会福祉法人制度の在り方について」(報告書)
　http://www.mhlw.go.jp/stf/shingi/0000050216.html　当該URLをもとに作成

社会福祉法人制度の在り方について

社会福祉法人の在り方等に関する検討会
平成26年7月4日

第1部　社会福祉法人制度の概要
（制度創設期）
○社会福祉法人は，社会福祉事業を行うことを主たる目的として，社会福祉法（昭和26年法律第45号）に基づき設立される法人である。
○社会福祉法人制度が創設された当時の昭和20年代，我が国は，終戦による海外からの引揚者，身体障害者，戦災孤児，失業者などの生活困難者の激増という困難に直面していた。これらの者への対応はまさに急務であったが，戦後の荒廃の中，行政の資源は不十分であり，政府には民間資源の活用が求められた。
○このため，社会福祉事業を担う責務と本来的な経営主体を行政（国や地方公共団体等の公的団体）としつつも，事業の実施を民間に委ね，かつ，事業の公益性を担保する方策として，行政機関（所轄庁等）がサービスの対象者と内容を決定し，それに従い事業を実施する仕組み（以下「措置制度」という。）が設けられた。そして，措置を受託する法人に行政からの特別な規制と助成を可能とするため，「社会福祉法人」という特別な法人格が活用されたのである。
○社会福祉法人は，①社会福祉事業を行うことを目的とし（公益性），②法人設立時の寄附者の持分は認められず，残余財産は社会福祉法人その他社会福祉事業を行う者又は国庫に帰属し（非営利性），③所轄庁による設立認可により設立されるという，旧民法第34条に基づく公益法人としての性格を有している。
○また，①憲法第89条の「公の支配」に属する法人として，行政からの補助金や税制優遇を受ける一方，②社会的信用の確保のため，基本的に「社会福祉事業のみ」を経営すべきという原則論の下，所轄庁の指導監督を受けてきた。
○このような歴史的諸制約から，社会福祉法人は民間事業者ではあるものの，行政サービスの受託者として公的性格の強い法人となり，市場原理で活動する一般的な民間事業者とは，異なる原理原則の下，発展していくことになった。
（高度経済成長期）
○戦後の混乱期が終わり，昭和30年代から昭和40年代になると，高度経済成長を背景に社会福祉制度の充実も進み，社会福祉制度の専門分化が進んだ。

○豊かさの実現を背景として，福祉サービスの供給も拡大し，社会福祉法人の数も同様に増加していった。

（少子高齢化の進展と社会保障制度の拡充）
○昭和50年代から昭和60年代になると，高齢化や核家族化，女性の社会進出等を背景に，福祉ニーズが急速に増大し，「高齢者保健福祉推進十か年戦略（ゴールドプラン）」（1989（平成元）年），「今後の子育て支援のための施策の基本的方向について（エンゼルプラン）」（1994（平成6）年），「障害者プラン～ノーマライゼーション七か年戦略～」（1995（平成7）年）等による福祉サービスの基盤整備が進められた。
○こうした基盤整備の進展に伴い，かつてのような生活困難者ばかりではなくなり，福祉サービスはより普遍的な国民一般向けの福祉サービスへと変化していく兆しが現れていった。

（介護保険制度の創設）
○1997（平成9）年の介護保険法（平成9年法律第123号）の成立によって，「介護」は，保健医療サービスと福祉サービスが総合的に受けられるサービスとして再構築され，従来の措置制度による制限的なサービスから，保険制度による普遍的なサービスへと大きな転換を遂げた。
○この中で，措置制度から，利用者がサービスを選択して自らの意思に基づき利用する仕組み（以下「契約制度」という。）へと変更された。これによって，多様な経営主体により提供されることとなり，サービスの種類や内容の多様化も進んだ。

（社会福祉基礎構造改革）
○介護保険法の成立等を受け，社会福祉の共通基盤制度の見直しとして，2000（平成12）年には社会福祉基礎構造改革が行われ，社会福祉法人制度についても幅広い見直しが行われた。
○この結果，社会福祉基礎構造改革では，①自主的な経営基盤の強化，②福祉サービスの質の向上，③事業経営の透明性の確保を内容とする社会福祉法人の経営の原則が法定された。
○このような戦後60余年にわたる歴史を背景に，2012（平成24）年度において，社会福祉施設を経営する社会福祉法人（以下「施設経営法人」という。）の数は16,981法人となっており，1990（平成2）年度の10,071法人と比べると，この20年間で約1.7倍に増加している。[※1]

※1 社会福祉法人には，施設経営法人の他，社会福祉協議会，共同募金会，社会福祉事業団等がある。

○その一方で，介護保険制度が導入された2000（平成12）年度と2011（平成23）年度の社会福祉施設の経営主体の状況を見ると，サービスの多様化や経営主体の多元化が進み，社会福祉法人が経営する入所施設，通所・在宅サービス事業も増加しているが，他の経営主体の経営数も大幅に増加し，社会福祉法人の経営する施設等が全体に占める割合は微減している。

第２部　社会福祉法人制度を取り巻く状況の変化
１．社会情勢・地域社会の変化
○昭和50年代以降の急速な少子化・高齢化に加え，2005（平成17）年前後からは人口減少が進んでいる。平成20年代は団塊の世代の高齢化を迎え，65歳以上の高齢者数は，2025（平成37）年には3,657万人となり，2042（平成54）年にピークを迎えると予測されている（3,878万人）。また，75歳以上の高齢者の全人口に占める割合は増加し，2055（平成67）年には，25％を超える見込みとなっている。
○また，経済基調の変化に伴う終身雇用慣行の変化の中で，特に若年層を中心に，失業者や非正規雇用労働者，就職困難者が増加しており，現役世代に対する社会保険や企業の福利厚生などによる支えが得られ難い傾向にある。
○昨今の社会情勢の中では，制度によるサービスだけでは対応できない課題（単身高齢者に対する見守りや，ひきこもりの者に対する支援など「制度の狭間の課題」）が顕在化している。
○都市化，過疎化，若年層を中心にした都市部への人口流出や家族のつながりの希薄化の中で，地域の助け合い機能は縮小してきている。
２．社会福祉制度の変化
（介護保険制度の状況）
○介護保険制度は，2000（平成12）年に全面施行され，在宅サービスを中心に着実に利用者が増加している。2025（平成37）年には，約5.5人に１人が75歳以上となり，認知症の高齢者の割合や，世帯主が高齢者の単独世帯・夫婦のみの世帯の割合が増加していくと推計されている。また，従来のような施設への入所ではなく，自宅での介護を希望する人が70％を超えている。
○こうした社会構造の変化や利用者のニーズに応えるため，高齢者介護分野を中心に，「地域包括ケアシステム」[※2]の実現が目指されており，2005（平成17）年には，地域密着型サービスの導入や地域包括支援センターの創設，2012（平成24）年には，定期巡回・随時対応型訪問介護看護や複合型サービスの創設，2014（平成26）年には，地域支

援事業の充実や，特別養護老人ホームの中重度の要介護者への重点化等を内容とする介護保険法の改正が行われている。

※2　重度な要介護状態になっても，住み慣れた地域で自分らしい暮らしを人生の最期まで続けられるよう，概ね30分以内に必要なサービスが提供される中学校区などの日常生活圏域内において，医療，介護，予防，住まい，生活支援が切れ目なく提供される体制のこと。

(障害者支援制度の状況)

○2005（平成17）年に障害者自立支援法が成立し，①障害の種別にかかわらず，一元的に福祉サービスを利用できる仕組みの構築，②利用者本位のサービス体系への再編，③就労支援の抜本的強化等が行われている。

○2012（平成24）年に，「障害者自立支援法」を「障害者の日常生活及び社会生活を総合的に支援するための法律」（「障害者総合支援法」という。）に改める法律が成立し，重度訪問介護や地域移行支援の対象拡大，地域生活支援事業における必須事業の追加といった障害者に対する支援の充実等が行われている。

(子ども・子育て制度の状況)

○2010（平成22）年度から2014（平成26）年度までの5年間について，少子化対策大綱（「子ども・子育てビジョン」。平成22年1月29日閣議決定）が策定され，総合的な子育て支援が推進されている。

○2012（平成24）年8月には，社会保障・税一体改革の中で，子ども・子育て関連三法が成立しており，2015（平成27）年4月から，①認定こども園，幼稚園，保育所を通じた共通の給付（「施設型給付」）及び小規模保育等への給付（「地域型保育給付」）の創設，②「地域子育て支援拠点事業」「子育て短期支援事業」等の地域の実情に応じた子ども・子育て支援の充実が施行される予定となっている。

(生活困窮者自立支援法の制定)

○2013（平成25）年に生活保護法の一部を改正する法律及び生活困窮者自立支援法が成立し，①最後のセーフティネットである生活保護において，就労・自立支援の強化等を行うことや，②生活保護に至る前の生活困窮者の支援として，総合相談，居住支援，就労準備支援事業等を実施するなど，第二のセーフティネットの充実・強化を行うこととされている。生活困窮者自立支援法については，2015（平成27）年4月1日から施行。

(今後の福祉サービスの見通し)

①措置から契約へ

措置制度から契約制度への転換が一層進んでいくと考えられる。

②市町村中心の取組
　基礎自治体である市町村中心の仕組みへと変化している。
　③在宅生活を支援するサービスの充実
　今後も在宅生活を支援するサービスの充実が求められていくと考えられる。
　④自立支援の強化
　介護保険法，生活保護法，生活困窮者自立支援法など，各制度において，利用者の自立支援を強化していくことが求められている。
　⑤サービス提供体制の多様化
　福祉サービスは，行政，社会福祉法人が提供の中心であったが，民間企業や非営利法人，住民団体等の様々な主体が併存・連携する体制への変化が今後も進んでいくものと考えられる。
３．公益法人制度の変化
（公益法人制度改革）
○旧民法第34条に基づく公益法人については，公益性の判断基準が不明確であり，営利法人類似の法人や共益的な法人が主務大臣の許可によって多数設立され，税制上の優遇措置や行政の委託，補助金，天下りの受皿等について様々な批判，指摘を受けるに至ったことを踏まえ，2006（平成18）年に公益法人制度改革が行われている。
○この改革によって，旧民法第34条に基づく公益法人は，登記のみによって設立される一般社団法人・一般財団法人と民間有識者による委員会の意見に基づき行政庁が認定する公益社団法人・公益財団法人とに再編されている。
○かつての公益法人は，一般社団法人・一般財団法人又は公益社団法人・公益財団法人のいずれかに移行している。[※3]

> ※3　2008（平成20）年12月からの5年間の移行期間に新制度への移行を申請した法人は，24,317法人中20,736法人。移行申請せず，解散・合併等をした法人は3,581法人。（「公益法人制度改革における移行期間の満了について（速報）」（平成25年12月10日）

○その組織等について，法律で明確に規定されるようになったほか，透明性の確保についても，高いレベルの情報公開が義務付けられるようになっている。
４．最近の社会福祉法人に対する主な指摘
（いわゆる内部留保に関する指摘）
○2011（平成23）年7月に社会福祉法人が黒字をため込んでいるという報道がなされ，同年12月の社会保障審議会介護給付費分科会においては，特別養護老人ホーム1施設当たり平均約3.1億円の内部留保（平成22年度決算ベース）があることが報告された。こ

れを受けて，2012（平成24）年7月には財務省予算執行調査，2013（平成25）年10月には会計検査院による検査が行われた。

（規制改革会議における議論）

○規制改革会議では，社会福祉法人が補助金や税制優遇を受けていながら財務諸表の公表がなされていないことが指摘され，規制改革実施計画（平成25年6月14日閣議決定）において，①2012（平成24）年度分の財務諸表の公表指導と状況調査 ②2013（平成25）年度分以降の財務諸表について，全ての社会福祉法人における公表が提言された。

○なお，2012（平成24）年度分財務諸表の公表状況については，2013（平成25）年9月30日に規制改革会議に厚生労働省による調査結果が報告されたが，ホームページ又は広報誌のいずれかで公表を行った社会福祉法人が全体の52.4%にとどまり，規制改革会議の委員からは公表が不十分との厳しい意見が相次いだ。

○また，2013（平成25）年10月以降は，「介護・保育事業等における経営管理の強化とイコールフッティング」が重点課題とされ，①社会福祉法人の財務諸表の開示や経営管理体制の強化 ②特別養護老人ホームの参入規制の見直し ③株式会社やNPOが同種の事業を展開する場合の財政措置の見直しについて議論が行われた。

2014（平成26）年6月24日には，社会福祉法人に対して，①社会福祉法人の財務諸表の開示や経営管理体制の強化と，②社会貢献の義務化を内容とする規制改革実施計画（平成26年6月24日閣議決定）が閣議決定されている。

（社会保障制度改革国民会議等の提言）

○日本再興戦略（平成25年6月14日閣議決定）では，規制改革会議の答申等を受け，社会福祉法人の財務諸表の公表推進，法人規模拡大の推進等の経営を高度化するための仕組みの構築を実施すべきとされている。

○また，2013（平成25）年8月にとりまとめられた社会保障制度改革国民会議報告書においては，社会福祉法人制度について，①医療法人・社会福祉法人について，非営利性や公共性の堅持を前提としつつ，例えばホールディングカンパニーの枠組みのような法人間の合併や権利の移転等を速やかに行うことができる道を開くための制度改正 ②社会福祉法人について，非課税とされているにふさわしい国家や地域への貢献が必要との見解が示され，社会福祉法人の規模拡大や更なる地域への貢献が求められている。

第3部　社会福祉法人の課題

（1）地域ニーズへの不十分な対応

○全国社会福祉法人経営者協議会による「一法人一実践」活動の推進など，制度で定め

られた社会福祉事業にとどまらない地域貢献に関わる先駆的，開拓的取組の実施が推進されてきた。
○しかし，利用者や地域住民から十分な評価を得られるような仕組みとなっていないことにより，社会福祉法人の役割や存在意義が広く認識されていない状況がある。
（2）財務状況の不透明さ
○福祉サービスの利用を希望する者その他の利害関係人の閲覧請求に応ずることが義務とされるなど，事業運営の透明性の確保が必要とされている。
○財務諸表等を幅広く国民一般に公表することは義務とされておらず，自主的に公表している法人は半数程度にとどまっている。このことが，社会福祉法人に対する地域住民の理解を阻害する，あるいは内部留保についての説明責任が十分になされていないと言われる要因ではないだろうか。
（3）ガバナンスの欠如
○公益法人制度改革等により他の非営利法人についての制度改革が進んだことから，社会福祉法人の組織体制は，他の法人制度と比較してガバナンスを確保する仕組みとして十分とは言えなくなっている部分がある。
○一部の社会福祉法人では，創設者等の理事長が，あたかもオーナーであるかのように経営を行ったり，私物化とも取られかねない運営が行われたりしているという批判がある。
（4）いわゆる内部留保
○社会福祉法人は，制度や補助金，税制優遇に守られて高い利益率を有しており，これを社会福祉事業等への積極投資や地域還元することなく，内部留保として無為に積み上げているとの批判がある。
○この点については，「介護老人福祉施設等の運営及び財務状況に関する研究事業」（平成25年3月）により，将来の施設の建て替え費用として合理的に説明可能な部分が多いことなど，必ずしも内部留保の額だけで一律には論じられないことに留意が必要である。
○いわゆる内部留保を巡る議論は，社会福祉法人が自らの経営努力や様々な優遇措置によって得た原資をもとに社会福祉事業を充実したり，社会又は地域に福祉サービスとして還元したりしないのであれば，その存在意義が問われるという点にあり，真摯に受け止める必要がある。
（5）他の経営主体との公平性（イコールフッティング）
○イコールフッティングについては，2013（平成25）年10月以降の規制改革会議におい

て取り上げられ，多様な経営主体が参入する介護・保育事業等における社会福祉法人と株式会社等との役割を巡って，①特別養護老人ホーム等についての参入規制の緩和，②社会福祉法人と株式会社やＮＰＯとの間の財政上の優遇措置の見直しについて議論が行われた。

○当検討会においてもイコールフッティングについて議論を行ったが，特別養護老人ホーム等の参入規制については，高齢者施設全体が，介護保険制度の導入によって，有料老人ホーム，認知症高齢者グループホーム，サービス付き高齢者向け住宅などと多様化し，これらについて株式会社等の参入が自由に認められる中で，特別養護老人ホームの利用者も，低所得で対応の難しい方にシフトしてきており，特別養護老人ホームには，新たな役割が求められているのではないかという意見があった。

○その一方で，社会福祉法人が株式会社等の他の経営主体と異なる役割を果たしていることが地域住民等に伝えられていないという指摘もあった。（１）の地域ニーズへの対応をしっかり取り組んでいかなければ，社会福祉法人の存在意義そのものが認められなくなることを真摯に受け止める必要がある。

第４部　社会福祉法人の今日的な役割
１．社会福祉制度のセーフティネットとしての役割
　　（福祉サービスの現状）

○介護保険制度，障害者総合支援制度は，行政による措置ではなく利用者本人が必要なサービスを選択する利用者本位の仕組みであり，利用者によるサービスの選択を可能とするため，経営主体にかかわらず，基準で定められたサービスを提供できる事業者がサービスを行い，これに公的費用保障がされる制度となっている。これにより，多様な経営主体が介護，障害等の福祉サービスに参画できる環境が整っており，福祉サービスの発展が大きく進む原動力となった。

○しかし，利用者の多様な生活上の困難の全てについて，これらの制度が対応しているわけではない。高齢者の一人暮らしや夫婦のみ世帯における認知症，家庭内の閉鎖的環境から生ずる虐待，精神疾患による精神的・経済的困窮，発達障害，地域での孤立などの社会生活上の困難を抱える者は増加傾向にあり，こうした者に対する日常生活の見守りや権利擁護など，制度で提供されるサービスだけにとどまらない支援が必要となっている。一方で，こうした支援については，家族や地域のつながりの希薄化により，家族や地域の助け合いが期待しにくい状況になっている。

○また，制度上，様々な経営主体の参入が可能になっているものの，過疎地等には事業者

の参入がなく，制度に基づくサービスについても，提供が困難となっている場合がある。
○このような社会福祉制度の狭間のニーズ，市場原理では必ずしも満たされないニーズについて，組織的かつ継続的に取り組んでいく主体が必要とされている。
（非営利法人としての社会福祉法人）
○社会福祉法人，ボランティア，ＮＰＯ，住民団体といった非営利組織は，①政府の失敗の補完機能，②市場の失敗の補完機能を担っていると言われている。
○社会福祉制度や市場が高度に発展していく一方，社会経済情勢の変化によって新たに生み出される，制度や市場原理のみでは満たされないニーズに柔軟に対応していくという意味で，非営利組織は成熟社会が創り上げた財産であり，非営利組織の継続的な発展は成熟社会にとって欠くことのできない要素である。
（社会福祉法人の現状）
○制度創設当初から措置を受託する法人としての色彩が強く，行政からの強い規制を受けて来たという歴史的な経緯もあり，多くの社会福祉法人において，非営利法人として制度や市場原理では満たされないニーズに取り組んでいくことよりも，法令や行政指導に適合することに重きを置いた事業運営がなされてきたといえる。
○社会福祉基礎構造改革から10年余りが経過し，利用者本位の社会福祉制度が国民の間で一般化していく中で，社会福祉法人は，近時の社会的な変化に対応しきれていない面がある。[※4]

　※4　なお，社会福祉法人は，所轄庁による事業運営についての包括的な指導監督に服しており，社会福祉法人の今日的な役割を十分に踏まえた所轄庁の対応がないと，現実には新たなニーズに対応した経営ができない点には留意が必要である。（例：資金の利活用や公益事業の認定とその実施など）

（社会福祉制度のセーフティネットとしての役割）
○社会福祉法人は，古くから社会福祉事業の主たる担い手として活動している民間法人である。他の経営主体と比べ，福祉サービスのノウハウや経験，専門人材や施設・設備をより多く有している経営主体といえる。引き続きこれまで培ったノウハウを生かして既存の福祉サービスを担うのと同時に，他の経営主体で担うことが必ずしも期待できない福祉サービスを積極的に実施・開発していく必要がある。
○介護保険制度においては，地域包括ケアシステムの構築が目標とされ，社会福祉法人は，①地域包括ケアシステムの構築，②対応の難しい，ソーシャルワークの必要な人への対応，③新たなサービスの創造を積極的に行っていくなど，社会福祉制度と福祉サービスの提供主体，両方のセーフティネットとしての役割を果たしていく必要がある。

2. 措置事業を実施する役割

○社会福祉制度は，時代とともに，契約制度へと転換してきたが，現代では，虐待や認知症の増加によって，重篤な要保護児童や利用者が増加しており，①要保護児童の児童養護施設等への措置による入所や，救護施設のような在宅生活が困難な者に対する行政判断による安全確保の実施　②介護保険制度又は障害者総合支援制度といった契約制度の利用が困難な者に対する支援といった，措置の枠組みによる支援はさらに重要になっている。

○措置事業を中心に実施する社会福祉法人については，法人の使命を明確にし，利用者の成長や生活の過程に合わせて多様な福祉ニーズに対応していくといった役割が求められる。

○措置事業については，その性格上，行政の規制が厳しく，その資金は行政からの委託費であるため，契約制度による事業のような自由度を確保することは難しい面がある。

○しかしながら，法人の人的・物的資源を有効に活用したり，寄附等の原資を活用したりすることで，公益性を前提に，制度で対応しきれない福祉ニーズに対して取組を行っていくといった主体的な変革は必要である。

3. 地域における公的法人としての役割の再認識

（社会福祉法人の公的な性格）

○社会福祉法人は，社会福祉事業という公益性の高い事業を主たる目的とし，その施設整備は，憲法第89条の「公の支配」の下，補助金や税制優遇といった公的投資もなされ，財産は最終的には国庫に帰属するものとされている。

○このように社会福祉法人そのものが地域の公的な資源であるため，社会福祉法人には，自らの資源を生かして，地方公共団体や住民活動をつなぎ，地方公共団体との間に立ちネットワークを作っていくなど，まちづくりの中核的役割を担うような事業運営が望まれる。

○地域住民と地方公共団体との間をつなぐためには，地域における信頼を確保する仕組みを強化していく必要があるが，社会福祉法人には，地域の意見を反映する仕組みが十分とはなっていない部分がある。

○社会福祉法人は官民の両方の性格を持つ者として，地域のまちづくりの中核的役割を果たせるよう，地域住民等の参画や情報提供を進め，地域の信頼を得ていくことが求められる。

第5部　社会福祉法人制度見直しにおける論点
1．地域における公益的な活動の推進
（1）当検討会の現状認識
（地域における公益的な活動の推進）
〇社会福祉法人は，社会福祉事業を主たる事業とする非営利法人であり，制度や市場原理では満たされないニーズについても率先して対応していく取組（以下「地域における公益的な活動」という。）が求められている。
〇経営努力や様々な優遇措置によって得た原資については，主たる事業である社会福祉事業はもとより，社会や地域での福祉サービスとして還元することが求められることを改めて認識する必要がある。
〇地域における公益的な活動については，以下のようなものが挙げられる。
・地域住民のサロンや生涯学習会の実施など，地域交流促進のための場の提供
・生計困難者等に対する利用者負担軽減
・特別養護老人ホーム等の入所施設による在宅の中重度の要介護者等の生活支援
・地域内の連携による福祉人材の育成
・複数法人の連携による災害時要援護者への支援
・地域における成年後見人等の受託
・生活困窮者に対する相談支援，一時的な居住等の支援の実施，就労訓練事業（いわゆる中間的就労）や社会参加活動の実施
・低所得高齢者等の居住の確保に関する支援
・貧困の連鎖を防止するための生活保護世帯等の子どもへの教育支援
・ひきこもりの者，孤立した高齢者，虐待を受けている者等の居場所づくりや見守りの実施
・刑務所出所者への福祉的支援
（地域における公益的な活動のための環境整備）
〇他方で，社会福祉法人が，こうしたニーズに積極的に取り組んでいけるようにするためには，指導監督側である行政庁においても，①活動内容や実施の在り方について明確に示していくこと，②職員の専任要件，施設・物品の専用要件，資金使途の規制等を弾力化すること，③所轄庁の指導監督の在り方を見直すことなど，法人が活動を行いやすい環境を作っていく必要がある。
（独自財源の確保の取組）
〇寄附について，これまでの社会福祉法人の取組は弱いという意見があった。住民から

寄附を受けるに足る信頼性の確保や住民にとって寄附の効果が見える対応を行うことで，寄附等の独自財源の獲得も推進していくことが重要である。

（2）当検討会の意見

ア　地域における公益的な活動の枠組み

（地域における公益的な活動の実施義務）

○地域における公益的な活動は全ての社会福祉法人において実施される必要がある。全ての社会福祉法人に実施を求めるためには，法律上，実施義務を明記することを検討すべきである。

（地域における公益的な活動の定義）

○地域における公益的な活動について，地域性を考慮することや，多様な支援が可能となるよう，規定の在り方について更に検討を深めるべきである。

○また，地域における公益的な活動は，地域の多様なニーズに柔軟に対応するために，社会福祉法人の自主性が尊重される仕組みとすべきである。特に，現行の社会福祉法人の公益事業のように国が事業を例示すると，所轄庁の画一的な指導を招き，活動内容が例示事例中心になってしまうなど，かえって真に地域ニーズに沿った事業展開ができなくなるおそれがあることに留意する必要がある。

○このため，地域における公益的な活動の内容については，①地域住民の代表，福祉・医療等の専門職，地方公共団体の職員などから成る協議会による評価を活用する仕組みや，②市町村の策定する「地域福祉計画」等地域で必要とする支援や福祉サービスの基盤整備の方針等の活用など，具体的に各地域で定められる仕組みとすることが考えられる。また，各地で行われている地域における公益的な活動について，十分な情報提供を行うことも有効な方策である。

（社会福祉法における活動の位置付け）

○地域における公益的な活動については，社会福祉事業，社会福祉を目的とする事業，公益事業等の既存の事業との関係について，社会福祉法における整理が必要である。

（地域における公益的な活動の実施に当たっての留意点）

○社会福祉法人にとっては，主たる事業である社会福祉事業を効果的に実施することが，公益性を維持する上で必要不可欠であり，まずは既に実施している社会福祉事業について，十分な取組を行うことが評価されるべきである。

○社会福祉法人が，社会福祉事業を実施する中で，積極的に障害者の雇用をしたり，新たな取組を開発したりという形で地域のニーズに応えていけば，社会福祉事業から地域における公益的な活動へと自然に展開していくことが可能と考えられる。

イ　地域における公益的な活動の実施方法

（複数法人による活動の協働化等）

○地域における公益的な活動は，制度に則った事業とは異なり，財源問題を含め，様々なリスクや困難を伴うことも想定される。このため，①法人単独で行う方法だけでなく，複数の法人が活動資金を出し合ったり，一体的な組織を構成したりすること等により事業を展開すること　②社会福祉法人だけでなく，地域住民を対象にして活動するボランティア，ＮＰＯ等の公益法人を支援しながら，連携して地域における公益的な活動に取り組んでいくことを積極的に推進するべきである。（「３．法人の規模拡大・協働化」を参照）

ウ　地域における公益的な活動の実施促進

（資金使途の弾力化）

○社会福祉法人の資金としては，事業の運営費として，「介護報酬」，「自立支援給付費」，「保育所運営費」，「措置費」等があるが，「保育所運営費」，「措置費」については，行政から支弁される委託費という性格上，法人本部への支出に上限があるなどの使途の制限があるため，これらの使途の弾力化については，その性格を踏まえ検討するべきである。

（独自財源の確保の推進）

○社会福祉法人が，住民から寄附を受けるに足る信頼性の確保と，住民にとって寄附の効果が見える取組を実施することを前提に，積極的に寄附を募っていくことを推奨するべきである。

（事業ごとの法令上の制約の見直し）

○地域における公益的な活動の実施に当たっては，各事業における職員や設備に関する規制が支障となることがあるので，既に実施している社会福祉事業に支障のない範囲で，これらの規制の柔軟化について検討するべきである。

（地域における公益的な活動をしない法人への対応）

○特別の事情なく，一定期間地域における公益的な活動を実施しない法人については行政指導の対象とするなど，実施する法人との区別を検討するべきであり，そのための指導手順を明確化する必要がある。

エ　地域住民の理解促進

（地域における公益的な活動の実施状況の公表・評価方法）

○地域住民の理解が不可欠であるため，法人が活動状況を公表し，活動に対する住民の評価を求め，取組の改善や向上を図る仕組みを検討するべきである。

(会計区分の策定)
○地域における公益的な活動やそれに要した金額が明らかになるように，会計基準の見直しを行い，活動内容やそれに要した費用の公表を検討するべきである。(「4．法人運営の透明性の確保」を参照)

2．法人組織の体制強化
(1) 当検討会の現状認識
(法人単位での経営への対応)
○介護保険制度の施行を契機として，措置制度の下での基本であった施設・事業所を単位とした施設管理(典型的には，いわゆる「一法人一施設」)から，法人単位での経営が可能となる見直しを行っているが，現在でも多くの社会福祉法人の経営が，施設・事業所単位のままとなっており，社会福祉法人側での経営に関する意識改革が十分とはいえない。

(法人のガバナンスの見直しの必要性)
○社会福祉法人の組織は，理事会，評議員会，理事長，理事及び監事から成り立っているが，それぞれの役割が十分機能する仕組みとはなっていない。特に評議員会については，介護保険事業，保育所，措置事業のいずれかのみを経営する社会福祉法人には設置しなくても良いこととされるなど，法人としてのガバナンスが十分に確保される体制とはなっていない。

(理事長の業務と責任)
○社会福祉法人の理事長は，公益性の高い社会福祉事業の経営に携わる理事の中から任命された者として，利用者のニーズや地域のニーズに耳を傾け，職員の意見を真摯に聴き，法人の使命を正しく履行する義務と責任がある。
○社会福祉法人の理事長に，結果として世襲の者がいることについては，一律に是非が問われるものではなく，理事長の職を担う人物の資質の適性の問題である。理事長の選任に当たって世襲が実質的な理由とされることのないよう，評議員会において適切に理事が選任され，そこから理事長が選出される仕組みが必要である。

(理事等の責任の明確化)
○社会福祉法人の理事長，理事，監事(以下「理事等」という。)は，常勤役員としての報酬を得て執行責任を負うべき者と，出席謝金のみでガバナンスの第三者的なチェックを行う者が存在しているが，個々の理事等の役割と責任が明確とは言い難い。

(公益法人制度改革との関係)
○2006(平成18)年の公益法人制度改革の結果，一般社団法人・一般財団法人，公益社

団法人・公益財団法人について，社会福祉法人よりも厳しい組織体制や透明性の確保の規定が設けられている。
○社会福祉法人が旧民法第34条の公益法人の特別法人として創設されていることに鑑みれば，より公益性の高い法人として，公益社団法人・公益財団法人と同等以上の組織体制や透明性の確保が必要である。
（2）当検討会の意見
　ア　法人組織の機能強化
（法人組織の権限と責任の明確化）
○社会福祉法人の理事会と評議員会，理事長，理事，監事等の牽制関係について再度整理を行い，それぞれの役割について，公益法人制度改革の内容を十分勘案した上で，明確化を図るべきである。
○検討に当たっては，次の観点が同時に果たされるよう留意すべきである。
　①　社会福祉法人が積極的に新規事業に投資し，地域における公益的な活動を柔軟に行うために，理事等の執行権限とこれに応じた責任を明確にすること
　②　理事会，評議員会や監事，行政による指導監督といった重層的なチェック機能の役割分担と具体的な連携を図った上で，理事等の執行機関の活動を適切にチェックすること
　③　非営利法人としての法人の活動を外部・地域に対して「見える化」し，第三者の目による点検や評価をいつでも可能とするなど，法人活動の透明性と信頼を高めること

（評議員会の設置）
○社会福祉法人の公的性格を担保し，地域の福祉ニーズに応えるため，評議員会については，公益社団法人・公益財団法人と同様，理事会に対する牽制機能として，全ての社会福祉法人に設置するよう見直すことを検討するべきである。
○ただし，小規模な法人や地域の事情がある法人は，評議員の人選面において負担が大きいと考えられるので，経過措置も検討するべきである。
○また，複数の社会福祉法人が共同で評議員会を設置する仕組みについても，検討するべきである。
○なお，評議員の選任については，公益社団法人・公益財団法人における取扱いを踏まえ，理事又は理事会による選任の見直しを検討するなど，現行制度よりも地域住民の意向が反映されるよう仕組みを検討するべきである。

イ　法人本部機能の強化方策
（法人本部機能の強化）
○社会福祉法人が法人単位での経営を推進するためには，法人単位で経営戦略，人事，財務を管理する部門が必要である。このため，一定規模以上の法人には，理事会の下に法人本部事務局を設置するなど，組織の見直しを検討するべきである。
（法人単位の資金管理）
○法人本部がその機能を発揮するためには，法人本部が各事業の剰余金やその他の独自財源等をもとに，新規事業の立ち上げや不採算部門への充当を企画・立案できる仕組みが必要である。このため，資金管理を施設単位から法人単位とすることを検討するべきである。

ウ　理事等の権限と責任の明確化，要件の見直し
（理事等の損害賠償責任等）
○理事等が法人に対して責任ある経営判断やガバナンスのチェックを果たしていく仕組みとするため，公益法人制度改革の内容を勘案し，法人運営に関する理事の損害賠償責任，特別背任罪の適用等を検討するべきである。なお，併せて，法人運営に関する説明責任を外部に対して果たすことを要件に，職務内容や勤務実態に応じた適切な報酬の支払いを認めることを検討するなど，賠償責任補填の考え方の適用を検討するべきである。
（職員出身の理事の登用）
○法人経営が現場の声を反映したものとなるよう，理事等に，法人の実施する社会福祉事業の内容を熟知する職員からの登用を一定割合義務付けることを検討するべきである。その際，いわゆる世襲との関係に留意し，職員の定義等について検討する必要がある。
（監事要件の見直し）
○監事については，財務監査と事業監査の観点から，「１名は財務諸表を監査し得る者，１名は学識経験者又は地域福祉関係者」とされているが，財務諸表については法人運営の状況を把握するための基礎的資料であるため，両名とも財務諸表を確認できる者とすることを検討するべきである。その場合，単に会計を理解できるのみならず，社会福祉法人制度等を理解した者であることが大切であることに留意が必要である。
○また，監事は法人の財務関係の適正さを担保する要であり，親族等の利害関係者の就任を引き続き制限するべきである。なお，法人運営に関する説明責任を外部に対して果たすことを要件に，職務内容や勤務実態に応じた適切な報酬は，支払いを認めることを検討するべきである。

エ 理事長の権限を補佐する仕組み
(経営委員会,執行役員会等の活用)
○社会福祉法人は,理事長の専決事項が多いことを踏まえ,理事長の権限を補佐する仕組みとして,法人の規模に応じて,経営委員会,執行役員会等の活用の推進を検討するべきである。

3.法人の規模拡大・協働化
(1)当検討会の現状認識
(地域を観る経営者の視点)
○社会福祉法人が,利用者や地域のニーズに対応していくためには,既に実施している事業だけでなく,「地域を観る経営者の視点」が必要である。また,利用者や地域のニーズに対応していくためには,法人の規模拡大や複数法人による事業の協働化が一つの方策であり,それが可能となる仕組みや環境整備を検討していくことが重要である。
(法人規模についての考え方)
○現在の社会福祉法人の規模についての正確な調査はないが,事業の範囲が市の区域を越えない法人として,所轄庁が一般市である法人が9,131法人(社会福祉法人全体の46.1%)となっている(2013(平成25)年4月1日時点)。また,全国社会福祉法人経営者協議会の調査によれば,会員法人6,873法人のうち,約半数(3,469法人)が単独施設法人となっている(2010(平成22)年3月)。
○単独施設法人であるなど,法人が小規模であることが社会福祉事業の実施に当たって支障になるというものではない。しかしながら,利用者や地域のニーズに対応し,複数の事業を展開することは,法人の規模拡大につながり,資金の効果的な活用や職員の適切な異動を可能とし,さらには新たな福祉ニーズへの柔軟で機動的な対応にも途を拓くものである。
○一般的に法人の規模拡大は,職員の広範な人事異動を可能とし,個々の職員のモチベーションやスキルの向上,幹部への登用といったキャリアパスの構築など,職員の処遇改善や人材確保にも資する。
○このため,社会福祉法人の経営者の視点として,長期・短期のニーズ,既に実施している事業への影響等を見越した上で,事業展開や規模拡大を志向する戦略的経営が重要である。
(合併・事業譲渡の現状)
○社会福祉法人の合併・事業譲渡については,既に手続が設けられているものの,2012(平成24)年度における合併件数は,全国で17件にとどまっている。また,合併・事業

譲渡等に際して，関係者間で多額の現金をやりとりするといった不適切な事例も発覚している。こうした事例については，行政の責任として再発防止策を講ずることはもちろんである。合併・事業譲渡については，手続上支障となっている点を整理し，また，不適切な事例を未然に防げるよう，改善を図っていくことが必要である。
（複数法人による事業の協働化）
○それぞれ歴史のある法人が特段の事情もなく，合併や事業譲渡を行うことは現実には難しい。このため，合併・事業譲渡の手前の取組として，複数法人による事業の協働化を進めることも事業規模の拡大等としては有効である。複数法人による事業の協働化については，財源の確保や法人間の信頼関係の構築が重要であり，法人外への資金拠出の規制緩和，法人間の役職員の相互兼務，社団的な連携など，複数の法人が協働して事業に取り組むことが可能となるよう環境整備をしていくことが必要である。
○なお，社会福祉施設職員等退職手当共済制度は，法人間をまたがって異動しても通算できる仕組みであり，複数法人の協働化等を職員の処遇面から支援できる仕組みである。
（2）当検討会の意見
　ア　規模拡大のための組織体制の整備
（合併・事業譲渡手続の透明化）
○所轄庁が異なる法人同士でもスムーズに合併・事業譲渡が行えるよう，所轄庁に対する手続の周知を十分行うべきである。
○また，合併・事業譲渡等に際して，関係者間で多額の現金をやりとりすることや，地位を利用して利益を得ることは，社会福祉法人の非営利性に反し，地域住民等からの信頼をも失墜させるものであって，決して許されるものではない。このようなケースについては，厳正に対処するものとし，役員解職勧告や贈収賄罪の対象となることに加え，解職後も他の社会福祉法人の役員となることができないようにするなど，制度や運用の見直しを検討するべきである。
（分割の手続の検討）
○組織再編の手段として，事業の安定性・効率性に十分配慮した上で，分割の手続を検討するべきである。なお，分割については，理事長の職の世襲や理事等の役職の安易な増加につながることのないよう，要件や手続を慎重に検討するべきである。
（理事会等の開催方法の柔軟化）
○法人の規模拡大により，事業の実施地域が複数県にまたがる場合が想定される。その場合の理事会等の開催方法については，柔軟な運用が可能となるよう検討すべきである。

（経営者の資質と能力の向上）
○社会福祉法人の理事長など経営者は，法人の使命を正しく履行する義務と責任があり，継続して能力向上に努める必要があることから，関係団体等において経営能力の向上のための研修等の拡充を検討するべきである。
　イ　複数法人による事業の協働化
（法人間の役職員の相互兼務）
○法人の理念等を共有する観点から，各法人の役職員の人事交流を図ることが有効である。経営者については，それぞれの法人の理事を兼務できるよう，必要な規制緩和を検討するべきである。その際，いわゆる「乗っ取り」などの不適切な事例を誘発する結果にならないよう，先に述べた評議員会等による点検の仕組みの導入と併せて検討するべきである。
（法人外への資金拠出の規制緩和）
○社会福祉法人は，事業から生じた剰余金を法人外へ拠出することができないものとされているが，社会福祉事業や地方公共団体が認定した事業については拠出できるよう，非営利性を失わない範囲で，規制緩和を検討するべきである。
（社団的な連携）
○社会福祉法人やそれ以外の非営利法人が協働して地域で多様な福祉活動を積極的にするために，複数の非営利法人が社団型の社会福祉法人を設立できる仕組みを検討するべきである。
○社団型の社会福祉法人に評議員会を設置することにより，より客観的な地域のニーズを反映する仕組みを検討するべきである。
（社会福祉施設職員等退職手当共済制度の活用）
○複数法人の連携・協働を進めるためにも，職員の処遇改善や法人間の人事交流に資する社会福祉施設職員等退職手当共済制度を，必要な見直しを行った上で，安定かつ継続的な制度として維持するべきである。
４．法人運営の透明性の確保
（１）当検討会の現状認識
（社会福祉基礎構造改革）
○2000（平成12）年の社会福祉基礎構造改革によって，社会福祉法人には，福祉サービスの利用を希望する者その他の利害関係者に対し，事業報告書，財産目録，貸借対照表及び収支計算書を閲覧に供するよう義務付けられている。

（公益法人制度改革）
○その後，2006（平成18）年の公益法人制度改革によって，公益社団法人・公益財団法人は，一般市民に対し，事業報告書や財務諸表だけでなく，定款，役員名簿，役員報酬規程の閲覧が義務付けられている。
○また，一般社団法人・一般財団法人，公益社団法人・公益財団法人は，貸借対照表の公告（官報，日刊紙，電子公告による公表）が義務付けられており，大規模法人（負債額200億円以上）では，損益計算書の公告も義務付けられている。

（財務諸表の公表状況）
○2013（平成25）年5月に厚生労働省が社会福祉法人に2012（平成24）年度の財務諸表の公表を要請しているが，2013（平成25）年7月末時点で，ホームページ又は広報誌のいずれかで公表した法人は全体の52.4％，所轄庁における公表は9.7％にとどまっている。
○内訳を見ると，事業別では保育所の公表率が低く，所轄庁別では，一般市が所管する法人の公表率が低い傾向にあり，比較的規模の小さい法人において取組が進んでいない実情が窺える。

（社会福祉法人の情報公開の基本的な考え方）
○地域住民等の信頼を確保し，活動に対する理解を深めるため，透明性の確保は重要であり，法人に関する情報は個人情報に属するものを除き，すべて公表していく必要がある。

（2）当検討会の意見
　ア　社会福祉法人の財務諸表等の公表
（財務諸表等の公表の義務化）
○全ての社会福祉法人において，ホームページで公表すべきである。また，所轄庁においても所管する法人の財務諸表等を全て公表するべきである。社会福祉法人の財務諸表等の公表については，法律上の義務とすることを検討するべきである。

（財務諸表等の様式の統一化）
○国民に分かりやすく情報提供する観点から，法人によって公表項目に差が出ないよう，財務諸表等の公表様式について，統一的に定めるべきである。

（剰余金の使途・目的の明確化）
○剰余金については，目的を持った積立金として整理することや，積み立ての目標や積立額について，法人が利用者や地域住民など広く国民一般に説明責任を果たす仕組みを検討するべきである。

（定款・役員報酬規程等の公表）
○社会福祉法人は，公益法人の特別法人であるという位置付けであることに鑑み，公益

社団法人・公益財団法人において「閲覧」書類とされている定款や役員名簿，役員報酬規程等について，社会福祉法人には「公表」を義務付けることを検討するべきである。

　イ　地域における活動についての公表

（地域における公益的な活動についての公表）

○社会福祉法人の情報公開については，地域住民の理解を得ていくため，財務諸表等だけでなく，法人の理念や事業，地域における公益的な活動等の非財務情報についても財務情報と併せて，利用者や地域住民にわかりやすく公表することを推進するべきである。

　ウ　都道府県，国単位での情報集約

（都道府県や国で集約するシステムの構築）

○各法人や所轄庁で公表するだけでなく，都道府県や国で法人の財務諸表等を集約し，経営状況を分析するシステムの構築を検討するべきである。

（補助金の額の情報公開）

○都道府県や国で財務諸表等を集約するシステムを構築し，社会福祉法人に対する補助金の額を公表することを検討するべきである。

　エ　経営診断の仕組みの導入

（経営診断の仕組みの導入）

○経営支援については，既に取組が実施されてきているが，法人経営の透明性の確保のため，情報公開と併せ，客観的な指標を用いた法人の経営状況の診断を行い，地域住民等への説明責任や社会福祉法人の経営支援に資する仕組みを導入するべきである。

5．法人の監督の見直し

（1）当検討会の現状認識

（今後の権限移譲を踏まえた監督の在り方）

○社会福祉法人の所轄庁については，第二次地方分権推進一括法の施行に伴い，2013（平成25）年4月1日から，事業範囲が一般市の範囲である法人は，都道府県から一般市に所轄庁が権限移譲され，所轄庁の数は108から838へと大幅に増加している。

○2013（平成25）年7月に公表された権限移譲の施行状況調査では，社会福祉法人の所轄庁の事務について，具体的な支障があると回答した地方公共団体が12.1％と他の事務と比べて高い割合になっており，新所轄庁である一般市においても，移譲された事務の対応に苦慮している実情がうかがわれる。

○地方分権については，「事務・権限の移譲等に関する見直し方針について」（平成25年12月20日閣議決定）によって，複数の都道府県に事務所がある社会福祉法人について，主たる事務所の所在地の都道府県が所轄庁になるなど，更に権限移譲を進めることが予

定されており，所轄庁の連携や監査能力の向上と平準化に取り組んでいく必要がある。
（社会福祉法人の目的達成支援のための行政指導）
○当検討会では，一部の所轄庁において，措置制度の時代と変わらない画一的な行政指導や，ローカルルールと言われるような過剰規制が指摘されるなど社会福祉法人の地域ニーズに対応した活動を阻害しているという意見もあった。
○所轄庁の行政指導についても，法人の育成支援の観点から，責務を果たす法人は支援し，果たさない法人は厳しく指導するといった，メリハリのあるものに変えていく必要がある。
（財務状況に係る監査）
○当検討会では，社会福祉法人が作成している財務諸表の中には，財務諸表の借方と貸方が合わないなど，基本的な誤りが存在するという指摘がなされた。
○これは所轄庁に対して現況報告書の添付書類として提出されており，財務諸表に関する所轄庁の監査能力・体制を懸念する意見もあった。
○なお，公益社団法人・公益財団法人では，一定規模以上の法人については，会計監査人（公認会計士又は監査法人）の設置が義務付けられており，学校法人においても，1,000万円以上の補助金を受ける場合は，公認会計士又は監査法人による監査が義務付けられている。
（第三者評価の受審促進）
○第三者評価については，受審費用や評価機関の質を理由に受審が広まっていない。福祉サービスの質の向上のためには，外部からのサービスの質の評価は非常に重要であり，一層の活用が必要である。
（2）当検討会の意見
　ア　所轄庁の法人監査の見直し
（行政による監査，外部監査，第三者評価等の役割の整理）
○法人監査，施設監査，第三者評価，介護サービス情報の公表制度など，法人活動の評価方法は多様である。これらの制度の運用が，法人にとって過度な負担とならないよう，項目の重複や時間的な隔たりがないよう，それぞれの役割を明確にするとともに，実施方法の配慮など工夫すべきである。
○法人監査については，運営状況に係る監査と財務に係る監査を峻別し，財務に係る監査については，外部監査の活用を積極的に図るなどの見直しを検討するべきである。
（法人監査の仕組みの見直し）
○法人監査の中で，定款の内容や理事会等の開催状況だけでなく，地域における公益的

な活動の実施状況やサービスの質の向上への取組も確認するなど，監査の仕組みの変更を検討するべきである。
（法人の育成を支援するための環境整備）
社会福祉法人制度と措置委託制度
（法人の設立認可の要件の見直し）
○社会福祉法人の設立認可は，現在，資産だけを基準にしているが，現行の資産要件に加えて，ＮＰＯ等における事業実施やボランティア等での活動実績を重要な要件とするなど，福祉への実績あるいは関心・理解のある者が参入できる仕組みとなるよう見直しを検討するべきである。

　イ　財務に係る外部監査の活用等
（外部監査の義務化）
○一定の規模以上の社会福祉法人については，公認会計士等の専門家による外部監査を義務付けることを検討するべきである。
（外部監査における留意点）
○社会福祉法人は営利法人と異なり，剰余金が適切に社会福祉事業や地域への還元に使われているかという点が重要であり，監査の視点が異なってくることに留意することが必要である。
（正確な会計帳簿等の作成に向けた環境整備）
○会計帳簿は財務諸表の作成の元となる書類であり，適時・正確な会計帳簿が作成されることが重要であるため，社会福祉法においても必要な法令の整備を検討するべきである。

　ウ　所轄庁の連携，監督能力の強化
（所轄庁の連携）
○社会福祉法人の所轄庁の権限移譲が更に進むことを踏まえ，社会福祉法人の所轄庁と当該社会福祉法人の運営する事業所が所在する地方公共団体との連携の仕組みを検討するべきである。
（所轄庁の監督能力の強化）
○所轄庁の監督能力の向上のため，指導監督内容を統一するための基準の策定やブロック単位での研修を実施することを検討するべきである。
（全国の法人を把握する仕組み）
○所轄庁だけでなく，国において全国の社会福祉法人の現況を把握する仕組みを構築するべきである。

エ　第三者評価の受審促進
（受審促進のための方策）
○第三者評価の受審促進のため，所轄庁に提出する事業計画書に受審の有無の記載をさせるなど，法人の自主的な判断によって，多くの法人で第三者評価の受審が進むよう具体的な方策を検討するべきである。
○また，第三者評価の受審結果については，利用者等が見られるよう，事業所の玄関に掲示することや，各法人の受審状況を都道府県単位で一覧できる仕組みを検討するべきである。
（評価機関の能力向上）
○評価機関や調査者による評価のバラつきを是正するため，評価機関の指導をする都道府県推進組織の能力向上や，研修実施やマニュアルの徹底により，評価機関の共通基盤を作っていくことを検討するべきである。
○評価機関の評価実績や所属する評価調査者の情報公表を促進するなどの環境整備を進め，受審を希望する法人が全国のどの評価機関も自由に選べるよう，運用の見直しを検討するべきである。
（第三者評価以外の評価方法の活用）
○ＩＳＯや地域で社会福祉法人の取組を評価する仕組みなど，多様な評価方法について，福祉サービスの質を担保する方法として広義の第三者評価の枠組みと捉え，活用していくことを検討するべきである。

〈参考資料11〉 出典：厚生労働省ホームページ「社会保障審議会福祉部会報告書～社会福祉法人制度改革について」http://www.mhlw.go.jp/stf/houdou/0000074114.html　当該URLをもとに作成

社会保障審議会福祉部会報告書
～社会福祉法人制度改革について～

平成27年2月12日

Ｉ　総論
・我が国の社会福祉の黎明期，民間社会事業は，篤志家等による慈善事業として始まった。戦後，社会福祉事業が公的責任により実施されることになると，民間の社会福祉事業の自主性の尊重と経営基盤の安定等の要請から，社会福祉法人は旧民法第34条の公益法人の特別法人として昭和26年に制度化された。我が国の戦後社会福祉の発展は，社会福祉法人の歩みそのものといえる。

・その後，人口構造の高齢化，家族や地域社会の変容に伴い，多様化する福祉ニーズへの対応が重要な政策課題となった。平成12年の介護保険法の施行，同年の社会福祉事業法の改正による社会福祉法の成立により，サービスの利用の仕組みを措置から契約に転換するとともに，株式会社やNPOなど多様な供給主体を参入させることにより，サービスの質の向上と量の拡大を図る政策がとられた（社会福祉基礎構造改革）。
・こうした中で，社会福祉法人の位置付けは大きく変化した。社会福祉法第24条は，「社会福祉法人は，社会福祉事業の主たる担い手としてふさわしい事業を確実，効果的かつ適正に行うため，自主的にその経営基盤の強化を図るとともに，その提供する福祉サービスの質の向上及び事業経営の透明性の確保を図らなければならない」と規定している。同条は，社会福祉事業の中心的な担い手であるとともに，地域における多様な福祉ニーズにきめ細かく対応し，既存の制度では対応できない人々を支援していくことを位置付けているものである。
・今日，人口減少社会の到来や独居高齢者の増加，子どもに対する虐待の深刻化などを背景に，福祉ニーズが多様化・複雑化しており，高い公益性と非営利性を備えた社会福祉法人の役割が，ますます重要になっている。
・また，今後の高齢化等に伴う福祉ニーズの急増に対応するために必要な人材の確保に当たっては，処遇の改善をより一層進めることが重要である。社会福祉法人がその役割を適切に果たすためには，率先して，職員の処遇改善や労働環境の整備等に取り組むことが求められる。
・一方，平成18年には，公益法人制度改革が行われ，旧民法第34条に基づく公益法人を，準則主義により設立される一般社団・財団法人と公益性の認定を受ける公益社団・財団法人に区分し，後者について法人の目的・事業内容・組織・財務・財産等に関する公益認定を課すことにより公益性の高い法人類型として位置付けている。こうした公益性は，公益法人の一類型である社会福祉法人に対しても当然要請されるものである。
・平成26年に閣議決定された規制改革実施計画は，こうした社会福祉事業や公益法人の在り方の変容を踏まえ，他の経営主体とのイコールフッティング等の観点から，社会福祉法人制度の改革を求めたものである。経営組織の強化，情報開示の推進，内部留保の位置付けの明確化と福祉サービスへの投下，社会貢献活動の義務化，行政による指導監督の強化など，社会福祉法人が備えるべき公益性・非営利性を徹底し，本来の役割を果たすことが求められている。
・また，平成26年7月に，厚生労働省の「社会福祉法人の在り方等に関する検討会」において，地域における公益的な活動の推進，法人組織の体制強化，法人運営の透明性の

確保等について意見が取りまとめられている。
・社会福祉法人が今後とも福祉サービスの中心的な担い手としてあり続けるためには，その公益性・非営利性を徹底する観点から制度の在り方を見直し，国民に対する説明責任を果たすことが求められる。

Ⅱ　社会福祉法人制度の見直しについて

１．基本的な視点

（１）公益性・非営利性の徹底

・社会福祉法人は，福祉ニーズが多様化・複雑化する中，公益性と非営利性を備えた法人として，その役割はますます重要となっており，その組織運営等において，その在り方を徹底することが求められている。
・折しも，平成18年には，旧民法第34条の公益法人について，一般社団・財団法人と公益認定を課せられる公益社団・財団法人に区分する公益法人改革が行われている。社会福祉法人は，その創設の経緯や公益性の高い社会福祉事業を主たる事業とする法人の目的等に照らし，公益財団法人等と同等以上の公益性・非営利性を確保する必要がある。

（２）国民に対する説明責任

・今日，一部の社会福祉法人による不適正な運営のため，社会福祉法人全体に対する信頼が揺らいでいることから，社会福祉法人の存在意義が問われている。
・社会福祉法人の公益性・非営利性を担保する観点から，社会福祉法人のあるべき姿について国民に対する説明責任を果たすための制度改革が急務である。

（３）地域社会への貢献

・社会福祉法人は，その解散や合併に所轄庁の認可が必要であり，解散した社会福祉法人の残余財産の帰属について制限があるなど，地域社会とともに存在し，地域福祉を支える使命を制度上も担保されている。
・社会福祉法人の今日的な意義は，他の事業主体では対応できない様々な福祉ニーズを充足することにより，地域社会に貢献することにある。こうした社会福祉法人の使命を責務として明らかにしていく必要がある。

２．経営組織の在り方の見直し

（１）経営組織の現状と課題

・理事，評議員会，監事など社会福祉法に規定されている社会福祉法人の経営組織は，社会福祉法人制度発足当初以来のものであり，今日の公益法人に求められる内部統制の機能を十分に果たせる仕組みとはなっていない。
・一部の社会福祉法人において指摘される不適正な運営には，こうした法人の内部統制

による牽制が働かず，理事・理事長の専断を許した結果生じたものがみられる。
・平成18年の公益法人制度改革においては，その基本的な考え方は，役員等の権限・責務・責任の明確化，評議員会（社団の場合は社員総会）による理事等の牽制，外部の専門家・専門機関を活用した会計監査人の監査の強化によるガバナンスの強化を図ることにある。
・こうした状況を踏まえ，規制改革実施計画（平成26年6月24日閣議決定）においては，
　○　社会福祉法人の内部管理を強化するため，理事会や評議員会，役員等の役割や権限，責任の範囲等を明確に定める。
　○　一定の事業規模を超える社会福祉法人に対して外部機関による会計監査を義務付ける。
とされている。
・社会福祉法人が備えるべき公益性・非営利性を徹底するためには，公益法人制度改革を参考にしながら，公益財団法人と同等以上の公益性・非営利性を担保できるガバナンスが必要である
（参考）
・現行の社会福祉法人の経営組織の主な枠組みは，以下のとおりである。
　①全ての理事が社会福祉法人の業務の全てについての代表権を有する（法令上理事長の規定がない）。
　②法人の業務の決定は，理事の過半数をもって決する（法令上理事会の規定がない）。
　③評議員会の設置は法令上任意とされており，重要事項については，定款で評議員会の議決を得ることができることとされている。
・これに対し，一般財団法人・公益財団法人においては，以下のとおり，法令において，各機関の役割や責任を明記し，牽制機能が働くような仕組みを設けている。
　①代表理事は，法人を代表し，業務の執行を行う。
　②理事会は，法人の業務執行の決定，理事の職務執行の監督，代表理事の選定・解職を行う。
　③評議員会は必置とされ，議決機関として位置付けられている（定款の変更，理事等の選任・解任，役員の報酬の決定等の決議事項を法定）。
　このほか，一般財団法人・公益財団法人においては，現行の社会福祉法人制度にはない会計監査人制度が設けられている。

（2）理事・理事長・理事会について
（理事・理事長・理事会の位置付け・権限・義務・責任）
・現行の社会福祉法人制度においては、法令上、理事会に関する規定がなく、全ての理事が社会福祉法人の業務についての代表権を有し、法人の業務の決定は理事の過半数をもって決定することとされている。また、理事の責任に関する規定も整備されていない。以下の方向で見直す必要がある。

　－理事の義務と責任(※)を法律上明記する。
　　※善管注意義務、忠実義務、法人に対する損害賠償責任、特別背任罪の適用等
　－理事長について、代表権を有する者として位置付け、権限と義務(※)を法律上明記する。
　　※業務の執行、理事会への職執行状況の報告等
　－理事会を法人の業務執行に関する意思決定機関として位置付け、その権限(※)を法律上明記する。
　　※業務執行の決定（重要事項（重要な財産処分等）は理事に委任できない。）、理事の職務執行の監督、理事長の選定及び解職、計算書類・事業報告の承認等
　－一般財団法人・公益財団法人と同様に、理事等に対する特別背任罪、贈収賄罪が適用される法制上の枠組みや欠格事由に関する規定を整備する。

・一般財団法人・公益財団法人と同様に、理事長以外に、特定の業務の執行を行う業務執行理事を置くことができるようにすることが必要である。
・一般財団法人・公益財団法人と同様に、理事の職務執行についてのコンプライアンス（法令遵守等）を確保するための体制整備について、理事会の議決事項とし、一定規模以上の法人については、その体制整備を義務付けることが必要である。

（理事の定数）
・理事の定数については、租税特別措置の適用の要件に合わせて、通知において6人以上という取扱いとしている（法律上は3人以上）。適正な運営を確保する観点から、内部統制を実効性あるものとする必要性を考慮し、現行の6人以上という定数を法律上明記する必要がある。

（理事の構成）
・理事の構成に関しては、親族その他特別の関係がある者の理事への選任について、社会福祉法人の公正な運営を確保するため、運用において法律より厳しく制限している（理事定数が6～9名の場合は1名、10～12名の場合は2名、13名以上の場合は3名）。また、社会福祉事業について学識経験を有する者又は地域の福祉関係者、社会福祉施設

を経営する法人にあっては施設長等の事業部門の責任者を理事として参加させることを通知により求めている。社会福祉法人の高い公益性に鑑み，同族支配の禁止の趣旨を徹底するとともに，地域ニーズに即した質の高いサービスを機動的な経営により提供するため，こうした現行の理事の構成に関する取扱いを法令上明記する必要がある。

(3) 評議員・評議員会について

(評議員・評議員会の位置付け・権限・義務・責任)

・現行の社会福祉法人制度では，通知において，措置事業，保育所を経営する事業，介護保険事業のみを行う法人以外の法人に対し評議員会の設置を求めているが，法令上，評議員会の設置は任意とされており，原則諮問機関として位置付けられているため，理事・理事長に対する牽制機能が十分に働かないという課題がある。また，通知において理事の選任は，理事総数の2/3以上の同意を得て理事長が委嘱することとされているため，法人の業務執行の決定機関が執行機関の人選を行うことになり，恣意的な法人運営を招くおそれがある。このため，社会福祉法人の高い公益性に照らし，一般財団法人・公益財団法人と同様に，必置の評議員会を議決機関として法律上位置付け，理事・理事長に対する牽制機能を働かせるため，評議員会に理事，監事，会計監査人の報酬や選任・解任等の重要事項に係る議決権を付与する必要がある。また，このように重要な役割を担う評議員の権限・責任（評議員会の招集請求権，善管注意義務，損害賠償責任等）を法律上明記する必要がある。

(評議員の定数等)

・評議員（任期2年）は，理事との兼職が認められており，その定数は，理事の定数の2倍を超える数とされている。理事と評議員会の適切な牽制関係を築くため，理事と評議員の兼職を禁止し，評議員の定数については，「理事の定数を超える数」とすべきである。また，任期については，一般財団法人・公益財団法人を参考に，中期的な牽制機能を確保する観点から，4年とすべきである。

・評議員の定数については，規模の小さい法人において，適任者を確保することが容易ではないとの指摘があり，小規模法人について定数の特例を設ける経過措置が必要との意見があった。

(評議員の選任)

・現行の取扱い（通知）では，評議員は，理事会の同意を得て理事長が委嘱することとされている。このように理事・理事長が評議員の選任に関わる仕組みでは，評議員が理事・理事長に対し，独立した立場から牽制機能を働かせることが困難という課題がある。このため，評議員の選任・解任については，一般財団・公益財団法人を参考に，定款で

定める方法（選任委員会・評議員会の議決等）によることとし，理事又は理事会が評議員を選任又は解任できないようにすることが必要である。
（評議員の構成）
・現行の取扱い（通知）では，評議員には地域の代表を加えること，利用者の家族の代表を加えることが望ましいこととしているが，評議員会を議決機関として位置付ける場合には，その重要な権限に鑑み，事業に対する識見を有し，中立公正な立場から審議を行える者であることを重視した構成とすることが適当である。
（「運営協議会」）
・評議員会が議決機関として位置付けられることに伴い，現行の評議員会が担っている諮問機関としての機能の一部を代替する仕組みとして，各法人が地域の代表者や利用者又は利用者の家族の代表者等が参加する「運営協議会」を開催し，意見を聴く場として位置付けることにより，地域や利用者の意見を法人運営に反映させることが適当である。

（4）監事について
（監事の権限・義務・責任）
・社会福祉法人の財務会計に関しては，例えば，財務諸表が不正確といった実態があり，監事機能が十分に機能していないとの指摘がある。実効性ある監事監査が行われるよう，一般財団法人・公益財団法人と同様に，理事，職員に対する事業報告の要求や財産状況の調査権限等の監事の権限を法律上規定するとともに，理事会への報告義務，監査報告の作成義務や監事の責任についても，法律上明記し，適正かつ公正な監事監査を促すべきである。
（監事の選任）
・理事会が監事を選任する現行の仕組みでは，独立した立場から監査を行うことが困難という課題があることから，一般財団法人・公益財団法人と同様に，監事の選任・解任は評議員会の議決事項とすることが必要である。
（監事の構成）
・監事の構成については，財務諸表等を監査し得る者と社会福祉事業についての学識経験者又は地域の福祉関係者とする現行の取扱いを法律上明記することが適当である。

（5）会計監査人について
（会計監査人の設置義務）
・社会福祉法人のガバナンスの強化，財務規律の確立の観点から，公益財団法人における取組を参考に，一定規模以上の法人に対して，会計監査人による監査を法律上義務付ける必要がある。また，設置義務の対象とならない法人においても，定款で定めるとこ

ろにより，会計監査人を置くことができるようにする必要がある。
・会計監査人については，実効性ある会計監査を行うため，その権限，義務，責任（監事への報告義務，損害賠償責任等）を法律上明記すべきである。
（会計監査人の設置を義務付ける法人の範囲）
・会計監査人の設置を義務付ける法人の範囲については，監査に対応できる事務処理の態勢と監査費用の負担能力，所轄庁の監査との役割分担等を考慮し，以下の要件のいずれかに該当する法人とすることが適当である。
　①収益（事業活動計算書におけるサービス活動収益）が10億円以上の法人（当初は10億円以上の法人とし，段階的に対象範囲を拡大）
　②負債（貸借対照表における負債）が20億円以上の法人（会計監査人の設置の義務付けの対象にならない法人に対する対応）
・会計監査人の設置の義務付けの対象とならない法人については，
　－公認会計士，監査法人，税理士又は税理士法人による財務会計に係る態勢整備状況の点検等
　－監事への公認会計士又は税理士の登用
を指導し，こうした取組を行う法人に対する所轄庁による監査の効率化を進めることが適当である。

3．運営の透明性の確保
（1）情報開示の現状と課題
（情報開示の取組）
・社会福祉法人は高い公益性と非営利性を備えた法人であり，法令上，毎会計年度終了後2月以内に，事業報告書，財産目録，貸借対照表，収支計算書を作成し，監事の意見を記載した書類を付して各事務所に備え置き，福祉サービスの利用を希望する者その他の利害関係人からの請求があった場合には閲覧に供しなければならないとしている。平成25年に業務及び財務等に関する情報を公表するよう指導するとともに，平成26年には，現況報告書並びにその添付書類である貸借対照表及び収支計算書について，インターネットを活用して公表することを通知により指導している。
（公益法人制度改革における情報開示）
・平成18年の公益法人制度改革においては，積極的に情報を開示する仕組みを導入し，役員報酬の総額や役員報酬基準を含む広範な書類の備置き・閲覧を義務化した。
（社会福祉法人における対応）
・規制改革実施計画（平成26年6月24日閣議決定）においては，財務諸表のほか，補助

金や社会貢献活動に係る支出額，役員の区分ごとの報酬等の総額，親族や特別の利害関係を有する者との取引内容などの公表を義務付けるとされている。
・社会福祉法人については，旧民法第34条の公益法人の特別法人として制度化された経緯や，公費や保険料を原資とする多額の事業費が支出されていることから，公益財団法人等と同等以上の運営の透明性の確保が求められる。また，規制改革実施計画を踏まえ，積極的に情報を公表し，その運営を社会的監視の下に置くことにより，適正な法人運営を担保するとともに，国民に対する説明責任を果たすことが期待される。
（2）情報開示の方向性
・定款，事業計画書，役員報酬基準を新たに閲覧対象とするとともに，閲覧請求者を国民一般に拡大する必要がある。
・定款，貸借対照表，収支計算書，役員報酬基準を公表対象とすることを法令上位置付ける必要がある。
・既に通知により公表を指導している現況報告書（役員等名簿，補助金，地域の福祉ニーズへの対応状況に係る支出額，役員の親族等との取引内容を含む。）について，役員区分ごとの報酬総額を追加した上で，閲覧・公表の対象とすることを法令上明記することが必要である。
・公表の方法については，国民が情報を入手しやすいインターネットを活用することが適当である。
4．適正かつ公正な支出管理
（1）適正かつ公正な支出管理に係る基本的な視点
・社会福祉法人は，その高い公益性と非営利性にふさわしい財務規律を確立する必要がある。
・規制改革実施計画（平成26年6月24日閣議決定）においては，
〇社会福祉法人の役員に対する報酬や退職金などについて，その算定方法の方針や役員区分ごとの報酬等の総額（役員報酬以外の職員としての給与等も含む）の開示を義務付ける。
〇社会福祉法人と役員の親族・特別の利害関係を有する者との取引について取引相手・取引内容を開示する等，調達の公正性や妥当性を担保する仕組みを構築する。
〇一定の事業規模を超える社会福祉法人に対して外部機関による会計監査を義務付ける。
とされている。
・こうした状況を踏まえ，特に以下の事項に取り組むことが必要である。
　①適正な役員報酬を担保するための役員報酬基準の策定と公表等

②関係者への特別の利益供与の禁止と関連当事者との取引内容の公表
　③会計監査人の設置を含む外部監査の活用（2．において記述）
（2）適正な役員報酬について
・役員報酬等については，理事会の議決を経て理事長が定める現行の取扱いを改め，公益財団法人等と同様に，定款の定め又は評議員会の決議により決定することとする必要がある。
・公益財団法人等と同様に，不当に高額なものとならないような理事，監事及び評議員に対する報酬等の支給基準を法人が定め，公表することを法律上義務付けることが必要である。
・国民に対する説明責任を果たし，適正な水準を担保するため，役員等の区分ごとの報酬総額（職員給与又は職員賞与として支給される分を含む。）を公表するとともに，個別の役員等の報酬額（職員給与又は職員賞与として支給される分を含む。）については，勤務実態に即したものであるかを確認する観点から，所轄庁への報告事項とすることが必要である。
（3）関係者への特別の利益の供与の禁止等
・公益財団法人等と同様に特別の利益供与を禁止する規定を法令上明記することが必要である。
・関連当事者との取引内容の情報開示について，現況報告書及び現行の社会福祉法人会計基準における財務諸表の注記事項において開示の対象となる関連当事者の範囲について，公益財団法人制度を参考に，
　①当該社会福祉法人を支配する法人若しくは当該社会福祉法人によって支配される法人又は同一の支配法人をもつ法人
　②当該社会福祉法人の評議員及びその近親者
に係る要件を加えることが必要である。
・現況報告書及び現行の社会福祉法人会計基準における財務諸表の注記事項として関連当事者との取引内容の開示の対象となる取引の範囲について，公益法人会計基準と同様に取引額が100万円を超える取引とすることが必要である。
・なお，開示の対象となる取引の範囲が取引金額の要件により拡大することに伴い法人の事務負担が増大するとの懸念があり，効率的な運用について検討する必要があるとの意見があった。

5．地域における公益的な取組の責務
（福祉ニーズの多様化・複雑化と社会福祉法人の役割）
・社会環境の変化に伴い，福祉ニーズが多様化・複雑化し，既存の制度では十分に対応できない者に対する支援の必要性が高まっている。こうした福祉ニーズに対しては，様々な事業主体が各々の創意工夫により対応していくことが必要であるが，その中で社会福祉法人については，その本旨に従い，他の事業主体では対応が困難な福祉ニーズに対応していくことが求められる。
（社会福祉法人の本旨と地域における公益的な取組）
・社会福祉法人は，社会福祉事業に係る福祉サービスの供給確保の中心的役割を果たすだけでなく，既存の制度の対象とならないサービスに対応していくことを本旨とする法人と解されている。地域福祉におけるイノベーションの推進は，社会福祉法人の社会的使命である。社会福祉法人には，既存の制度の対象とならないサービスを無料又は低額な料金により供給する事業の実施が求められる。
（地域における公益的な取組を実施する責務）
・規制改革実施計画（平成26年6月24日閣議決定）においては，こうした社会福祉法人の在り方を徹底する観点から，社会福祉法において，日常生活・社会生活上の支援を必要とする者に対して無料又は低額の料金により福祉サービスを提供することを社会福祉法人の責務として位置付けることが必要である。
・地域における公益的な取組を責務とするに当たり，措置費や保育の委託費の使途制限について見直すほか，本部経費について弾力的な運用が必要との意見があった。

6．内部留保の明確化と福祉サービスへの再投下
（1）内部留保に関する基本的な視点
・社会福祉法人に求められる財務規律としては，第1に，適正な役員報酬や関係者への利益供与の禁止を含む「適正かつ公正な支出管理」であり（4．において記述），その上で，法令や最低基準に即した事業運営が求められる。事業運営の中で発生する収支差（利益）については，配当することは禁止され，社会福祉事業又は公益事業（社会福祉法第26条）に再投下することが求められる。
・このように社会福祉法人の収支差（利益）の使途については，公益性の高い非営利法人としての財務規律が制度的に講じられているが，収支差（利益）の蓄積である，いわゆる内部留保（利益剰余金）の在り方については，その実態を明らかにし，適正な活用を促す仕組みはない。
・規制改革実施計画（平成26年6月24日閣議決定）においては，

○内部留保の位置付けを明確化し，福祉サービスへの再投資や社会貢献での活用を促す。とされている。
・いわゆる内部留保（利益剰余金）は，過去の収支差（利益）の蓄積であり，事業に活用する土地，建物等に投資した資産や将来支出が必要となる資金の形をとっている。基本的には事業継続に必要な財産であり，その存在自体が余裕財産を保有していることを意味していない。他方，社会福祉法人は，公費等を原資とする介護報酬や措置費・委託費により社会福祉事業等の事業を運営しており，また，公益性の高い法人として税制優遇措置が講じられている。こうした法人の公益性等を考慮すれば，いわゆる内部留保の実態を明らかにし，国民に対する説明責任を果たすことが求められる。
・なお，公益財団法人等に適用される遊休財産保有制限においては，一定の額（1年分の公益目的事業費相当額）の遊休財産の保有を認めている。しかし，社会福祉法人については，公費等を原資とした報酬や措置費により運営されていること，介護保険，措置制度等の公的制度により安定した収入を得られるという事業の特性を踏まえ，必要最低限の財産を除き，社会福祉事業又は公益事業に再投下することが適当である。
・他方，公益財団法人等には，公益目的事業の公益性を担保する制度として収支相償の基準を導入しており，公益事業の実施に要する適正な費用を償う額を超える収入を得てはならないこと（収支相償）を公益認定の基準として設けている。しかし，社会福祉法人に関しては，そもそも社会福祉事業が公益性の高い事業であること，介護報酬，措置費等が事業に要する費用を賄うのに必要な額として設定されていること等を踏まえれば，収支相償の基準そのものを適用するのではなく，中長期的な事業運営をも考慮し，福祉サービスへの計画的な再投下により，公益性を担保することが適当である。
（2）内部留保の明確化
・いわゆる内部留保の実態を明らかにするに当たっては，社会福祉法人が保有する，全ての財産（貸借対照表上の純資産から基本金及び国庫補助等積立金を除いたもの）を対象に，当該財産額から事業継続に必要な最低限の財産の額（控除対象財産額）を控除した財産額（負債との重複分については調整）を導き，これを福祉サービスに再投下可能な財産額として位置付けることが適当である。
・控除対象財産額は，①社会福祉法に基づく事業に活用している不動産等（土地，建物，設備等），②現在の事業の再生産に必要な財産（建替，大規模修繕に必要な自己資金），③必要な運転資金（事業未収金，緊急の支払いや当面の出入金のタイムラグへの対応）を基本に算定することが考えられる。これらは，内部留保を的確に明確化するに当たっての要となる部分であるので，その詳細な内容については，制度実施までの間に，専門

的な見地から検討の上，整理する必要がある。
・控除対象財産額の算定については，社会福祉法人が国のガイドラインに従い，使途を明記した財産目録及び「控除対象財産計算書」を作成し，所轄庁に毎年度提出することが必要である。

（3）福祉サービスへの計画的な再投下
・再投下可能な財産額（「再投下財産額」という。）がある社会福祉法人については，地域における公益的な取組を含む福祉サービスに計画的に再投下財産を投下することを求める仕組みの導入が必要である。
・具体的には，社会福祉事業又は公益事業の新規実施・拡充に係る計画（「再投下計画」という。）の作成を義務付けることが必要である。
・「再投下計画」には，社会福祉法人が実施する社会福祉事業又は公益事業により供給される福祉サービスへの再投下の内容や事業計画額が計上されるが，計画を検討するに当たっての優先順位については，以下のとおり考えるべきである。

①社会福祉事業への投資（施設の新設・増設，新たなサービスの展開，人材への投資等。社会福祉法人による利用者負担の軽減など社会福祉事業に関する地域における公益的な取組を含む。）を最優先に検討する。なお，実質的に社会福祉事業と同じ機能を担う，いわゆる小規模事業についても併せて検討する。

②更に再投下財産がある場合には，社会福祉事業として制度化されていない福祉サービス（社会福祉法第26条の公益事業により供給されるサービス）を地域のニーズを踏まえて無料又は低額な料金により供給する事業（「地域公益事業」という。）への投資を検討する。

③更に再投下財産がある場合には，その他の公益事業への投資を検討する。

・したがって，再投下財産がある法人においては，上記の考え方に従い，①社会福祉事業等投資額（利用者負担の軽減措置や小規模事業への投資額を含む。），②「地域公益事業」投資額，③その他の公益事業投資額の順に検討の上，再投下計画を作成することとする必要がある。その際，再投下財産額及び①～③の投資額等については，国のガイドラインに従い適切に記載されているかどうかについて公認会計士又は税理士による確認を求めるべきである。また，「地域公益事業」については，後述の「地域協議会」を活用するなどして事業を行おうとする地域の住民等関係者の意見を聴くことが必要である。

・「再投下計画」については，議決機関化した評議員会の承認を得た上で，公認会計士又は税理士の確認書を付して所轄庁の承認を得ることとすることが必要である。所轄庁による承認は，地域のニーズに応じた機動的な対応を阻害しないよう配慮し，国が示す

統一した基準に従い，主として以下の視点から計画の妥当性をチェックすることとする必要がある。
 －再投下財産額と事業規模の合理性（公認会計士又は税理士による確認を経たもの）
 －社会福祉事業等については，自治体計画（介護保険事業（支援）計画等）や人口動態を踏まえた地域の需給に照らした合理性－「地域公益事業」については，「地域協議会」における協議結果等との整合性，公益事業としての妥当性

（4）「地域協議会」について
・社会福祉法人が「地域における公益的な取組」を実施するに当たり，地域における福祉ニーズが適切に反映されるよう，「地域協議会」を開催することが適当である。
・「地域協議会」の機能としては，
 ①社会福祉法人が実施する「地域における公益的な取組」に係る地域における福祉ニーズの把握
 ②「地域における公益的な取組」の実施体制の調整等（複数の法人が連携・共同した事業の実施についての検討・調整）
 ③「地域における公益的な取組」の実施状況の確認
が考えられ，「地域協議会」が社会福祉法人による地域福祉活動の推進の基盤となることが期待される。
・「地域協議会」は，所轄庁が地域ケア推進会議等の既存の協議会を活用するなどして開催することとし，その運営については，社会福祉協議会が中心的な役割を果たすケースが想定される。具体的には，各協議会の代表者，地域住民，所轄庁・関係市町村等が参加し，「地域における公益的な取組」を実施しようとする社会福祉法人が，可能な範囲で制度横断的に地域における福祉ニーズを把握できる場を設けることが基本であるが，各地域における福祉に関する協議会の設置状況，活動状況を踏まえた柔軟な運用を認める必要がある。また，既存の福祉に関する協議会の多くは地方公共団体が設置するものであることから，円滑に地域ニーズを把握する機会を得られるよう所轄庁において関係市町村と連携することが求められる。

（5）財務規律におけるガバナンス
・社会福祉法人の公益性を担保する財務規律について，
 Ⅰ適正かつ公正な支出管理
 Ⅱ内部留保の明確化
 Ⅲ福祉サービスへの計画的な再投下
について仕組みを構築することを提言するものであるが，実効性あるものとするために

は，社会福祉法人の内外からのガバナンスを強化することが必要である。
具体的には，
Ⅰ 適正かつ公正な支出管理に関しては，
・役員報酬等に関する評議員会による牽制
・役員報酬基準，関連当事者との取引内容の公表
・会計監査人等の外部監査の活用　等
Ⅱ 内部留保の明確化に関しては，
・会計制度の整備と浸透
・評議員会による内部牽制
・会計監査人等の外部監査の活用
・財務諸表等の公表　等
Ⅲ 福祉サービスへの再投下
・公認会計士又は税理士による再投下計画の記載内容の確認
・「地域協議会」による地域の福祉ニーズの反映
・所轄庁による再投下計画の承認
・実績の所轄庁への報告と公表　等

の取組を制度的に講ずることが必要である。また，このような制度が実質的に機能するよう，その運用に当たり，専門性を発揮し，中立公正な立場から牽制機能を働かせることができる体制等を確保する必要がある。

7．行政の役割と関与の在り方

(1) 行政の役割と関与の在り方についての基本的視点

・福祉ニーズが多様化・複雑化する中，高い公益性と非営利性を確保する法人運営が求められることから，所轄庁による指導監督を実効性のあるものとするための制度的な整備が重要である。

・他方，所轄庁による指導監督については，法人の自主性を阻害し，福祉ニーズに柔軟に対応しようとする際の支障となっているとの意見がある。ガバナンスの強化や外部監査の導入による法人の自律性を前提とした指導監督の在り方を実現することが必要である。

・地方分権が進む中，国・都道府県・市等は，相互の連絡調整や支援を行う観点から重層的に関与する仕組みが必要である。また，社会福祉法人の財務や運営に関する情報を，指導監督に活用するほか，都道府県において収集分析の上，サービス利用者や法人経営者の利用に供する等活用する仕組みが必要である。

（2）指導監督の機能強化について

・実効性ある是正措置等を講ずることができるよう，立入検査等に係る必要な権限規定を整備するとともに，経営改善や法令遵守等について柔軟かつ機能的に指導監督することができるよう勧告・公表に係る規定を整備することが必要である。

・法人運営の中で行政が関与すべき範囲を明確にして，以下の要件を満たす法人については，定期監査の実施周期の延長や監査項目の重点化等を行う仕組みを導入することが適当である。

　①社会福祉法人改革に即したガバナンスや運営の透明性の確保，財務規律の確立等に適切に対応している法人

　②財務諸表や現況報告書のほか，会計監査人が作成する会計監査報告書及び「運営協議会」の議事録を提出して，所轄庁による審査の結果，適切な組織運営・会計処理の実施や地域等の意見を踏まえた法人運営が行われている法人

・所轄庁は，会計処理等に係る指導監督や再投下計画の承認等を行うに当たっては，公認会計士など財務・会計に関する専門的な知見を有する者の意見を聴くことなどにより，適切な指導監督等を実施することが適当である。

（3）国・都道府県・市の役割と連携の在り方について

・社会福祉法人の指導監督について，国・都道府県・市それぞれの役割に応じて，連携・支援する仕組みとすべきであり，

　①都道府県においては，広域的な地方公共団体として，管内の市による指導監督を支援する役割

　②国においては，制度を所管し，適正な運用を確保する役割

を担うこととし，そのために必要な連携等に係る規定を整備することが必要である。

・特に，平成25年度に社会福祉法人の指導監督権限が都道府県から市に移譲され，市の職員に，法人の指導監督に必要な会計や福祉に関する専門的な知識が求められていることから，都道府県には広域的な立場で研修を行うなど，市における指導監督を支援する必要がある。また，国においては，指導監督が法定受託事務であることに鑑み，所轄庁全体の指導監督について，指導監督に係る基準の明確化等を徹底する必要がある。

・財務諸表，現況報告書等の財務や運営に関する情報については，所轄庁として法人の指導監督等に活用するほか，

　①都道府県は，広域的な地方公共団体として，管内の法人に係る書類を収集の上，法人規模や地域特性に着目した分析等を行う等により，管内所轄庁の支援，地域住民のサービス利用，法人による経営分析に活用できるようにすること

②国においては，都道府県において収集した情報を基に，全国的なデータベースを構築すること

が必要である。

・法人の広域的な事業展開に対応するため，社会福祉法人の所轄庁による法人監査と当該法人の事業所が所在する区域の行政庁による施設監査との連携を図るために必要な規定を整備することが必要である。

8．その他

・社会福祉法人の合併について，一般財団法人・公益財団法人と同様に，議決機関化した評議員会の議決（特別議決）事項とするとともに，必要な規定を整備することが必要である。

Ⅲ　社会福祉施設職員等退職手当共済制度の見直しについて

1．制度改革の基本的視点

・社会福祉施設職員等退職手当共済制度は，社会福祉施設等に従事する人材を確保し，福祉サービスの安定的供給と質の向上に資することを目的とした制度である。その給付水準などの制度設計については，民間との均衡を考慮しつつ，長期加入に配慮した給付水準など，職員の定着に資するような仕組みとすべきである。

・社会福祉法人と他の経営主体とのイコールフッティングの観点等から，社会福祉法人を対象とした公費助成の在り方を見直すべきとの意見があり，国民に対し説明責任を果たせる制度の在り方を検討する必要がある。

2．給付水準について

・制度創設時は，民間の社会福祉施設職員と公立の社会福祉施設職員の処遇面での均衡を図る観点から，国家公務員退職手当制度と同様の支給水準としていたが，前回の制度改正（平成18年）において，民間との均衡や制度の安定化を図る等の観点から，当面の措置として当時の国家公務員退職手当制度の支給水準から概ね1割引き下げた。

・その後，国家公務員退職手当制度において，民間との均衡を考慮して支給水準の見直しが行われ，平成26年7月から本格施行されており，社会福祉施設職員等退職手当共済制度と比較して長期勤続に配慮した支給乗率になっている。

・社会福祉施設職員等退職手当共済制度の支給水準については，民間との均衡を考慮しつつ，職員の定着に資するよう長期加入に配慮したものとすることが適当であることから，国家公務員退職手当制度に準拠した支給乗率とするとともに，その際，既加入職員の期待利益を保護する観点から，適切な経過措置を講ずることが必要である。

3．合算制度について
・現行制度では，被共済職員である期間が1年以上である場合，退職した日から起算して「2年以内」に，退職手当金を請求しないで再び被共済職員になり，かつ，その者が福祉医療機構に申し出たときは，退職手当額の計算に際し，前後の期間を合算している。
・福祉人材の確保に当たり，社会福祉事業の職場への定着を促進することが重要であるところ，出産，育児，介護その他の事由により退職した職員が，社会福祉事業の職場に復職しやすい環境を整える観点から，合算制度をより利用しやすい仕組みとすることが必要である。
・このため，被共済職員が退職した日から「2年以内」に再び被共済職員になった場合，前後の期間を合算する規定について，現在，中小企業退職金共済制度の通算制度において見直しが検討されている方向性と同様に，期間を「3年以内」に見直すことが適当である。

4．公費助成について
（公費助成に係る見直しの経緯）
・公費助成については，前回改正において，介護保険における民間とのイコールフッティングの観点から，介護保険制度の対象となる高齢者関係の施設・事業については，公費助成が廃止された（経過措置として，既加入者については引き続き公費助成の対象）。
・前回改正を審議した福祉部会の意見書（平成16年12月）においては，「児童・障害等のその他の施設
・事業に係る公費助成については，今回あわせて見直すべきとの指摘もあったが，高齢者関係とは異なり，社会福祉法人がサービスの中核的な担い手となっている現状もあり，また，公費助成の見直しの閣議決定の経緯や，さらには障害者関連施策など制度自体の枠組みの変更が検討されている中で同時に結論を得ることは困難であることなどから，今回は公費助成を維持することとし，その取扱は将来の検討課題とすることが適当である。」とされた。

（見直しの方向）
・障害者総合支援法等に関する施設・事業（児童福祉法に基づく障害児を対象とする事業を含む。以下同じ。）及び保育所については，介護関係施設・事業において公費助成が廃止されていること，他の経営主体とのイコールフッティングの観点などから，以下のとおり，公費助成の在り方を見直すべきである。
　①障害者総合支援法等に関する施設・事業については，前回改正時に公費助成を維持する理由とされた障害者関連施策に係る制度移行が完了したこと等から，前回改正時

の介護関係施設・事業と同様に，既加入者の期待利益に配慮した経過措置を講じた上で，公費助成を廃止する。
②保育所については，
－子ども・子育て支援新制度が平成27年度から本格施行されること
－平成29年度まで待機児童解消加速化プランに取り組むことなどを踏まえ，公費助成の在り方について更に検討を加え，平成29年度までに結論を得ることとする。
③措置施設・事業については，他の経営主体の参入がないこと等から，今回の見直しでは公費助成を維持する。
・社会福祉施設職員等退職手当共済制度は人材確保の上で重要な制度であり，公費助成の見直しに当たっては，事業者の人材確保に影響を及ぼさないよう，公費助成の見直しに伴う法人の掛金負担の増分の影響を，見直し後の報酬等の改定において，適切に報酬等に反映されるようにすべきである。
おわりに
・社会福祉法人に関係する者には，それぞれの立場から，制度改革の趣旨を踏まえ，国民の信頼に応える社会福祉法人の在り方を実現するよう求める。
・特に，社会福祉法人は，その本旨を踏まえ，地域のニーズにきめ細かく対応し，事業を積極的に地域に展開することにより，喫緊の課題となっている地域包括ケアシステムの構築において中心的な役割を果たすことが求められる。
・今後の福祉ニーズの多様化・複雑化を見据えた場合，公的セクターや市場における福祉サービスの供給だけでは，こうしたニーズに十分に対応することは困難である。公益性と非営利性を備えた民間法人である社会福祉法人が，地域のニーズにきめ細かく対応し，それらを充足していくことが重要であるが，効率的・効果的に福祉サービスを供給していく観点から，適切な法人の在り方について，今後議論を深めていくことが重要である。

第 2 章　引用・参考文献
1）大友信勝編著「高齢者施設のルネッサンス－社会福祉事業団に展望はあるか－」KTC中央出版（1996）p.13-15
2）厚生労働省「平成17年版　厚生労働白書」p.44
3）厚生省社会・援護局企画課監修「社会福祉基礎構造改革の実現に向けて」中央法規出版（平成10年9月）p.128-133
4）同上
5）厚生労働省ホームページ報道発表資料「社会福祉基礎構造改革を進めるに当たって（追加意見）」http://www1.mhlw.go.jp/houdou/1012/h1208-1_16.html）
6）「社会福祉小六法　2001年版」ミネルヴァ書房
7）社会福祉士養成講座編集委員会　新・社会福祉士養成講座「福祉サービスの組織と経営」第4版　中央法規出版（2013）p.220
8）厚生労働省社会・援護局障害保健福祉部：今後の保健福祉施策について（改革のグランドデザイン案）（平成16年10月）
9）社会福祉の動向編集委員会「社会福祉の動向　2017」中央法規（2017.1）p.27-30
10）同上

第3章
障害者自立支援法から障害者総合支援法へ

第1節　障害者自立支援法のねらい

　戦後から時が経過するとともに，社会・経済状況も変化し，国民の生活にも変化が生じ，それに伴い福祉ニーズも多様化してきたため，社会福祉に関する施策全般を見直すこととなった。それが社会福祉基礎構造改革である。
　この改革の具現化がいわゆる「措置制度」から「支援費制度」への転換である。支援費制度は2003（平成15）年4月から実施された。しかし実施から1年も経たないうちに，制度維持のための財源の問題や制度の対象となる障害の範囲に関する問題，制度の実施主体である市町村ごとの地域格差の問題などが明らかとなった。こうした問題を解決するとして厚生労働省はさらなる改革案「今後の障害者保健福祉施策（改革のグランドデザイン案）」を発表した。この改革のグランドデザイン案を基にして成立した法律が「障害者自立支援法」である。（第2章第3節参照）

〈参考資料12〉　出典：厚生労働省ホームページ「障害者自立支援法の概要」
　　http://www.mhlw.go.jp/topics/2005/02/tp0214-1a.html当該URLをもとに作成

障害者自立支援法のねらいと概要

I　障害者自立支援法のねらい
1　障害者の福祉サービスを「一元化」
　サービス提供主体を市町村に一元化。障害の種類（身体障害，知的障害，精神障害）にかかわらず障害者の自立支援を目的とした共通の福祉サービスは共通の制度により提供。
2　障害者がもっと「働ける社会」に
　一般就労へ移行することを目的とした事業を創設するなど，働く意欲と能力のある障

害者が企業等で働けるよう，福祉側から支援。
3　地域の限られた社会資源を活用できるよう「規制緩和」
　市町村が地域の実情に応じて障害者福祉に取り組み，障害者が身近なところでサービスが利用できるよう，空き教室や空き店舗の活用も視野に入れて規制を緩和する。
4　公平なサービス利用のための「手続きや基準の透明化，明確化」
　支援の必要度合いに応じてサービスが公平に利用できるよう，利用に関する手続きや基準を透明化，明確化する。
5　増大する福祉サービス等の費用を皆で負担し支え合う仕組みの強化
(1) 利用したサービスの量や所得に応じた「公平な負担」
　障害者が福祉サービス等を利用した場合に，食費等の実費負担や利用したサービスの量等や所得に応じた公平な利用者負担を求める。この場合，適切な経過措置を設ける。
(2) 国の「財政責任の明確化」
　福祉サービス等の費用について，これまで国が補助する仕組みであった在宅サービスも含め，国が義務的に負担する仕組みに改める。

Ⅱ　法の概要
(1) 給付の対象者
・身体障害者，知的障害者，精神障害者，障害児
(2) 給付の内容
・ホームヘルプサービス，ショートステイ，入所施設等の介護給付費及び自立訓練（リハビリ等），就労移行支援等の訓練等給付費（障害福祉サービス）
・心身の障害の状態の軽減を図る等のための自立支援医療（公費負担医療）等
(3) 給付の手続き
・給付を受けるためには，障害者又は障害児の保護者は市町村等に申請を行い，市町村等の支給決定等を受ける必要があること。
・障害福祉サービスの必要性を明らかにするため，市町村に置かれる審査会の審査及び判定に基づき，市町村が行う障害程度区分の認定を受けること。
・障害者等が障害福祉サービスを利用した場合に，市町村はその費用の100分の90を支給すること。（残りは利用者の負担。利用者が負担することとなる額については，所得等に応じて上限を設ける。）
(4) 地域生活支援事業
・市町村又は都道府県が行う障害者等の自立支援のための事業（相談支援，移動支援，日常生活用具，手話通訳等の派遣，地域活動支援等）に関すること。

(5) 障害福祉計画
・国の定める基本指針に即して，市町村及び都道府県は，障害福祉サービスや地域生活支援事業等の提供体制の確保に関する計画（障害福祉計画）を定めること。
(6) 費用負担
・市町村は，市町村の行う自立支援給付の支給に要する費用を支弁すること。
・都道府県は，市町村の行う自立支援給付の支給に要する費用の四分の一を負担すること。
・国は，市町村の行う自立支援給付の支給に要する費用の二分の一を負担すること。
・その他地域生活支援事業に要する費用に対する補助に関する事項等を定めること。
(7) その他
・附則において施行後三年を目途として障害者等の範囲を含めた検討を行う規定を設ける。
・附則において就労の支援を含めた障害者等の所得の確保に係る施策の在り方について検討を行う規定を設ける。
・附則において利用者負担を含む経過措置を設ける。
・附則において精神保健福祉法をはじめとする関係法律について所要の改正を行う。

Ⅲ 施行期日
〇新たな利用手続き，在宅福祉サービスに係る国等の負担（義務的負担化）に関する事項，福祉サービスや公費負担医療の利用者負担の見直しに関する事項等　平成18年4月1日
〇新たな施設・事業体系への移行に関する事項等　平成18年10月1日

　以上が障害者自立支援法のねらいと法の概要であるが，この法のねらいとしている内容が，そのまま支援費制度からの変更ポイントということになる。

第2節　障害者自立支援法をめぐる問題

　障害者自立支援法は，支援費制度における問題を解決するために制定されたわけであるが，法の制定当初から問題点が指摘された。
　2008（平成20）年9月には「障害者自立支援法訴訟全国弁護団」が結成され，翌月には「自立支援法は違憲」とする訴えが，全国各地で一斉に裁判所に提起された。何が問題で国を相手の訴訟となったかが重要な点である。特に大きな問題となったのは，改革のグランドデザイン案の「公平な費用負担」ということが，福祉サービスの利用者にとっては「障害福祉サービス利用料の原則1割負担及び食費や光熱水費の実費負担」という規定になり，サービスを提供する事業者にとっては「サービス報酬の単価切り下げと日額制」が導入されたことである。そしてこれまでのサービス体系が大きく改変されたことなどから，サービスの利用者側からも，サービスの提供者側からも問題が提起された。
　例えば，サービス利用料の原則1割の定率負担については，従来からの応能負担（利用者世帯の所得に応じて負担）から定率負担（利用者が受けたサービスの量に応じて原則1割を負担）に変わったことで，障害の程度が重度であるほどその負担額が増加することが問題となった。
　当初は「定率負担」ではなく「応益負担」という言葉で示されていたため，あたりまえの生活に必要なサービスを受けることが「益」なのかというようなことが問題にされた。
　サービスを提供する事業者にとっては，サービス報酬の単価切り下げと日額制の導入によって，その日その日のサービスの利用状況によって得る報酬額が左右されることになった。そのため，サービスの利用状況に即して日々の職員配置を自在に変更することや施設設備の機能を拡大・縮小することなど容易にできるはずもなく，経営困難を招くこととなった。
　サービスの必要性を明確にするということでは，障害の程度を6段階に区分

し，認定する「障害程度区分」の審査・判定に関することも問題となった。

障害者自立支援法をめぐる問題の概略は以下のようなことである。

①障害者福祉に関する施策の一元化について

　障害種別（身体障害・知的障害・精神障害）にかかわらず必要なサービスの利用をしやすくするために，身近な市町村が責任をもって一元的にサービスを提供する仕組みにするという考え方はよいが，障害の内容は同質・一様ではない。一元的にサービスを提供できる仕組みにするには，多様な障害内容やその程度状態，ニーズ等に対応できるような高度に優れた基盤整備ができていなければならない。それが不十分なまま施策を一元化するとしたところに問題がある。また障害者施策の一元化と障害種別の一元化とを混同しているところにも問題がある。

　障害者自立支援法により，障害福祉サービスの利用は従来よりもむしろ煩雑でわかりにくく，利用しにくいものとなった。

②就労支援について

　障害者がもっと働ける社会を目指し，就労支援を強化するとして支援サービスのなかに「就労移行支援」「就労継続支援」という新たな就労支援事業が創設された。就労移行支援事業とは，一般就労（企業等への就労，在宅就労，起業）を希望し，職場への就労が見込まれる65歳未満の障害者を対象に，通所により，一定期間（標準期間24か月内で利用期間を設定），生産活動やその他の活動の機会を提供することにより，就労に必要な知識及び能力の向上のために必要な訓練，求職活動に関する支援，適性に応じた職場の開拓等の支援を行う。

　就労継続支援事業には，A型（雇用型）とB型（非雇用型）がある。

　就労継続支援事業A型（雇用型）は，就労機会の提供を通じ，生産活動にかかる知識・能力の向上を図ることにより，雇用契約に基づく就労が可能な65歳未満（支援の利用開始時の年齢）の障害者を対象に，通所により，雇用契約に基づく就労の機会を提供するとともに，一般就労に必要な知識・能力が高まった者に対しては一般就労への移行に向けた支援を行う。利用期限はない。

就労継続支援事業Ｂ型（非雇用型）は，就労移行支援事業を利用したが一般企業等への雇用に結びつかない，あるいは一定年齢（50歳）に達した障害者を対象に，通所により，就労や生産活動の機会を提供（雇用契約は結ばない）するとともに一般就労に必要な知識・能力が高まった者に対して一般就労への移行支援を行う。利用期限はない。このＢ型事業所では雇用契約は結ばないが，工賃が支払われる。平均工賃が月額3,000円程度を上回ることがＢ型事業者指定の要件となっている。[1] 厚生労働省の調査資料によれば，1人当たりの工賃の月額の現状は1万5千円前後位が平均的のようである。

　障害者がもっと働けるようにということで，一般の企業等への就労に向けての支援自体はよい。しかしそもそも一般的な就労や自立というところに困難を抱えているからこそ福祉サービスとしての支援を求めているわけであり，就労移行支援により一般企業等へ就労移行できればよいが，実際的にはそれがむずかしいということは当然あり得る。また支援によって就労できたとしても，そこに定着できるとは限らないわけである。

　障害者の働く権利を保障するというのであれば，一般的な就労概念に固執しない，従来からのいわゆる「福祉的就労」の考え方も大切である。そうした就労の場の整備，充実を図るという支援こそがもっと必要である。小規模作業所といわれる作業所等が急増してきた理由もそこにあったといってよい。

　なおＡ型事業所は障害者の働く場としての助成金も出るが，その事業経営はだいたいが厳しい状況にあり，経営に行き詰まって閉鎖される事業所も相次いでいるという報道もある（2017年10月2日　朝日新聞）。

③「障害程度区分」の導入について

　公平なサービス利用のために手続きや基準を透明化，明確化するということで，「障害程度区分」を設け，どの区分に該当するかを認定するための審査・判定を行う「審査会」が各市町村に設置された。

　障害程度区分とは，障害者がサービスを利用する場合，そのサービスの必要性の程度を明らかにするための審査・判定をし，その程度を6段階に区分して

認定するものである。しかしこの審査・判定には，介護保険制度の要介護認定の調査で用いられる79項目と自閉症や精神障害の行動特徴を把握する27項目を加えた全国共通の106項目の調査項目が使用されたため，障害者の実情には合わないという問題が生じ，障害当事者側からだけでなく，サービスを提供する事業者側からも不評の出る事態となった。

さらに審査判定に伴う問題として，同じ障害程度区分であっても，皆が皆，同じサービス内容を必要とするとは限らないということについての認識を欠いていたため，障害程度区分の認定結果によっては利用するサービスの内容や利用期間などが制限されてしまうことになり，それは利用者本位のサービスということにはならないことになる。

そもそも介護保険制度の要介護認定に用いる調査項目をベースにした障害程度区分の認定は，質の違うものを同じ尺度で測るということであり，そこに無理がある。高齢者の介護と障害者の支援は重なる部分があるにしても，質的には異なるものであるという理解認識を欠いている。障害程度区分導入の検討段階において関わった専門家からはそうした意見は出なかったのであろうか。また効率的・効果的なサービス利用を促進するには，サービスの提供期間をある程度定めてサービス内容を見直す必要はあるが，利用者本位の障害福祉サービスという観点からすれば，支援する側の判断で障害の程度を区分し，そこに当てはめてサービスの利用制限をするのは障害当事者のニーズに反し，障害者の生活を支援するといいながらその生活権を奪うことになる。

自由に選べるサービスがあり，支援の継続があってこそ，ニーズに即した生活権が確保されるという認識を欠いたところに問題がある。

④安定的な財源の確保について

支援費制度による国及び地方自治体の費用負担の仕組みでは，サービスの利用が増え続けることから，支援費制度を見直すとして，厚生労働省は財源確保のために障害者の支援制度における公費負担方式を社会保険方式へと転換するため，介護保険制度との統合を図ったようであるが，障害関係団体や保険料の

事業者負担の増大を懸念した財界の反対等で見送りとなった経緯がある。その結果，公費負担を継続しつつ，介護保険制度と同様の利用者負担が採用され，それがサービスの利用者に利用料の原則1割を「応益負担」として求めるとともに，食費や光熱水費も実費負担となったわけである。[2]

利用料の原則1割の応益負担については，負担の上限額を定め，個別減免などの軽減策は講じられたものの，負担のためにサービスの利用をあきらめたり，施設で支援を受けながら働いて得る工賃収入よりも施設利用料の負担額のほうが多くなったりして，働く意欲や生活の張り合いを失い，就労や自立支援につながるどころか法の趣旨に反するような事態が生じることとなった。

障害当事者等からは，「応益負担」について，あたりまえの生活をするために利用するサービスがなぜ「益」なのか，ということが問題にされた。それは「障害者自立支援法は憲法違反」とする障害当事者及び関係団体等による大規模な抗議へと発展した。

サービスを提供する事業者にとっては，サービス報酬の単価切り下げと，報酬の受け取り額が月額制から日額制に変更され，サービスの利用があった日数分の報酬額しか受け取れなくなった。そのため利用者に安定したよりよいサービスを提供するための職員の適正配置がむずかしくなるなど困難な事業経営を強いられることとなった。

法律や制度は時代的背景とは無縁ではない。悪法とされた，この障害者自立支援法であるが，その最大の意義は，法律の施行によってこれまでの障害者福祉に関する見方や考え方，取り組み方を根本的なところから見直す機会が設定されたということである。障害者自立支援法が成立，施行された背景には，障害者の自立支援や就労支援に関する施策がそれまで講じられてきたにもかかわらず期待通りの効果が上がらなかったということと支援に要する財源の確保の問題があった。

障害者の自立支援や就労支援の前提として大切なことは，「障害」「自立」

「就労」について具体的にどのように考えるかということがある。その点をなおざりにしたまま「支援」を強調したとしても，肝心な支援の目標や方法が明確にかつ具体的に定まらないままということになる。そこに根本的な問題がある。これまでの自立支援や就労支援に関する考え方は障害当事者によるものというよりも，障害のない人々の価値観や評価基準に基づくものであり，障害当事者の考えであったとしても，それは比較的理解の得られやすい身体障害を中心にした考え方である。そのため知的障害や精神障害，発達障害などのことは反映されにくかったといってよい。一般の人々が「障害」について理解するような機会自体が少なかったということもある。

"障害のある人もない人も共によく生きよう"というのであれば，共によく生きるためには，互いの存在関係が無理なく理解し合えるような関係でなければならない。障害の有無に関係なく人は人であり，同じ人として生きる権利を同等に有するわけであるが，そこには人それぞれの価値観や人生観を伴う問題が介在する。その点を踏まえた上で，互いにどのように理解し合い，納得し合い，認め合うことができるかどうかというところの問題がある。そもそも一般的な価値観や評価基準，人間関係が通用しにくい問題を抱えている状態が障害を有するということである。

障害のある人とない人が互いに理解し合うことができなければお互いに無理が生じ，その関係はむずかしいということになる。そのむずかしさの度合いこそが障害の内容やその程度や状態に関係する。そうした点を一般的な価値評価や一般的な人間関係を基準とする自立支援，就労支援で解決しようとしても無理がある。知的障害や発達障害の状態やその程度によっては，そうした無理を抱えたままの状況が続いてきたといってよい。

障害の多様性についての具体的な理解認識が不十分なまま，「障害のある人もない人も共に」ということを強調する響きのよい標語が掲げられ，実態が伴わない状況が続いてきたともいえる。そうしたことを打開するための活動がともすると過激になりやすいということにも注意を要する。なぜならそれは本来

の人権の尊重や平等ということとは遊離した支援活動になりがちだからである。それは周囲が問題の本質をよく理解しないまま表面的なところだけを受け止め，同調し，エスカレートしやすいということでもある。

障害があるから無理だというよりも，無理があるから障害があるという考え方や視点が障害者の支援においては大切である。障害の特質をすべて承知した上で，どのように共に生きるか（生きられるか）を具体的に考えるということでなければ，共に生きるという支援にはならないであろうし，障害（者）問題の根本的な解決にはなりえない。

どのように素晴らしい法律や制度を設けたとしても，確かな理念と財政的な明確な裏づけがなければ単に絵に描いた餅すぎない。

支援費制度の問題を改めるとして自立支援法による制度へと移行したはずが，障害者福祉の理念と財源確保の問題の整合性を図ろうとすればするほど，障害者のニーズとは遊離した，わかりにくい，煩雑で複雑怪奇な法制度になってしまった。障害者自立支援法の施行は憲法に違反するとした訴訟で，和解のために国と訴訟の原告団・弁護団が取り交わした「基本合意文書」と原告団から出された「要望書」は，障害者自立支援法の問題点を考える上で重要である。

〈参考資料13〉 出典：厚生労働省ホームページ「障害者自立支援法違憲訴訟に係る基本合意について」
http://www.mhlw.go.jp/bunya/shougaihoken/jiritsushienhou/2010/01/dl/100107-1b.pdf
当該URLをもとに作成

障害者自立支援法違憲訴訟原告団・弁護団と国（厚生労働省）との基本合意文書

平成22年1月7日

　障害者自立支援法違憲訴訟の原告ら71名は，国（厚生労働省）による話し合い解決の呼びかけに応じ，これまで協議を重ねてきたが，今般，本訴訟を提起した目的・意義に照らし，国（厚生労働省）がその趣旨を理解し，今後の障害福祉施策を，障害のある当事者が社会の対等な一員として安心して暮らすことのできるものとするために最善を尽くすことを約束したため，次のとおり，国（厚生労働省）と本基本合意に至ったものである。

一　障害者自立支援法廃止の確約と新法の制定
　　国（厚生労働省）は，速やかに応益負担（定率負担）制度を廃止し，遅くとも平成25年8月までに，障害者自立支援法を廃止し新たな総合的な福祉法制を実施する。そこにおいては，障害福祉施策の充実が，憲法等に基づく障害者の基本的人権の行使を支援するものであることを基本とする。
二　障害者自立支援法制定の総括と反省
1　国（厚生労働省）は，憲法第13条，第14条，第25条，ノーマライゼーションの理念等に基づき，違憲訴訟を提訴した原告らの思いに共感し，これを真摯に受け止める。
2　国（厚生労働省）は，障害者自立支援法を，立法過程において十分な実態調査の実施や，障害者の意見を十分に踏まえることなく，拙速に制度を施行するとともに，応益負担（定率負担）の導入等を行ったことにより，障害者，家族，関係者に対する多大な混乱と生活への悪影響を招き，障害者の人間としての尊厳を深く傷つけたことに対し，原告らをはじめとする障害者及びその家族に心から反省の意を表明するとともに，この反省を踏まえ，今後の施策の立案・実施に当たる。
3　今後の新たな障害者制度全般の改革のため，障害者を中心とした「障がい者制度改革推進本部」を速やかに設置し，そこにおいて新たな総合的福祉制度を策定することとしたことを，原告らは評価するとともに，新たな総合的福祉制度を制定するに当たって，国（厚生労働省）は，今後推進本部において，上記の反省に立ち，原告団・弁護団提出の本日付要望書を考慮の上，障害者の参画の下に十分な議論を行う。
三　新法制定に当たっての論点
　　原告団・弁護団からは，利用者負担のあり方等に関して，以下の指摘がされた。
①支援費制度の時点及び現在の障害者自立支援法の軽減措置が講じられた時点の負担額を上回らないこと。
②少なくとも市町村民税非課税世帯には利用者負担をさせないこと。
③収入認定は，配偶者を含む家族の収入を除外し，障害児者本人だけで認定すること。
④介護保険優先原則（障害者自立支援法第7条）を廃止し，障害の特性を配慮した選択制等の導入をはかること。
⑤実費負担については，厚生労働省実施の「障害者自立支援法の施行前後における利用者の負担等に係る実態調査結果について」（平成21年11月26日公表）の結果を踏まえ，早急に見直すこと。
⑥どんなに重い障害を持っていても障害者が安心して暮らせる支給量を保障し，個々の支援の必要性に即した決定がなされるように，支給決定の過程に障害者が参画する協議

の場を設置するなど，その意向が十分に反映される制度とすること。そのために国庫負担基準制度，障害程度区分制度の廃止を含めた抜本的な検討を行うこと。

　国（厚生労働省）は，「障がい者制度改革推進本部」の下に設置された「障がい者制度改革推進会議」や「部会」における新たな福祉制度の構築に当たっては，現行の介護保険制度との統合を前提とはせず，上記に示した本訴訟における原告らから指摘された障害者自立支援法の問題点を踏まえ，次の事項について，障害者の現在の生活実態やニーズなどに十分配慮した上で，権利条約の批准に向けた障害者の権利に関する議論や，「障害者自立支援法の施行前後における利用者の負担等に係る実態調査結果について」（平成21年11月26日公表）の結果も考慮し，しっかり検討を行い，対応していく。

　①利用者負担のあり方
　②支給決定のあり方
　③報酬支払い方式
　④制度の谷間のない「障害」の範囲
　⑤権利条約批准の実現のための国内法整備と同権利条約批准
　⑥障害関係予算の国際水準に見合う額への増額

四　利用者負担における当面の措置

　国（厚生労働省）は，障害者自立支援法廃止までの間，応益負担（定率負担）制度の速やかな廃止のため，平成22年4月から，低所得（市町村民税非課税）の障害者及び障害児の保護者につき，障害者自立支援法及び児童福祉法による障害福祉サービス及び補装具に係る利用者負担を無料とする措置を講じる。なお，自立支援医療に係る利用者負担の措置については，当面の重要な課題とする。

五　履行確保のための検証

　以上の基本合意につき，今後の適正な履行状況等の確認のため，原告団・弁護団と国（厚生労働省）との定期協議を実施する。

要望書

内閣総理大臣　鳩山由紀夫　殿
厚生労働大臣　長妻　昭　殿

障害者自立支援法訴訟団
2010年1月7日

　私たち原告は，生きるために必要不可欠な支援を「益」とみなし「障害」を自己責任とする仕組みを導入する障害者自立支援法（以下「自立支援法」）等を廃止させるため

訴訟を提起しました。

　国は自立支援法の廃止を約束し，訴訟における私たちの主張を今後の障害福祉施策に生かすことを約束し，私たちと基本合意を締結しましたが，同基本合意文書に明記した事項に付随する障害福祉施策における課題は多く存在します。

　次に挙げる広い意味で本訴訟に関連する課題について，国として議論を尽くし，責任をもってその解決のため万全を尽くしていただくよう，私たちは強く求めます。

1　障害福祉制度の根本問題

（1）契約制度のもつ根本的問題の解消

　契約制度について，次のような批判があります。「公的責任が後退した」，「契約にたどり着く前に福祉から排除される」，「利用料の滞納により支援を打ち切られる」，「協働関係に立つべき福祉事業所と利用者に対立構造をもたらした」，「福祉が商品化した」。このような障害者の声に耳を傾け，障害者の権利行使としての公的支援制度を構築し，福祉を市場原理に委ねる「商品」と考えず，人権としての福祉はあくまで公的責任で実施されるという理念に立つ根本的な制度改革を望みます。

（2）介護保険優先原則（障害者自立支援法第第7条）の廃止に向けた抜本的見直し

　障害福祉施策において応益負担を廃止しても障害者が65歳になると介護保険により1割負担を強いられる矛盾を国は直視し，介護保険優先原則（障害者自立支援法第7条）及び厚生労働省社会・援護局障害保健福祉部企画課長，障害福祉課長通知「障害者自立支援法に基づく自立支援給付と介護保険制度との適用関係等について」（平成19年3月28日）（障企発第0328002号・障障発第0328002号）における

「①優先される介護保険サービス

　自立支援給付に優先する介護保険法の規定による保険給付は，介護給付，予防給付及び市町村特別給付とされている(障害者自立支援法施行令（平成18年政令第10号）第2条)。したがって，これらの給付対象となる介護保険サービスが利用できる場合は,当該介護保険サービスの利用が優先される」との規定を廃止して下さい。

（3）扶養義務の見直し

　障害者支援は公的責任で行なわれるべきであり,家族責任を強いてはなりません。民法の扶養義務を根拠に障害児者支援のための費用を家族に負担させる制度の根本的な制度改革を実施して下さい。

（4）障害者福祉の社会資源の充実,基盤整備

　障害福祉事業は報酬単価が低廉であり，全国各地において，事業所，有資格ヘルパー等が著しく不足しており，結果として,障害福祉施策を利用できない障害者が多数存在

します。

　「サービス契約」方式が許されるのは，国が憲法に基づくナショナルミニマム保障義務として，全国で社会基盤整備を尽くすことが前提です。

　障害福祉施策を利用できない障害者が生まれないように，事業者，ヘルパー等の基盤整備を尽くしてください。

（5）障害者の所得保障

　障害者が地域社会で当たり前に生きていけるように，障害基礎年金の増額や手当の給付など所得保障制度を確立してください。

（6）社会参加支援の充実

　乳幼児や学齢期の障害児の支援，働く障害者への支援，障害者の子育て支援，障害児を持った親の支援など，すべてのライフステージのニーズに即した社会参加に制限のない支援を充実してください。

（7）障害者のニーズにあった補装具支給制度の抜本的見直し

　障害者の日常生活・社会生活支援のための補装具につき，必要性や規格の認定，支給額の決定などについて，各障害者のニーズにふさわしいものとなるように，現在の認定制度や基準を抜本的に見直すこと。

2　利用者負担の問題

（1）障害福祉施策は人権保障として実施されるべきことに鑑みれば，障害があることを理由とする利用者負担をするべきではありません。

　現状を前提としては，緊急に非課税世帯での無償化が実施されることとともに，課税世帯においても，法の下の平等に反しない利用者負担が緊急に検討されるべきです。

　また，利用者負担について，次の要望をします。

・自立支援医療，補そう具の自己負担について，無償として下さい。

・子どもの権利条約第23条第3項に基づき，障害児の支援は無償として下さい。

・児童福祉法における応益負担を直ちに廃止してください。

・「働きに行くのになぜ利用料を取られるのか」との声を真摯に受け止め，就労支援施策においては無償として下さい。

（2）収入認定の見直し

　「利用者負担」の収入認定において，障害者年金，障害者手当等，就労，就労支援による所得，工賃等は全て除外して下さい。

3 緊急課題

（1）実費自己負担の廃止

厚生労働省が新政権下において2009年11月に実施した実態調査でも，自立支援法導入に伴い「食費・光熱水費」等の実費の負担が障害者の生活を苦しめた事実が確認できます。

新法制定においてはもちろん，新法制定前の政省令改正等の暫定措置により，「食費，人件費等のホテルコスト」名目の自立支援法の福祉施設及び児童福祉法に基づく障害児者施設での実費自己負担を緊急に廃止して下さい。

（2）報酬支払い

自立支援法の日払い制度が福祉を破壊したとの原告らの声を真摯に受け止め，事業所報酬の支払いを原則月払いに早急に戻してください。

（3）就労移行支援の期限の廃止

就労移行支援が２年間の期限付き支援であるため，期間内に就労出来なかった利用者の行き場がない現実があり，「自立」を阻害しています。直ちに就労移行支援の期限を撤廃してください。

（4）地域生活支援事業の地域間格差の解消

地域生活支援事業は，自立支援法上，市町村・都道府県が行うものとされているため，事業の質，量，負担の程度について，大きな地域間格差があるのが実情です。この地域間格差を解消し，自己負担を廃止するために，根本的な制度的・財政的な改革を行ってください。

4 当事者参加と検証

（1）利用者負担を理由に退所していった利用者の実態調査

厚生労働省の2007年2月21日公表の自立支援法の利用者負担により退所，利用抑制を強いられた人の調査結果があります。その結果によれば，利用者負担を理由に退所した人が1625名認められるにも関わらず，これについて何らの救済をしていないことは国が非難されて然るべきことです。

これらの人の実態調査をすみやかに行い，必要な支援を行い，その権利と生活の安定を復活させてください。

（2）新法制定過程の障害当事者の参画

新法制定過程の障害当事者の参画においては，障害当事者はもちろんのこと，最重度の障害者など意向を表現することが難しい人についても，その意向を反映できる関係者が参画することを望みます。

(3) 新法制定過程での私たちの参画

「障がい者制度改革推進本部改革推進会議」の下の自立支援法に替わる総合的な法制度を議論するための「専門部会」に私たち訴訟団が推薦する者を選任して下さい。

(4) 検証会議の立ち上げ

自立支援法に関し「なぜ誤った法律が制定されたのか」を調査，確認するための「検証会議」を設けて真相を解明して下さい。二度と同じ過ちを繰り返さないために不可欠です。

以上

なお，「障害者自立支援法訴訟団」とは ①原告団 ②弁護団 ③「障害者自立支援法訴訟の勝利を目指す会」の3者で構成されます。

①は，障害者自立支援法違憲訴訟を福岡，広島，岡山，神戸，京都，大阪，和歌山，奈良，滋賀，名古屋，東京，さいたま，盛岡，旭川の14地方裁判所に提起している原告70名（厳密には東京地裁での損害賠償請求訴訟を提起している障害児の父親1名を加えると71名）を指します。

②は，上記訴訟の原告訴訟代理人団170余名です。

③は，訴訟支援団体であり，詳細はHP「http://www.normanet.ne.jp/~ictjd/suit」にて公開しております。

第3節　自立支援法から総合支援法へ

「障害者自立支援法の施行は憲法違反」とする障害者等による国を相手の訴訟については，2008（平成20）年9月に「障害者自立支援法訴訟全国弁護団」が結成され，翌10月に，全国各地で一斉に裁判所に訴えが出された。

2009（平成21）年3月には，福祉サービスの利用に1割の自己負担を課す原則などを改正するための「障害者自立支援法の一部を改正する法案（障害者自立支援法改正法案）」が国会に提出されたが，衆議院の解散で廃案となる。同年8月の衆議院選挙の結果，自由民主党・公明党の連立政権から自立支援法廃止を政策に掲げた民主党・社会民主党・国民新党の連立政権へと政権が交代した。新政権は必要な制度改革を行うためとして，平成21年12月，閣議決定によ

り，「障がい者制度改革推進本部」(「障がい者」の表記は障害当事者等の意見に配慮したものである。)を内閣に設置した。

　こうしたこともあって，障害者自立支援法違憲訴訟は2010（平成22）年1月に，厚生労働省と原告団・弁護団との間で「基本合意」が締結され，和解が成立した。

　「基本合意」では，「速やかに応益負担制度を廃止し，遅くとも平成25年8月までに自立支援法を廃止し，新たな法律を実施する」「障害者の意見を十分に踏まえず拙速に立法・施行した反省に立ち，新法の制定には障害者の参画のもとで十分に議論する」などとする反省の表明とともに，自立支援法の廃止が明言された。そして内閣の「障がい者制度改革推進本部」の下に障害当事者の参加により構成される「障がい者制度改革推進会議」が設置され，そこでの総合福祉部会で新たな法律制定の実現に向けた議論が進められることになった。[3]

　ところが厚生労働省は，2010（平成22）年3月4日に開いた障害保健福祉関係主管課長会議において平成22年度の事業執行方針として，障害者自立支援法に基づく事業体系への移行を促進するよう都道府県に対して要請した。このことは，廃止にする法律の問題点を放置したまま廃止する法律による事業体系への移行を促進するというのはどういうことかと議論を呼んだ。

　また廃案となった自立支援法改正法案が，2010（平成22）年4月に再度提出され，衆議院本会議で採択されて，参議院での可決・成立を待つばかりであったが，当時の首相の退陣表明で，国会が閉会となり審議未了でまたもや廃案となる。その一方で，政府は，「障がい者制度改革推進会議」での議論を踏まえた「障害者制度改革の推進のための基本的な方向について」を2010（平成22）年6月29日に閣議決定し，自立支援法は廃止し，「障害者総合支援法」（仮称）の法案を平成24年に国会に提出し，平成25年8月までに実施することを基本的な方向として位置づけた。

　2010（平成22）年11月には再々度，自立支援法改正法案が提出され，12月3日に成立した。法律名は「障害者制度改革推進本部における検討を踏まえて障

害者福祉施策を見直すまでの間において障害者等の地域生活を支援するための関係法律の整備に関する法律」という長い名称であるが，平成24年4月1日に施行された。この法律は，平成25年8月までに廃止される障害者自立支援法に代わる新しい法律が制定されるまでをつなぐ法律として位置づけられるもので，抜本的な見直しではないが，取り敢えず必要な法改正を行うというものである。

〈参考資料14〉 出典：厚生労働省ホームページ「障害者自立支援法のサービスの利用について 平成24年4月版」http://www.mhlw.go.jp/bunya/shougaihoken/b_shien/pamphlet.html
当該ページのURLをもとに作成

障害者自立支援法改正法のポイント

はじめに

　障害保健福祉施策は，平成15年度からノーマライゼーションの理念に基づいて導入された支援費制度により，充実が図られました。しかし，次のような問題点が指摘されていました。
(1) 身体障害・知的障害・精神障害（発達障害を含む）といった障害種別ごとに縦割りでサービスが提供されており，施設・事業体系がわかりにくく使いにくいこと。
(2) サービスの提供体制が不十分な地方自治体も多く，必要とする人々すべてにサービスが行き届いていない（地方自治体間の格差が大きい）こと。
(3) 支援費制度における国と地方自治体の費用負担のルールでは，増え続けるサービス利用のための財源を確保することが困難であること。
　こうした制度上の課題を解決するとともに，障害のある人々が利用できるサービスを充実し，いっそうの推進を図るために，障害者自立支援法が制定されました。
　その後，障害者制度改革推進本部等における検討を踏まえて，障害保健福祉施策を見直すまでの間において，障害児（者）の地域生活を支援するため改正され，平成24年4月1日に施行されました。
1　趣旨の明確化
　障害者制度改革推進本部等の検討を踏まえて障害保健福祉施策を見直すまでの間における障害者等の地域生活支援のための法改正であることが明記された。
2　利用者負担の見直し
　(1)利用者負担について応能負担を原則とする

(2) 障害福祉サービスと補装具の利用者負担を合算し，負担を軽減
3　障害者の範囲の見直し
　発達障害が障害者自立支援法の対象となることを明確化
4　相談支援の充実
　(1) 相談支援体制を強化
　(2) 支給決定プロセスを見直した
5　障害児支援の強化
　(1) 児童福祉法を基本として，身近な地域での支援を充実
　(2) 放課後等デイサービス，保育所等訪問支援の制度を創設
　(3) 在園期間の延長措置を見直し，18歳以上の入所者は自立支援法で対応
6　地域における自立した生活のための支援の充実
　(1) グループホーム，ケアホーム利用の際の助成を創設
　(2) 重度の視覚障害者の移動を支援する同行援護サービスを創設し，個別給付化
7　その他
　(1) 成年後見制度利用支援事業を必須事業に位置付けた
　(2) 児童デイサービスに関する利用年齢の特例を設けた
　(3) 事業者の業務管理体制を整備
　(4) 精神科救急医療体制の整備等をすすめた
　(5) 難病等に対する支援・障害者等に対する移動についての検討

　以上が，障害者自立支援法改正法のポイントである。この改正で，「発達障害」も法の対象であることを明確にした。法の対象となる障害者の範囲に「発達障害」を加えるということであれば，2005（平成17）年4月1日から施行された「発達障害者支援法」との関係性・整合性という点がわかりにくい。また発達障害も法の対象にするということは，「障害種別にかかわらず必要なサービスを利用しやすくするために身近な市町村が責任をもって一元的にサービスを提供する仕組みにする」という法の趣旨と，サービス利用者に対する障害程度区分の認定問題に大きく関係することになる。

　障害種別に関係なく一元的にサービスを提供するためには多様な障害の内容やその程度状態とそのニーズに対応できるような基盤整備が必要であるし，障

害程度区分の審査判定が，介護保険制度の要介護認定に用いる調査項目をベースにしたやり方のままでは解決にはならないということになる。

一方，2011（平成23）年8月30日に，障がい者制度改革推進会議総合福祉部会の構成員の合意によりまとめられた新しい法律制定に向けた提言「障害者総合福祉法の骨格に関する総合福祉部会の提言 －新法の制定を目指して－ 」が，翌月の9月5日に公表された。この提言をまとめるにあたっては，2006（平成18）年に国連が採択した障害者の権利条約と，2010（平成22）年1月に国（厚生労働省）と障害者自立支援法訴訟原告ら（71名）との間で結ばれた基本合意文書の2つの文書を指針に検討作業を行ってきたということである。そして新しい法律の骨格に関する6つのことを提言している。[4]

①障害のない市民との平等と公平

障害は誰にでも起こり得るという前提に立ち，障害があっても市民として尊重され，誇りを持って社会に参加するためには，平等性と公平性の確保が何よりの条件となる。

②障害の種別間の谷間や制度間の空白の解消

障害の種類によっては障害者福祉施策を受けられない。制度間の空白は，学齢期での学校生活，卒業後と就労，退院後と地域での生活，働く場と住まい，家庭，消費生活など，いろいろな場面で発生している。

③障害種別間や地方自治体間の格差の是正

住まいや働く場，人による支えなどの環境は，地方自治体の財政事情などによって，質量ともに異なっている。障害種別間の制度水準にも隔たりがある。どこに暮らしを築いても一定の水準の支援を受けられるよう，地方自治体間の限度を超え合理性を欠くような格差の是正。

④放置できない社会問題の解決

公的サービスの一定の広がりにもかかわらず障害者への介助の大部分を家族に依存している状況が続いている。これらを解決するために地域での支援体制を確立するとともに，効果的な地域移行プログラムを実施。

⑤本人のニーズにあった支援サービス

　障害の種類や程度，年齢，性別等によって個々のニーズや支援の水準は一様ではない。個々の障害とニーズが尊重されるような新たな支援サービスの決定システムを開発し，本人の希望や意思が表明でき，それが尊重される仕組みとする。

⑥安定した予算の確保

　制度を実質化させていくためには財政面の裏打ちが絶対的な条件。国・地方の財政状況はきわめて深刻であるため，障害者福祉予算を確保するためには，給付・負担の透明性，納得性，優先順位を明らかにしながら，財源確保について広く国民からの共感を得ることは不可欠。

　こうした新たな法律に対する提言が公表されるなどして，2012（平成24）年2月7日に厚生労働省より，新法の原案が示された。ところが示された内容は，法の一部を見直し，法律名を「障害者総合支援法」に変更し，抜本的見直しは先送りにするものであり，新しい法律案というよりも法の改正案でしかなく，新法に関する骨格提言を尊重したものでもないという批判を招いた。

　しかし厚生労働省は，障害者施策を段階的に講じるためとして，法の施行後3年を目途に検討するという5項目の検討規定を盛り込むなどの一部修正を加えた法案「地域社会における共生の実現に向けて　新たな障害保健福祉施策を講ずるための関係法律の整備に関する法律」を平成24年3月13日に国会に提出し，平成24年6月20日成立，同年6月27日公布，一部を除き平成25年4月施行となった。これにより，障害者自立支援法の名称は「障害者総合支援法」に改称され，厚生労働省は，障害者施策を段階的に講じるため，法の施行後3年を目途に検討を行うことと規定された5項目の内容の論点整理をするためのワーキンググループを平成26年12月15日に立ち上げ，平成27年4月をめどに論点を整理し，それを基に社会保障審議会障害者部会で議論するとした。

〈参考資料15〉 出典：厚生労働省ホームページ「障害者総合支援法が施行されました」
http://www.mhlw.go.jp/seisakunitsuite/bunya/hukushi_kaigo/shougaishahukushi/sougoushien/dl/
sougoushien-01.pdf　当該URLをもとに筆者が作成

地域社会における共生の実現に向けて
新たな障害保健福祉施策を講ずるための関係法律の整備に関する法律の概要
（平成24年6月20日 成立・同年6月27日 公布）

1．趣旨
　障がい者制度改革推進本部等における検討を踏まえて，地域社会における共生の実現に向けて，障害福祉サービスの充実等障害者の日常生活及び社会生活を総合的に支援するため，新たな障害保健福祉施策を講ずるものとする。

2．概要
１．題名
　「障害者自立支援法」を「障害者の日常生活及び社会生活を総合的に支援するための法律（障害者総合支援法）」とする。
２．基本理念
　法に基づく日常生活・社会生活の支援が，共生社会を実現するため，社会参加の機会の確保及び地域社会における共生，社会的障壁の除去に資するよう，総合的かつ計画的に行われることを法律の基本理念として新たに掲げる。
３．障害者の範囲（障害児の範囲も同様に対応。）
　「制度の谷間」を埋めるべく，障害者の範囲に難病等を加える。
４．障害支援区分の創設
　「障害程度区分」について，障害の多様な特性その他の心身の状態に応じて必要とされる標準的な支援の度合いを総合的に示す「障害支援区分」に改める。
　※　障害支援区分の認定が知的障害者・精神障害者の特性に応じて行われるよう，区分の制定に当たっては適切な配慮等を行う。
５．障害者に対する支援
　①重度訪問介護の対象拡大（重度の肢体不自由者等であって常時介護を要する障害者として厚生労働省令で定めるものとする）
　②共同生活介護（ケアホーム）の共同生活援助（グループホーム）への一元化
　③地域移行支援の対象拡大（地域における生活に移行するため重点的な支援を必要とする者であって厚生労働省令で定めるものを加える）
　④地域生活支援事業の追加（障害者に対する理解を深めるための研修や啓発を行う事

業，意思疎通支援を行う者を養成する事業等）
6．サービス基盤の計画的整備
　①障害福祉サービス等の提供体制の確保に係る目標に関する事項及び地域生活支援事業の実施に関する事項についての障害福祉計画の策定
　②基本指針・障害福祉計画に関する定期的な検証と見直しを法定化
　③市町村は障害福祉計画を作成するに当たって，障害者等のニーズ把握等を行うことを努力義務化
　④自立支援協議会の名称について，地域の実情に応じて定められるよう弾力化するとともに，当事者や家族の参画を明確化
３．施行期日
平成25年4月1日（ただし，4．及び5．①～③については，平成26年4月1日）
４．検討規定（障害者施策を段階的に講じるため，法の施行後3年を目途として，以下について検討）
①常時介護を要する障害者等に対する支援，障害者等の移動の支援，障害者の就労の支援その他の障害福祉サービスの在り方
②障害支援区分の認定を含めた支給決定の在り方
③障害者の意思決定支援の在り方，障害福祉サービスの利用の観点からの成年後見制度の利用促進の在り方
④手話通訳等を行う者の派遣その他の聴覚，言語機能，音声機能その他の障害のため意思疎通を図ることに支障がある障害者等に対する支援の在り方
⑤精神障害者及び高齢の障害者に対する支援の在り方
　※上記の検討に当たっては，障害者やその家族その他の関係者の意見を反映させる措置を講ずる。

第4節　障害者総合支援法施行3年後の見直し

　社会保障審議会障害者部会では，平成27年4月から19回の審議を行い，障害者総合支援法の施行状況を踏まえ，見直しの基本的な考え方と今後の取り組みについて，論点を①新たな地域生活の展開，②障害者のニーズに対するよりきめ細かな対応，③質の高いサービスを持続的に利用できる環境整備，の3つの柱に整理した報告書「障害者総合支援法施行3年後の見直しについて」を2015（平成27）年12月14日に公表。これを受けて政府は平成28年3月に「障害者の日常生活及び社会生活を総合的に支援するための法律及び児童福祉の一部を改正する法律案」を閣議決定し国会に提出，同年5月25日に法案は成立し，2018（平成30）年4月から施行（法の一部を除く）されることになった。[5]

　しかしこの改正法案においてもまた「提言」は無視され，改正より改悪に向かっているとして抗議の声明が出された。

〈参考資料16〉　出典：厚生労働省ホームページ「障害者総合支援法施行3年後の見直しについて」
http://www.mhlw.go.jp/stf/shingi2/0000107941.html　当該URLをもとに作成

障害者総合支援法施行3年後の見直しについて
〜社会保障審議会　障害者部会　報告書〜

平成27年12月14日

Ⅰ はじめに
○平成25年4月に施行された「障害者の日常生活及び社会生活を総合的に支援するための法律」（障害者総合支援法）の附則では，施行後3年を目途として障害福祉サービスの在り方らについて検討を加え，その結果に基づいて所要の措置を講ずることとされている。
【障害者総合支援法附則第3条における見直し事項】
・常時介護を要する障害者等に対する支援，障害者等の移動の支援，障害者の就労の支援その他の障害福祉サービスの在り方
・障害支援区分の認定を含めた支給決定の在り方

・障害者の意思決定支援の在り方，障害福祉サービスの利用の観点からの成年後見制度の利用促進の在り方
・手話通訳等を行う者の派遣その他の聴覚，言語機能，音声機能その他の障害のため意思疎通を図ることに支障がある障害者等に対する支援の在り方
・精神障害者及び高齢の障害者に対する支援の在り方
○このため，本部会では，平成27年4月から本格的に検討を開始し，計45団体からヒアリングを行うとともに，計19回にわたって施策全般の見直しに向けた検討を行い，今後の取組について本報告書として取りまとめた。
○今後，本報告書に基づき，関係法律の改正や平成30年度に予定されている障害福祉サービスの次期報酬改定等に向けて，具体的な改正内容について検討を進め，財源を確保しつつその実現を図るべきである。
○なお，平成28年4月には，「障害を理由とする差別の解消の推進に関する法律」（障害者差別解消法）が施行されるが，政府全体で同法の円滑な施行が図られるよう，関係省庁と連携して取組を進めていくべきである。

Ⅱ基本的な考え方
1．新たな地域生活の展開
（1）本人が望む地域生活の実現
○本人の意思を尊重した地域生活を支援するための方策や重度障害者に対応したグループホームの位置付け等について，対応を行う必要がある。
○意思決定支援に取り組むとともに，成年後見制度の適切な利用を促進する必要がある。
（2）常時介護を必要とする者等への対応
○入院中の重度障害者への対応や国庫負担基準についての小規模な市町村への配慮などについて，対応を行う必要がある。
（3）障害者の社会参加の促進
○障害福祉サービスにおいて通勤・通学に関する訓練の実施や入院中の移動支援の利用について対応を行う必要がある。
○一般就労に移行した障害者が職場に定着できるよう，就労定着に向けた支援を強化する必要がある。
2．障害者のニーズに対するよりきめ細かな対応
（1）障害児に対する専門的で多様な支援
○個々の障害児やその家族の状況・ニーズに応じて，気づきの段階からきめ細かく対応する必要がある。

○医療的ケア児に必要な支援を提供するため，障害児に関する制度の中で明確に位置付けるなどの対応を行う必要がある。
○障害児支援に関するサービスを計画的に確保する取組を進める必要がある。
（2）高齢の障害者の円滑なサービス利用
○障害福祉制度と介護保険制度との連携や，相談支援専門員と介護支援専門員との連携などの取組を推進する必要がある。
○必要な対応を行うとともに，「親亡き後」への準備を支援する取組を進める必要がある。
（3）精神障害者の地域生活の支援
○都道府県・保健所・市町村等の重層的な役割分担・協働を進める必要がある。
○地域生活を支援する観点等から医療と福祉との連携を強化する必要がある。
（4）地域特性や利用者ニーズに応じた意思疎通支援
○障害種別ごとの特性やニーズに配慮したきめ細かな対応や計画的な人材養成等を進める必要がある。
3．質の高いサービスを持続的に利用できる環境整備
（1）利用者の意向を反映した支給決定の促進
○相談支援専門員や市町村職員の資質の向上等に向けた取組や障害支援区分に係る制度の趣旨・運用等の徹底を図る必要がある。
（2）持続可能で質の高いサービスの実現
○障害者に対して必要な支援を確実に保障するため，サービス提供を可能な限り効率的なものとすること等により，財源を確保しつつ，制度を持続可能なものとしていく必要がある。

Ⅲ各論点について
1．常時介護を要する障害者等に対する支援について
（1）現状・課題
（「常時介護」を要する障害者等に対する支援の現状）
○特に手厚い介護等が必要な障害者等を「常時介護を要する者」とし，重度訪問介護，行動援護，療養介護，生活介護及び重度障害者等包括支援を提供している。
（地域生活・地域移行の支援に関する課題）
○サービスに関する課題（重度障害者等包括支援の利用が低調であること，重度障害者が入院した時に必要な支援が受けられない場合があること等）への対応に加えて，地域生活・地域移行の受け皿の整備や，「定期的又は随時」の「生活支援」を必要とする障害者等を支える仕組みの構築が求められている。

○グループホームについては,全国で整備が進められ,平成27年4月時点で約10万人が利用している。平成29年度のサービス見込量は約12万人であり,重度の障害者が適切な支援を受けながらグループホームで生活している事例もあり,利用者の重度化・高齢化への対応を進めていく必要がある。
○入院中の精神障害者に対して退院後の住みたい場所について質問したところ,24％が一人暮らし,8％がグループホームと回答しており,希望退院先としてグループホームだけでなく自宅や民間賃貸住宅での「一人暮らし」を希望する障害者も多い。一方で,グループホームには,区分なし,区分1・2の者も多く入居している。こうした中,「地域移行＝グループホーム」との考え方に疑問を呈する指摘や,「一人暮らし」に向けた支援を検討すべきとの指摘がある。また,障害者等の居住支援については,一般社団法人高齢者住宅財団が実施する家賃債務保証制度があるものの,実施状況には地域差が見られるのが現状である。
○サービスを必要とする障害者等に支援を行き届かせる観点から,支援の必要性に応じた給付の在り方の見直し等を検討すべきとの指摘がある。また,障害福祉サービスと併せて,ボランティア等も含めたインフォーマルサービスの活用を進めることや,社会の構成員として当事者自身が支え手となることも重要との指摘がある。
（人材の資質向上）
○訪問系サービスのサービス提供責任者については,実務経験3年以上の旧2級ヘルパーでも可能とする取扱いが平成18年以降続いているなど,人材の資質向上に向けた課題がある。また,重度障害者の支援には実地研修が重要との指摘がある一方で,実地研修を評価する特定事業所加算の取得率が低調な状況である。
（「パーソナルアシスタンス」について）
○障害者の地域生活を支える仕組みとして,「パーソナルアシスタンス」の制度化を望む声もある一方,サービスの質の確保,ダイレクトペイメント,財政面等に関する課題も多いのではないかとの指摘がある。その目指すところは,利用者本人のニーズに応じた柔軟な支援を可能とすべきとの趣旨ではないかと考えられる。
(2) 今後の取組
（基本的な考え方）
○「常時介護を要する者」だけでなく,以下のような取組を進めるべきである。
（重度障害者を対象としたサービス）
○重度障害者等包括支援について,地域で家族と生活する重症心身障害児者等のニーズに合わせて活用しやすいものとすべきである。また,重度障害者の地域生活を支えてい

る重度訪問介護を利用している者について，医療保険の給付範囲や医事法制との関係を整理しつつ，入院中も医療機関で重度訪問介護により，一定の支援を受けられるように見直しを行うべきである。あわせて，意思疎通支援事業が入院中においても引き続き適切に利用されるよう，周知を図るべきである。
（地域生活を支援する拠点）
○平成27年度に実施している地域生活支援拠点に関するモデル事業の成果も踏まえつつ，地域で生活する障害者等に対し，地域生活を支援する拠点の整備を推進すべきである。その際，グループホームにおける重度者への対応の強化，地域生活を支援する新たなサービスとの連携，医療との連携，短期入所による緊急時対応等を総合的に進めることにより，グループホーム，障害者支援施設，基幹相談支援センター等を中心とする拠点の機能の強化を図る必要がある。
（地域生活を支援するサービス等）
○障害者の日常生活を適切に支援できる者による定期的な巡回訪問や随時の対応により，適時のタイミングで適切な支援を行うサービスを新たに位置付けるべきである。あわせて，障害者の地域移行の受け皿となるグループホームについて，重度障害者に対応することができる体制を備えた支援等を提供するサービスを位置付け，適切に評価を行うべきである。また，障害者の状態とニーズを踏まえて必要な者にサービスが行き渡るよう，利用対象者を見直すべきであり，その際には，現に入居している者に配慮するとともに，障害者の地域移行を進める上でグループホームが果たしてきた役割や障害者の状態・ニーズ・障害特性等を踏まえつつ詳細について検討する必要がある。
○障害者の居住支援の観点から家賃債務保証制度の活用が進むよう，当該制度について，積極的に周知を行うべきである。
（人材の資質向上）
○サービスの従業者資格を引き上げるとともに，熟練した従業者による実地研修の実施を促進すべきである。
2．障害者等の移動の支援について
(1)現状・課題
（移動支援の現状と課題）
○現在，障害者総合支援法に基づき，同行援護，行動援護，重度訪問介護及び居宅介護の個別給付（義務的経費）についてはあらかじめ作成されたサービス等利用計画に基づき基本的にはマンツーマンでサービスを提供するとともに，市町村の地域生活支援事業（裁量的経費）については利用者の個々のニーズや地域の状況に応じて緊急時の個別支

援，グループ支援，車両移送などが実施されている。
○移動支援については，市町村による地域生活支援事業の必須事業とされており，その実施割合は90.5％となっているが，地域ごとに取組状況に差が見られることから，利用者のニーズを踏まえた確実な実施を進めることが課題である。その際，地域の状況（都市部，中山間地域，積雪の多い地域等）にも配慮する必要があるとの指摘がある。
（通勤・通学等）
○各市町村の判断に応じて地域生活支援事業の中で実施されている障害者等の通勤・通学に関する移動支援については，個別給付の対象とすること等さらなる充実を求める意見がある。一方，地域生活支援事業の方が地域特性や利用者ニーズに応じた柔軟な対応が可能であるといったメリットがあるとともに，雇用障害者数及び就労移行支援利用者数は合計約66万人，特別支援学校の小学部及び中学部の在学者数は合計約7万人にのぼること，障害者差別解消法の施行に伴う事業者や教育機関による「合理的配慮」との関係，個人の経済活動と公費負担の関係，教育と福祉の役割分担の在り方等の課題がある。
（入院中・入所中の外出・外泊）
○医療機関に入院中の外出・外泊に伴う移動支援については，十分な対応がなされていない現状にある。また，施設に入所中の外出・外泊に伴う移動支援については，施設サービスの「日常生活上の支援」の一環として行われており，現行の障害福祉サービス等報酬において評価されているが，相応の人手や労力を要することから施設ごとに対応が異なっている。
(2)今後の取組
（基本的な考え方）
○障害者総合支援法における移動支援については，現行の「個別給付」と「地域生活支援事業」による支援の枠組みを維持した上で，支援の実施状況等を踏まえつつ，ニーズに応じたきめ細かな見直しを行うべきである。
（通勤・通学等）
○福祉政策のみならず，関係省庁とも連携し，事業者，教育機関，公共交通機関等による「合理的配慮」の対応，教育政策や労働政策との連携，地方公共団体（福祉部局，教育委員会等）における取組等を総合的に進めていくべきである。まずは，通勤・通学に関する訓練を就労移行支援や障害児通所支援により実施することとし，これを必要に応じて評価すべきである。
（入院中・入所中の外出・外泊）
○障害福祉サービス（同行援護，行動援護，重度訪問介護）が利用できることを明確化

すべきである。また，施設に入所中の外出・外泊に伴う移動支援については，施設サービスの「日常生活上の支援」の一環として行われるものであるが，施設による移動支援について適切に評価が行われているか，引き続き検討すべきである。

3．障害者の就労支援について

(1)現状・課題

（就労系障害福祉サービス等の現状と課題）

○一般就労に移行した障害者の数は，平成20年度（障害者自立支援法施行時）1,724人に対し，平成25年度10,001人であり，5年間で約5.8倍となっている。また，民間企業（50人以上）における障害者の雇用者数は約43万1千人（平成26年6月），ハローワークを通じた障害者の就職件数は約8万5千人（平成26年度）であり，いずれも年々増加しており，特に精神障害者の伸びが大きい。

○就労移行支援事業所については，一般就労への移行率（利用実人員に占める就職者数）が20％以上の事業所の割合が増加する一方，移行率が0％の事業所の割合は約30％強で推移しており，移行率の二極化が進んでいる。

○就労移行支援の標準利用期間（2年間）について，これを延ばすべきとの意見がある一方，期間を延ばせばかえって一般就労への移行率が下がってしまうおそれがあり，就労継続支援も組み合わせ，利用者の状態に応じた支援を行っていくべきとの意見もある。

○平成25年度において，就労継続支援A型事業所から一般就労へ移行した者の割合は4.9％，就労継続支援B型事業所から一般就労へ移行した者の割合は1.6％となっており，B型事業所の一人当たり平均工賃月額（平成25年度）は，約17％の事業所で2万円以上の工賃を実現している一方，約40％の事業所で工賃が1万円未満であり，厚生労働省が定める運営基準（3千円）に達していない事業所も存在する。

○障害者就労施設等の受注機会を確保するため，平成25年4月に「国等による障害者就労施設等からの物品等の調達の推進等に関する法律」が施行され，調達件数や金額は伸びているものの，地域によって調達実績に差が見られる状況である。

（就労定着支援）

○基本的には企業の合理的配慮や労働政策の中で行われるべきものであるが，障害者就業・生活支援センター（生活支援員）や就労移行支援事業所が中心となって実施している。

○企業に雇用された障害者の早期離職を防ぎ，職場に定着することは，障害者の自立した生活を実現するとともに，障害福祉サービスを持続可能なものとする観点からも重要である。

(2)今後の取組
(基本的な考え方)
○どの就労系障害福祉サービスを利用する場合であっても,障害者がその適性に応じて能力を十分に発揮し,自立した生活を実現することができるよう,工賃・賃金向上や一般就労への移行をさらに促進させるための取組を進めるべきである。また,就業に伴う生活面での課題等を抱える障害者が早期に離職することのないよう,就労定着に向けた支援を強化するための取組を進めるべきである。
(就労移行支援)
○支援を行う人材の育成(実地研修を含む。)や支援のノウハウの共有等を進めるべきである。
(就労継続支援等)
○就労継続支援については,一般就労への移行実績も踏まえた評価を行うべきである。また,就労継続支援B型については,高工賃を実現している事業所を適切に評価するなど,メリハリをつけるべきである。就労継続支援A型については,事業所の実態が様々であることを踏まえ,利用者の就労の質を高め,適切な事業運営が図られるよう,運営基準の見直し等を行うべきである。さらに,就労継続支援B型の利用希望者に対して本年度から本格実施されている就労アセスメントの状況把握・検証を行うとともに,その効果的かつ円滑な実施が可能な体制を整備しつつ,対象範囲を拡大していくべきである。
○「国等による障害者就労施設等からの物品等の調達の推進等に関する法律」に基づく官公需に係る障害者就労施設等からの物品や役務の調達の推進については,障害者就労施設等で就労する障害者の自立の促進に資するものであることから,地方公共団体に対する調達事例の提供や調達方針の早期策定を促すなど,受注機会の増大が図られるよう,必要な取組を推進すべきである。
(就労定着に向けた生活面の支援を行うサービス等)
○就労定着に向けた支援が必要な障害者に対し,一定の期間,労働施策等と連携して,就労定着に向けた支援(企業・家族との連絡調整や生活支援等)を集中的に提供するサービスを新たに位置付けるべきである。
○障害者就業・生活支援センター事業の充実や企業に対する情報・雇用ノウハウの提供など,引き続き,労働政策との連携を図るべきである。
(サービス内容の情報公表)
○障害者やその家族等が適切な事業所を選択できるよう,事業所の事業内容や工賃・賃金,一般就労への移行率,労働条件等に関する情報を公表する仕組みを設けるべきである。

4．障害支援区分の認定を含めた支給決定の在り方について

(1) 現状・課題

（支給決定プロセスの現状と課題）

○支給決定については，申請者の利用意向を適切に勘案するため，平成24年度よりサービス等利用計画案の提出を求め，その内容を勘案事項に含めることとし，平成27年度からは全ての申請者について，サービス等利用計画案の提出が義務付けられているが，一部作成率が低調な市町村があり，平成27年6月末現在，全国平均で約8割の作成率となっている。

○適切なサービス等利用計画案の作成など，計画相談支援の質の向上を図ることが必要であるとともに，基幹相談支援センターなどを含めた相談支援体制の更なる充実が求められている。また，利用者の意向をより適切に反映した支給決定を行うため，支給決定前にサービス担当者会議を開催するなどの工夫も有効ではないかとの意見がある。

（障害支援区分の認定）

○障害者自立支援法施行時に導入された障害程度区分については，平成26年度には，名称を「障害支援区分」に改めるとともに，障害特性をより適切に評価するため，認定調査項目や各調査項目における判断基準の見直しが行われた。平成26年4月から9月までの審査判定実績においては，障害支援区分の導入前に比べ，知的障害や精神障害を中心に2次判定での引上げ割合が低下しているが，一方で，当該割合には地域差が見られることや，従来と比べて上位区分の割合が上昇しているのではないかとの指摘がある。

○障害支援区分の認定調査においては，本人以外の支援者等から聞き取りを行うことや，医師意見書に別途専門職等から求めた意見を添付することができる仕組みとなっている。一方，認定調査員等の研修事業については，その研修内容等について標準的なものがないとの指摘がある。

（国庫負担基準）

○国庫負担基準は，限りある国費を公平に配分し市町村間のサービスのばらつきをなくすために市町村に対する国庫負担（精算基準）の上限を定めたものであって，個人のサービス量を制限するものではなく，その額の設定に当たっては，市町村の給付実績を踏まえつつサービスの種類ごとに障害支援区分に応じたものとされているが，国庫負担基準内で賄うことができるサービス量以上を必要とする重度障害者に対して適切な支給決定が行われていないとの指摘がある。

(2) 今後の取組
（基本的な考え方）
○現行の支給決定プロセスについては，適切な支給決定が行われるよう以下のような取組を進めるべきである。
（相談支援の取組等）
○都道府県・市町村の協議会の機能強化やこれを通じた相談支援の取組の充実を図るとともに，基幹相談支援センター等の設置やこれによる取組を推進すべきである。こうした取組を進めるためには，市町村が適切にマネジメントを行うとともに，その職員の資質向上を図る必要がある。また，支給決定に関わる関係者において，利用者の状況をより適切に反映できる仕組みを工夫していく必要もある。
○計画相談支援については，相談支援専門員の確保と資質の向上に向け，実地研修の実施を含めた研修制度の見直しや指導的役割を担う人材（主任相談支援専門員（仮称））の育成を行うとともに，育成に当たっては，求められる支援技術，育成のカリキュラム，実務経験の評価等の在り方を検討する必要がある。
（障害支援区分の認定）
○障害支援区分及びその役割については，2次判定の引上げ割合に地域差が見られることなどの指摘があることから，その要因を分析し，判定プロセス（1次判定・2次判定）における課題を把握した上で，その結果を踏まえて，必要な改善策を検討すべきである。また，市町村ごとの審査判定実績等必要な情報を国が把握し，自治体に対して継続的に提供するなど，認定事務の適正な運用を図るべきである。
○障害支援区分に係る制度の趣旨や運用等について周知を行う等，制度の普及・定着に向けた取組を徹底するとともに，全国の都道府県において，認定調査員等を対象に，それぞれの障害特性にも対応した標準的な研修が実施できるよう，国において研修会用の資料を作成する等の方策を講じるべきである。
（国庫負担基準）
○重度障害者が多いこと等により訪問系サービスの支給額が国庫負担基準を超過せざるを得ない小規模な市町村により配慮した方策を講じるべきである。
5．障害者の意思決定支援・成年後見制度の利用促進の在り方について
(1) 現状・課題
（意思決定支援の現状と課題）
○障害者総合支援法においては，障害者等の意思決定の支援に配慮するよう努める旨を規定（第42条，第51条の22）するなど，「意思決定支援」を重要な取組として位置付け

ている。
○現在，意思決定支援の定義・意義・仕組み等を明確化するためのガイドラインの策定に向けた調査研究が進められているが，意思決定支援は，相談支援をはじめとした障害福祉サービスの提供において当然に考慮されるべきものであり，特別なサービス等として位置付けるような性質のものではないことに留意が必要である。
○精神障害者については，障害者総合支援法における意思決定支援のほか，精神保健福祉法改正（平成25年）の附則に，入院中の処遇や退院等に関する意思決定や意思表明の支援の在り方に関する検討規定が置かれており，また，平成24年度から継続的に「精神障害者の意思決定支援に関する調査研究」が実施されている。

（成年後見制度）
○成年後見制度の利用促進に向け，障害者総合支援法に基づき，市町村において地域生活支援事業（必須事業）が実施されている。
・成年後見制度利用支援事業（申立て経費，後見人等の報酬等の補助）【1,360市町村で実施】
・成年後見制度法人後見支援事業（法人後見の実施に向けた研修，組織体制の構築支援等）【207市町村で実施】
○一方で，現行の成年後見制度については，
・「後見」の利用者が「保佐」や「補助」の利用者に比べて非常に多く，適切な後見類型が選択されていないのではないか
・担い手の確保や支援の質の向上（本人の意思の尊重や身上の配慮等）が必要なのではないか
・医療同意の在り方等の課題についての検討が必要なのではないか
・障害者権利条約12条との関係を整理する必要があるのではないか
などの指摘がなされている。

(2) 今後の取組
（基本的な考え方）
○障害福祉サービスの提供に関わる主体等が，成年後見制度の適切な利用を促進するため，以下のような取組を進めるべきである。

（意思決定支援ガイドライン）
○「意思決定支援ガイドライン（仮称）」を作成し，事業者や成年後見の担い手を含めた関係者間で共有し，ガイドラインを活用した研修を実施するとともに，相談支援専門員やサービス管理責任者等の研修のカリキュラムの中にも位置付けるべきである。なお，

ガイドラインの普及に当たっては，その形式的な適用にとらわれるあまり，実質的な自己決定権が阻害されることのないよう留意する必要がある。
（障害福祉サービスにおける意思決定支援）
○障害福祉サービスの具体的なサービス内容の要素として「意思決定支援」が含まれる旨を明確化すべきである。
（入院中の精神障害者の意思決定支援）
○入院中の精神障害者の意思決定支援については，上記のような対応を検討するとともに，精神保健福祉法改正（平成25年）に係る検討規定に基づく見直しの中でもさらに検討すべきである。
（成年後見制度の利用支援等）
○「親亡き後」への備えも含め，障害者の親族等を対象とし，成年後見制度利用の理解促進（例えば，支援者に伝達するために作成する本人の成長・生活に関わる情報等の記録の活用）や，個々の必要性に応じた適切な後見類型の選択につなげることを目的とした研修を実施すべきである。
○当部会における議論の内容については，内閣府に設置されている障害者政策委員会や法務省に伝え，今後の議論に活かされるようにしていくべきである。

6. 手話通訳等を行う者の派遣その他の聴覚，言語機能，音声機能その他の障害のため意思疎通を図ることに支障がある障害者等に対する支援の在り方について
(1) 現状・課題
（意思疎通支援の現状と課題）
○障害者総合支援法においては，居宅介護，同行援護，生活介護，自立訓練等の個別給付と，人材の養成・派遣，日常生活用具の給付等を実施する地域生活支援事業により支援が行われており，手話通訳者の養成・設置・派遣，要約筆記者の養成・派遣，盲ろう者向け通訳・介助員の養成・派遣は地域生活支援事業の必須事業として位置付けられている。
○平成28年度に障害者差別解消法が施行されることから，教育，労働等の他施策との連携など，各分野における「合理的配慮」との関係に留意する必要がある。なお，その際には，制度の縦割りによる谷間を作らないように留意することが重要である。
（意思疎通支援者の人材養成）
○意思疎通支援者の指導者養成や，司法・医療等の専門性を有する意思疎通支援者の養成など，人材養成の体制を整備していく必要がある。その際，研修の内容については，実践的な面を重視すべきである。
○今後の中長期的な人材確保に向けた検討に当たっては，点訳や音訳等は多くのボラン

ティアの協力を得て実施されていることや，専門的な人材の処遇の在り方に留意する必要があるとの指摘がある。
（地域生活支援事業等の活用）
○地域生活支援事業等における支援が主に視覚・聴覚・言語・音声機能障害の者を念頭に置いたものとなっていること等のため，盲ろう，失語症，知的障害，発達障害，高次脳機能障害，難病，重度の身体障害のある者などに向けた支援の充実が必要との指摘がある。また，小規模な自治体における事業の実施も確保していく必要がある。
○視覚障害者情報提供施設（点字図書館）は，全国に76施設あり，点字刊行物や視覚障害者用の録音物の制作・貸出，情報機器の貸出，視覚障害者に関する相談事業等を実施している。また，聴覚障害者情報提供施設は，全国に51施設あり，聴覚障害者が利用する字幕（手話）入りの録画物の制作・貸出，手話通訳者・要約筆記者の派遣，情報機器の貸出，聴覚障害者に関する相談事業等を実施している。
（支援機器の開発と活用）
○障害者自立支援機器等開発促進事業により，意思疎通支援に係る支援機器等の開発を進めており，障害者やその家族・支援者による活用が進むような情報提供等が課題となっている。
(2) 今後の取組
（基本的な考え方）
○現行の支援の枠組みを継続しつつ，盲ろう，失語症など障害種別ごとの特性やニーズに配慮したきめ細かな見直しを行うべきである。
（計画的な人材養成とサービス提供等）
○各自治体において意思疎通支援事業の現状（利用者数，利用回数・時間等）に関する調査を行い，その結果を踏まえ，合理的配慮の進捗状況に留意しつつ，必要な意思疎通支援者を計画的に養成するとともに，提供すべきサービス量の目標を設定すべきである。
○意思疎通支援について各障害種別の専門性を高めるとともに，司法，医療等の専門分野への対応を図るため，手話通訳士・者，要約筆記者，点訳者，盲ろう者向け通訳・介助員等の指導者養成を強化すべきである。その際，障害特性に応じて多様な意思疎通の手法があることに留意する必要がある。
○小規模な市町村で事業実施が困難・不十分な場合に，都道府県や近隣市町村による事業補完・代替実施の取組を進めるべきである。また，災害時に自治体が意思疎通支援を提供する体制について，平時からの取組を強化すべきである。

（地域生活支援事業等の活用）
○地域生活支援事業等について，失語症，知的障害，発達障害，高次脳機能障害，難病，重度の身体障害のある者が，意思疎通支援者の養成・派遣に関する事業の対象であることを明確化すべきである。また，情報通信技術の活用等を通じた効果的・効率的な支援の提供を工夫すべきである。
（支援機器の活用促進等）
○意思疎通支援に係る支援機器について，開発支援を進めるべきである。また，支援機器の活用・利用支援や意思疎通支援に関する相談・情報提供について，視覚障害者情報提供施設・聴覚障害者情報提供施設等の活用により，地域における支援体制を整備すべきである。その際，一般の図書館や学校図書館等との連携も視野に入れるべきである。

7．精神障害者に対する支援について
(1) 現状・課題
（精神障害者の地域移行・地域生活の支援）
○精神科病院では，新規入院者の87％が1年未満で退院する一方で，約20万人が1年以上入院しており，毎年5万人の長期入院者が退院し，新たに5万人が長期入院者となっている状況である。精神障害者が長期入院に至る要因を分析して対応していくことが必要である。
○これまで，精神保健福祉法改正（平成25年）や，「長期入院精神障害者の地域移行に向けた具体的方策に係る検討会」における取りまとめを踏まえ，予算措置（平成26年度・平成27年度）や障害福祉サービス等報酬改定（平成27年度）による対応，他制度との連携強化等が実施されており，今後も，精神障害者のさらなる地域移行と地域生活の支援を進めていく必要がある。
○精神障害者の地域移行や地域生活において有効とされるピアサポートについては，自治体ごとに取り組まれている状況がある。
○住民と医療・保健・福祉の関係者が精神障害者に対する理解を深めるとともに，支援に向けた連携体制を構築する必要がある。あわせて，相談機能の強化や人材育成が重要である。
（精神障害者の特性に応じた対応等）
○精神疾患の特性として，安定していた病状がわずかな環境の変化等により増悪することがあり，これに対応した適切な医療の支援が必要であることから，医療と福祉が連携し，病院への入院の他に，症状の急変時の受け皿を確保することが重要である。
○精神疾患の症状やそれに応じた支援方法等の特性について福祉事業所の理解を促進す

ることが必要である。例えば，高次脳機能障害のある者（児童を含む。）は医療機関や障害福祉サービス事業所で受け止めきれていないとの指摘がある。
○医療と福祉が緊密に連携しつつ，それぞれのサービスを確保していく必要がある。例えば，県レベルで定めている長期在院者数の削減目標を，市町村の障害福祉計画における障害福祉サービスの見込量に適切に反映することが重要である。その際，地域移行後に想定される精神障害者の居住地についても留意することが望ましい。
○精神障害者の居住の場を確保するためには，安心居住政策研究会（国土交通省）における中間取りまとめ（平成27年4月17日公表）を踏まえつつ，障害者総合支援法に基づく協議会と居住支援協議会が連携して対応することが重要である。

(2) 今後の取組
（基本的な考え方）
○以下のような取組を進めるべきである。
（ピアサポート）
○地域移行や地域生活の支援に有効なピアサポートを担う人材を養成する研修を含め，必要な支援を行うべきである。
（医療と連携した短期入所）
○精神障害者の地域生活の支援と家族支援の観点から，短期入所について，医療との連携を強化すべきである。
（地域生活を支援する拠点とサービス）
○平成27年度に実施している地域生活支援拠点に関するモデル事業の成果も踏まえつつ，地域生活を支援する拠点の整備を推進すべきである。その際，グループホームにおける重度者への対応の強化，地域生活を支援する新たなサービスとの連携，医療との連携，短期入所による緊急時対応等を総合的に進めることにより，グループホーム，障害者支援施設，基幹相談支援センター等を中心とする拠点の機能の強化を図る必要がある。
○一人暮らしを希望する精神障害者の地域生活を支援し，ひいては精神障害者の居住の場の確保につながるよう，定期的な巡回訪問や随時の対応により，障害者の生活力等を補い，適時のタイミングで適切な支援を行うサービスを新たに位置付けるべきである。なお，その際には，医療との連携や情報技術の活用など，効果的・効率的な実施方法を検討する必要がある。
○精神科病院の入院者の退院意欲を喚起するため，医療と福祉の連携に向け，相談支援の取組の充実や，意思決定支援の質の向上や普及に取り組むとともに，地域移行に向けたサービスの体験利用の活用を推進すべきである。

（市町村等の役割）
○住民に最も身近な基礎的自治体である市町村が中心となり，当事者を含め，医療と福祉の双方を含む様々な関係者が情報共有や連携体制を構築する場として，市町村に精神障害者の地域移行や地域定着を推進するための協議の場の設置を促進するとともに，都道府県・保健所・市町村が適切かつ重層的な役割分担をしながら協働して取り組むための体制を構築すべきである。その際，地域移行後に想定される精神障害者の居住地についても留意することが望まれる。
○都道府県障害福祉計画に記載される精神障害者の長期在院者数の削減目標を，市町村障害福祉計画に記載される障害福祉サービスのニーズの見込量に反映させる方法を提示すべきである。

（人材の資質向上）
○必要な知識・技術を持った福祉に携わる人材の育成を推進すべきである。例えば，今なお障害福祉サービスで十分な対応ができていない高次脳機能障害のある者（児童を含む。）について，支援拠点機関の実態や支援ニーズに関する調査，有効な支援方法やそれを担う人材養成の研修の在り方についての研究を進める必要がある。

8．高齢の障害者に対する支援の在り方について
(1) 現状・課題
（障害福祉制度と介護保険制度）
○障害者総合支援法第7条に基づく介護保険優先原則については，公費負担の制度よりも社会保険制度の給付を優先するという社会保障制度の原則に基づいている。この原則の下では，サービス内容や機能から，介護保険サービスには相当するものがない障害福祉サービス固有のものと認められるサービスについては，障害者総合支援法に基づき給付を受けることが可能となっている。
○一方，これまで障害福祉制度を利用してきた障害者が介護保険サービスを利用するに当たって以下のような課題が指摘されている。
・介護保険サービスを利用する場合，これまで利用していた障害福祉サービス事業所とは別の事業所を利用することになる場合がある。
・障害福祉制度の利用者負担は，これまでの軽減措置によって介護保険制度の利用者負担上限と異なっていることから，介護保険サービスを利用する場合，介護保険制度の利用者負担が生じる。
・障害福祉サービスについて市町村において適当と認める支給量が，介護保険の区分支給限度基準額の制約等から介護保険サービスのみによって確保することができない場合

は，障害福祉制度による上乗せ支給がなされる取扱いとされているが，自治体によっては，障害福祉サービスの上乗せが十分に行われず，介護保険サービスの利用に伴って支給量が減少する要因となっている。
○障害福祉サービスと介護保険サービスを併給する事例や，高齢化に伴い，障害者を支援する親が要介護者となる事例など，障害福祉制度と介護保険制度の緊密な連携が必要となっている。その際には，相談支援専門員と介護支援専門員との連携も重要である。
○居住地特例（障害福祉制度）により障害者支援施設等に入所した障害者については，障害者支援施設等が住所地特例（介護保険制度）の対象となっていないことから，障害者支援施設等所在地と異なる市町村の介護保険施設等に移行した場合，それに係る費用などは，当該障害者支援施設等のある自治体の負担となっている。
○65歳以上になって初めて障害福祉サービスを利用しようとする者について，介護保険制度との関係を踏まえたときに，障害福祉制度の利用を認めることが適当かという指摘がなされている。

（障害者の高齢化に伴う心身機能の低下等への対応）
○高齢化による障害者の心身機能の低下に伴い，従来の事業所の体制・人員では十分な支援が行えなくなっているとの指摘がなされている。また，障害者自身も日中活動への参加が困難となったりして，若年者と同様の日中活動ができなくなっている等の指摘がある。
○障害福祉サービス事業所では高齢者に対応するノウハウが，介護保険事業所では障害者に対応するノウハウが，それぞれ乏しく，それぞれの事業所における支援技術の向上が必要である。
○65歳未満の障害者で親と同居している知的障害者は90.7％，精神障害者は65.7％となっており，親と生活している割合が高い。親による支援は，生活全般にわたる場合もあり，「親亡き後」は生活を総合的に支援する者が失われることになる。一方，夫婦で暮らしている知的障害者は5.1％，精神障害者は25.4％。子と暮らしている知的障害者は4.3％，精神障害者は16.7％となっており，親以外の支援者が少ないため，「親亡き後」に親に代わる支援者が必ずしもいる状況ではない。
○「親亡き後」に備えて，当該障害者がどのような課題を抱えているか，それに対して何を準備しなければならないかを明確にするため，一部の地域では，支援者に伝達するために作成する本人の成長・生活に関わる情報等の記録が，親族等を対象とした研修の中で活用されている。なお，遺産相続に当たって，本人が不当な取扱いを受けないよう留意する必要があるとの指摘もある。また，「親亡き後」に親以外の者が支援すること

ができる状況を作るためには，親がいる間に準備しておくことが重要との指摘がある。
(2) 今後の取組
（基本的な考え方）
○日本の社会保障は，自助を基本としつつ，共助が自助を支え，自助・共助で対応できない場合に社会福祉等の公助が補完する仕組みを基本とすることを踏まえると，現行の介護保険優先原則を維持することは一定の合理性があると考えられる。そのもとで，介護保険サービスの利用に当たっての課題への対応について以下のような取組を進めるべきである。
○その際，障害福祉制度と介護保険制度との関係や長期的な財源確保の方策を含めた今後の在り方を見据えた議論を行うべきである。この点については，障害福祉制度と介護保険制度は制度の趣旨・目的等が異なるとの意見や両制度の関係は共生社会の実現の観点から検討すべきとの意見もあることに留意する必要がある。
（障害福祉制度と介護保険制度の連携）
○障害福祉サービスを利用してきた障害者が，相当する介護保険サービスを利用する場合も，それまで当該障害者を支援し続けてきた障害福祉サービス事業所が引き続き支援を行うことができるよう，利用者や事業者にとって活用しやすい実効性のある制度となるよう留意しつつ，その事業所が介護保険事業所になりやすくする等の見直しを行うべきである。
○障害福祉制度と介護保険制度の両制度の連携を推進するため，協議会（障害者総合支援法）と地域ケア会議及び基幹相談支援センターと地域包括支援センターとの連携の推進に向け，地域の実情に応じた窓口の一元化等や弾力的な運用等による連携の好事例の収集と普及等を通じて，全国的に連携の推進を図るとともに，障害福祉計画と介護保険事業（支援）計画が一層調和のとれたものとなる方策を検討の上，講じるべきである。その際，連携が実効性のあるものとなるよう，基幹相談支援センター等による取組を推進する必要がある。
○相談支援専門員と介護支援専門員の連携を推進するため，両者の連携が相談支援事業及び居宅介護支援事業が行うべき業務に含まれる旨を明確にするとともに，それぞれの視点の理解を促進するための研修等の方策を講じるべきである。また，介護保険サービスの利用に当たって，円滑なサービスの利用ができるよう，相談支援専門員のモニタリングの頻度について，モニタリングの実態を踏まえつつ，見直しを行うべきである。加えて，65歳を超えても引き続き同一の者による対応等を推進するため，相談支援専門員と介護支援専門員の両方の資格を有する者の拡大のための方策を講じるべきである。

○介護保険サービスの利用に伴う利用者負担については，従来利用してきた障害福祉サービスと同様のサービスを利用するにも関わらず，利用者負担が発生するといった課題があることを踏まえ，一般高齢者との公平性や介護保険制度の利用者負担の在り方にも関わることに留意しつつ，その在り方についてさらに検討すべきである。
○介護保険制度移行に関する現行の取扱いを踏まえ，介護保険給付対象者の国庫負担基準については，財源の確保にも留意しつつ，見直しを行うべきである。
○障害者支援施設等に入所していた障害者が退所して，介護保険施設等に入所する場合の住所地特例の適用については，見直すべきである。この見直しについては，次期介護保険制度の見直しにおける介護保険適用除外施設全体に係る住所地特例の検討も踏まえ，対応すべきである。
○介護保険施設等に移行する障害者の特性を理解した支援を実施するため，送り出し側の障害福祉サービス事業所と受け入れ側の介護保険施設等の連携に向けた方策や受け入れに当たっての適切な支援の方策を講じるべきである。
○65歳以上になって初めて障害を有する状態になった場合の障害福祉サービスの利用については，現行の介護保険優先原則の下で適切に運用される必要がある。なお，この原則の下では，サービス内容や機能から，介護保険サービスには相当するものがない障害福祉サービス固有のものと認められるサービスについては，障害者総合支援法に基づき給付を受けることが可能となっている。
（障害者の高齢化に伴う心身機能の低下等への対応）
○高齢化に伴い心身機能が低下した障害者に対応するための技術・知識を高めるため，障害福祉サービス事業所に対する研修に心身機能の低下した障害者支援の手法などを位置付けるべきである。
○グループホームにおいて，高齢化に伴い重度化した障害者に対応することができる体制を備えた支援や日中活動を提供するサービスを位置付け，適切に評価を行うべきである。なお，その際には，入居者の高齢化や障害特性に配慮しつつ，医療との連携についても留意する必要がある。
○地域で生活する高齢障害者等に対し，平成27年度に実施している地域生活支援拠点に関するモデル事業の成果も踏まえつつ，地域生活を支援する拠点の整備を推進すべきである。その際，グループホームにおける重度者への対応の強化，地域生活を支援する新たなサービスとの連携，医療との連携，短期入所における緊急時対応等を総合的に進めることにより，グループホーム，障害者支援施設，基幹相談支援センター等を中心とする拠点の機能の強化を図る必要がある。

○「親亡き後」への備えも含め，障害者の親族等を対象とし，成年後見制度利用の理解促進（例えば，支援者に伝達するために作成する本人の成長・生活に関わる情報等の記録の活用）や，個々の必要性に応じた適切な後見類型の選択につなげることを目的とした研修を実施すべきである。
○「親亡き後」に向けて，適切な助言を行い，親が持つ支援機能を補完し，障害福祉サービス事業者，成年後見人，自治体，当事者・家族など様々な関係者で当該障害者を支えるためのチームづくりを主導するため，主任相談支援専門員（仮称）を創設すべきである。

9．障害児支援について
(1) 現状・課題
（障害児支援の現状と課題）
○平成24年児童福祉法改正において，身近な地域で必要な発達支援を受けられるよう，障害種別ごとに分かれていた障害児の給付体系が通所・入所の利用形態別に一元化されるとともに，放課後等デイサービスや保育所等訪問支援が創設された。
○保育所や放課後児童クラブにおける障害児の受入れについては，例えば，障害児を受け入れる放課後児童クラブに対して，専門的知識等を有する放課後児童支援員等を配置するために必要な経費について補助を行うことなどにより，年々着実に進んでおり（約2万8千人（平成26年5月），また，乳児院や児童養護施設等の児童福祉施設に入所する障害児数が増加するなど，一般施策等における対応が拡大している。
○乳児院や児童養護施設等の児童福祉施設に虐待等により入所している障害児や，在宅で生活する障害児に対する発達支援については，必ずしも十分に届いていない状況にあるとの指摘がある。
○在宅で生活している障害児の支援については，保育等の他制度との連携や，入所支援の機能の活用についても留意する必要がある。

（医療的ケア児への支援）
○人工呼吸器等を使用し，たんの吸引などの医療的ケアが必要な障害児（医療的ケア児）が在宅生活を継続していこうとする場合，障害児に関する制度の中で医療的ケア児の位置付けが明確ではないこと等から，必要な福祉サービスが受けにくいほか，医療，福祉，教育等の関係機関との連携が十分ではないこと等から，家庭に大きな負担がかかっているとの指摘がある。

（適切なサービスの確保と質の向上）
○放課後等デイサービスについては，量的な拡大が著しく，その費用額は1,024億円（平成26年度）で対前年比5割近くの伸び，その事業所数及び利用者数は対前年比で3

割近くの伸びとなっており，特に営利法人が数多く参入している。さらに，単なる居場所となっている事例や，発達支援の技術が十分ではない事業所が軽度の障害児を集めている事例があるとの指摘がある。
○障害福祉計画については，障害児支援に関するサービスの必要量の見込み等について記載するよう努めることとされている。
(2) 今後の取組
（基本的な考え方）
○ライフステージに応じた切れ目の無い支援と保健，医療，福祉，保育，教育，就労支援等と連携した地域支援体制の構築を図る観点から，以下のような取組を実施すべきである。
（発達支援のきめ細かな提供）
○乳児院や児童養護施設等を訪問して実施する発達支援を推進する方策を講じるべきである。
○重度の障害等のために外出が困難な障害児に対して必要な支援を提供するため，自宅を訪問して発達支援を実施する方策を講じるべきである。
（医療的ケア児への支援）
○重症心身障害児に当たらない医療的ケア児について，障害児に関する制度の中で明確に位置付け，必要な支援を推進すべきである。
○医療的ケア児等について，医療・福祉の連携が求められる重症心身障害児等の地域支援に関するモデル事業の実施状況等も踏まえ，その家族の負担も勘案し，医療，福祉，教育等の必要な支援を円滑に受けることができるよう，都道府県・市町村や関係機関の連携に向けた方策や，相談支援事業所等の相談支援に早期につなげる方策を講じるべきである。
（適切なサービスの確保と質の向上）
○障害児の放課後等の支援については，子ども・子育て支援施策である放課後児童クラブや教育施策である放課後子供教室等における受入れを引き続き推進すべきである。その際，保育所等訪問支援などを活用して，必要に応じて専門的なバックアップを行うべきである。
○放課後等デイサービスなどの障害児通所支援については，発達支援を必要とする障害児のニーズに的確に対応するため，放課後等デイサービスガイドラインの活用を徹底するとともに，専門的な知識・経験を有する者の配置を求めるほか，制度面・運用面の見直しを行うべきである。

○障害福祉サービスと同様に、都道府県・市町村において、障害児支援のニーズ等の把握・分析等を踏まえ、障害児支援に関するサービスの必要量の見込み等について、計画に記載すべきである。

10．その他の障害福祉サービスの在り方等について

(1)現状・課題

（障害者総合支援法の「障害者」の範囲）

○平成25年4月に、制度の対象として難病等が追加され、順次、対象となる疾病の拡大が図られており、本年7月には151疾病から332疾病に拡大されている。また、障害者総合支援法における「障害者」の定義を、障害者基本法における「障害者」の定義に合わせるべきではないか、小児慢性特定疾病における対象疾病も含め、支援を必要とする疾病を幅広く対象とすべきではないか等の意見がある。

（障害福祉サービス等の質の確保・向上）

○障害福祉サービスの利用者が多様化するとともに、サービスを提供する事業所数も大幅に増加している中、利用者が個々のニーズに応じた良質なサービスを選択できるような仕組みや、事業者が提供するサービスの質の確保・向上を図る取組が重要となる。特に、サービスの質の確保に当たっては、情報の透明性の確保や適正な執行の確保が重要な課題となっている。例えば、実地指導について、施設は2年に1度、その他のサービス事業所は3年に1度行うこととされているが、自治体間で実施率に開きがあり、実施率の向上が課題となっている。

○都道府県と市町村では、障害福祉サービス等の提供体制の確保に向け、必要なサービス等の見込量等を記載した障害福祉計画を作成することとしている。第4期障害福祉計画（平成27年度～29年度）に係る基本指針では、PDCAサイクルを導入しているが、各自治体において、実効性ある取組を推進していく必要がある。

（障害福祉サービス等の持続可能性の確保）

○政府は、国・地方の基礎的財政収支（プライマリーバランス）について、2020年度（平成32年度）までに黒字化を目指すとの財政健全化目標を掲げており、社会保障関係費については、平成32年度に向けて、その伸びを、高齢化による増加分と消費税率引上げと併せて行う充実等に相当する水準におさめることを目指すこととされている。財政制度等審議会では、障害者総合支援法の見直しに当たっては、サービス提供の在り方や財源・利用者負担の在り方等について幅広く検討を行い、制度の持続可能性の確保を図るべきと建議されている。

○障害福祉サービスについては、義務的経費化を行うことで、支援を必要とする障害者

等に対し，安定的にサービスを提供することができるようになった。一方で，障害福祉サービス関係予算額が10年間で2倍以上に増加しており，国・地方自治体の財政状況にも配慮する必要がある。

○社会保障関係費全体について制度の持続可能性の確保が求められている中，障害福祉サービスについても，障害者に対して必要な支援を確実に保障するため，障害者のニーズを踏まえたサービスの充実においては，既存の障害福祉サービスの重点化・効率化を始めとする制度の見直しや負担の在り方の見直し等と併せて，財源を確保しつつ実施していく必要がある。

（障害福祉サービス等の利用者負担）

○障害者の利用者負担については，厚生労働省と障害者自立支援法違憲訴訟原告団・弁護団との基本合意（平成22年1月）や「障害者総合福祉法の骨格に関する総合福祉部会の提言」（平成23年8月）等も経て，順次軽減され，現在低所得者等（93.3％）の利用者負担は無料となっており，給付全体に占める利用者負担の割合は0.26％となっている。また，障害者自立支援法の創設時に，激変緩和措置として経過措置（食事提供体制加算，障害児サービスにおける補足給付の特例，医療型個別減免の特例）が設けられており，これらは平成30年3月31日までの措置となっている。

○自立支援医療の経過的特例措置は，平成18年度の自立支援医療制度創設時に，若年世帯が多い育成医療の中間所得層及び一定所得以上の「重度かつ継続」対象者の医療費負担が家計に与える影響等を考慮し，激変を緩和するという観点から負担上限が設定されており，これらは平成30年3月31日までの措置となっている。

○利用者負担については，負担能力のある人には必要な負担を求めるべきであり必ずしもサービスの利用抑制につながらないのではないか，所得水準に応じたきめ細かな階層区分があってもよいのではないか，といった意見や，利用者負担を引き上げた場合にはサービスの利用抑制や医療の受診抑制につながるのではないか，家計に影響を及ぼすのではないか，といった意見がある。また，障害者の生活実態等の調査・検証が必要なのではないか，就労系サービスはILO条約との関係にも留意して検討する必要があるのではないか，との意見もある。

（障害福祉サービス等の制度・運用）

○地域生活支援事業については，地域の実情に応じた取組が行われており，その事業ニーズが増大している。裁量的経費であり，予算額の伸びには一定の制約がある中で，地方公共団体や当事者団体から予算の確保を強く要望されている。一方で，任意事業で実施率が低く，必要性が低下したと考えられる事業については廃止するなど，従来から

見直しが行われており，引き続き見直しを行っていく必要がある。
○その他，障害福祉サービス等の制度・運用面については，補装具・日常生活用具の適切な支給等に向けた取組，障害福祉サービス等を担う人材の確保や資質向上，障害福祉サービス等における報酬の支払い（昼夜分離と報酬の日払い方式の考え方），女性の障害者に対する配慮等の課題が指摘されている。
(2) 今後の取組
（基本的な考え方）
○障害福祉サービス等の質の向上・確保や制度の持続性の確保に向けて，以下のような取組を進めるべきである。
（障害者総合支援法の「障害者」の範囲）
○障害者総合支援法はサービス給付法という性質を有するため，制度の対象となる者の範囲を客観的に明確にしておく必要があるが，障害福祉サービスを真に必要とする者がサービスを受けることができるよう，引き続き検討を行うとともに，指定難病に関する検討状況も踏まえつつ，対象疾病の見直しを検討していくべきである。
（障害福祉サービス等の質の確保・向上）
○利用者が，個々のニーズに応じた良質なサービスを選択できるよう，介護保険や子ども・子育て支援制度を参考としつつ，サービス事業所の情報（例えば，事業所の事業内容，職員体制，第三者評価の状況等）を公表する仕組みを設けるべきである。
○事業所が提供するサービスの質の確保・向上に向け，自治体が実施する事業所等への指導事務を効果的・効率的に実施できるよう，介護保険制度における指定事務受託法人制度を参考としつつ，当該事務を適切に実施することができると認められる民間法人への委託を可能とすべきである。
○市町村による給付費の審査をより効果的・効率的に実施できるよう，現在支払事務を委託している国民健康保険団体連合会について，審査を支援する機能を強化すべきである。また，制度に対する理解促進や不正請求の防止等の観点から，市町村から利用者に対し，サービス内容や金額を通知するなどの取組を推進すべきである。
○障害福祉計画の実効性を高めていくため，例えば，PDCAサイクルを効果的に活用している好事例を自治体間で共有するとともに，都道府県ごとの目標・実績等の公表・分析や，障害福祉サービスの利用状況等に関するデータ分析に資する取組などを推進すべきである。
（障害福祉サービス等の利用者負担）
○制度の持続可能性を確保する観点や，障害福祉制度に対する国民の理解や納得を得ら

れるかどうかという点，利用抑制や家計への影響といった懸念にも留意しつつ，引き続き検討すべきである。
○利用者負担に関する経過措置（食事提供体制加算等）の見直しについては，時限的な措置であること，施行後10年を経過すること，平成22年度より障害福祉サービスの低所得者の利用者負担が無料となっていること，他制度とのバランスや公平性等を踏まえ，検討すべきである。
（障害福祉サービス等の制度・運用）
○地域生活支援事業の在り方については，自治体における執行状況やニーズ等を踏まえて事業内容を精査するとともに，障害福祉サービスの個別給付の在り方を見直す中で，財源を確保しつつ，引き続き検討すべきである。
○補装具については，購入を基本とする原則を堅持しつつ，成長に伴って短期間で取り替えなければならない障害児の場合など，個々の状態に応じて，貸与の活用も可能とすることや，医療とも連携した相談支援の体制整備等を進めるべきである。また，日常生活用具給付等事業については，効果的・効率的に実施することができるよう，執行状況やニーズ等を踏まえ，検討すべきである。
○障害福祉サービス等の提供を担う職員の資質向上やキャリア形成を図ることができる職場環境の整備，熟練した従業者による実地研修の実施等を促進すべきである。
○その他の障害福祉サービス等の制度・運用面に関する課題・指摘については，今後とも，障害福祉サービス等の質の確保・向上に向けた取組を検討する中で考慮していく必要がある。

　以上の，報告書を踏まえた障害者総合支援法の改正法「障害者の日常生活及び社会生活を総合的に支援するための法律及び児童福祉法の一部を改正する法律」〈参考資料17〉が2016（平成28）年5月に成立した。

〈参考資料17〉 出典：内閣府
http://www.cao.go.jp/bunken-suishin/teianbosyu/doc/tb_h27fu_11_mhlw160a2.pdf 当該URL,他をもとに作成

障害者の日常生活及び社会生活を総合的に支援するための法律及び児童福祉法の一部を改正する法律（概要）
（平成28年5月25日成立・同年6月3日公布）　資料 厚生労働省

（法の趣旨）
　障害者が自ら望む地域生活を営むことができるよう，「生活」と「就労」に対する支援の一層の充実や高齢障害者による介護保険サービスの円滑な利用を促進するための見直しを行うとともに，障害児支援のニーズの多様化にきめ細かく対応するため支援の拡充を図るほか，サービスの質の確保・向上を図るための環境整備等を行う。

（法の概要）
1　障害者の望む地域生活の支援
（1）施設入所支援や共同生活援助を利用していた者等を対象として，定期的な巡回訪問や随時の対応により，円滑な地域生活に向けた相談・助言等を行うサービスを新設する（自立生活援助）
（2）就業に伴う生活面の課題に対応できるよう，事業所・家族との連絡調整等の支援を行うサービスを新設する（就労定着支援）
（3）重度訪問介護について，医療機関への入院時も一定の支援を可能とする
（4）65歳に至るまで相当の長期間にわたり障害福祉サービスを利用してきた低所得者の高齢障害者が引き続き障害福祉サービスに相当する介護保険サービスを利用する場合に，障害者の所得の状況や障害の程度等の事情を勘案し，当該介護保険サービスの利用者負担を障害福祉制度により軽減（償還）できる仕組みを設ける

2　障害児支援のニーズの多様化へのきめ細かな対応
（1）重度の障害等により外出が著しく困難な障害児に対し，居宅を訪問して発達支援を提供するサービスを新設する
（2）保育所等の障害児に発達支援を提供する保育所等訪問支援について，乳児院・児童養護施設の障害児に対象を拡大する
（3）医療的ケアを要する障害児が適切な支援を受けられるよう，自治体において保健・医療・福祉等の連携促進に努めるものとする
（4）障害児のサービスに係る提供体制の計画的な構築を推進するため，自治体におい

て障害児福祉計画を策定するものとする
3　サービスの質の確保・向上に向けた環境整備
（1）補装具費について，成長に伴い短期間で取り替える必要のある障害児の場合等に貸与の活用も可能とする
（2）都道府県がサービス事業所の事業内容等の情報を公表する制度を設けるとともに，自治体の事務の効率化を図るため，所要の規定を整備する
（施行期日）
平成30年4月1日（2の（3）については公布の日）

　以上が，障害者自立支援法から「障害者総合支援法」に名称を改め，その施行後3年を目途とする見直し規定の検討を経て成立した改正障害者総合支援法の概要である。この改正法は平成30年4月からの施行となった。
　障害者の生活を総合的に支援するというのであれば，人の一生をどのように考えるかということが大切である。また人の生活は細切れではないわけで，生活に即した使い勝手のよい障害福祉サービスの提供と，それが利用しやすい仕組みでなければならない。
　改正障害者総合支援法に基づく具体的な障害福祉サービスが，どのように進展するかについては今後の動向を注視しなければならないが，改正法による支援サービスの内容で注目すべき点は次のことである。
　①　入所施設やグループホーム等で暮らす障害者が地域の円滑な生活へ移行できるように定期的訪問等で支援する新たなサービスの創設（自立生活援助）
　②　職場への定着を支援する新たなサービの創設（就労定着支援）
　③　重度訪問介護について，重度の障害者が医療機関へ入院の際も一定の支援が受けられる
　④　障害福祉サービスの利用者が65歳になると介護保険優先の原則があるが，65歳で障害福祉サービスから介護保険サービスに移行する際に生じる自己負担の軽減策及び高齢障害者支援に関する諸問題

⑤　外出が困難な障害児を対象に発達支援を行う新たなサービスの創設（居宅訪問型児童発達支援）
⑥　保育所等に通う障害児を対象とする専門的な発達支援を乳児院や児童養護施設に入所の障害児にも対象を拡大
⑦　医療的ケアを要する障害児に対する保健・医療・福祉等の連携を促進

第3章　引用・参考文献
1）平成29年度版障害者雇用促進ハンドブック（東京都産業労働局雇用就業部就業推進課）
2）障害者に対する支援と障害者自立支援制度［第3版］弘文堂（2015）p.110-112
3）同上
4）障がい者制度改革推進会議総合福祉部会：障害者総合福祉法の骨格に関する総合福祉部会の提言－新法の制定を目指して－　平成23（2011）年8月30日
http://www.mhlw.go.jp/bunya/shougaihoken/sougoufukusi/dl/110905.pdf
5）社会福祉の動向編集委員会「社会福祉の動向　2017」中央法規（2017.1）p.193-194

第4章
教育の意義と福祉の意義

第1節　人間的成長発達の特質と教育・福祉[1]

　ただ単に習性的にその一生を終える動物の場合とは違い，人の一生には多様な生き方や生きがいに関わる可能性が秘められている。そこに人間的成長発達の特質がある。

　人間的成長発達とは，単に身体的に成熟するというだけではなく，精神的な側面も含めた人としての心身の諸機能や諸能力の発達をいうのであるが，人が社会的に自立した生活を営めるようになるには，まずその"拠りどころとなる生活の場"がなければならない。その生活の場を通して周囲から刺激を受けることによって，心身の諸機能や諸能力を発揮し，自主的に思考し，対人関係や対社会関係におけるさまざまな刺激に対応していけるようになる。

　自主的に思考し行動するということは自分勝手に行動するということではない。その場やその時の周囲の状況に応じて我慢をしたり，相手の立場を考えて行動したり，自己研鑽に努めたりということが自らできるようにならなければならない。さらにその生活の場において自ら物事を選択し，決定し，処理するというように自主的な生活行動としての自己規制ができるようにならなければならない。自己規制とは，自分で自分の行動をコントロールすることであり，それがいわゆる「自律」である。自分で自分の行動をコントロールすることができるような自律的行動を促すには，はじめは他律的な指導を必要とする。

　そのため他律的に規制された行動が自律的な行動に変わっていくような教育的指導の内容や方法と，そのための適切な環境的条件の設定が重要となる。自分の生活や生き方に納得または満足ができるかどうか，あるいは日々の生活において気持ちの安定を保つことができるかどうかはその人の感性や価値観，

人生観を伴う自律の問題である。自律のためには他律を要する。

　つまり人が社会人として成長する道筋は人それぞれであろうが，そのいずれにおいても社会的環境からの刺激を受けながら成長するわけで，その大筋は，他律⇒自律⇒自己実現＝自立というようにとらえることができる。この大筋を踏まえておくことが発達支援や自立支援では大切である。

　その人なりによりよい生き方を見いだし，それに納得または満足できるような，あるいは安定した気分で過ごすことができるような生き方は生まれつきのものでも自然的に身についてくるというものでもない。それは周囲（生活環境）からの刺激を受けることによって身についてくるものといえる。

　自己実現とは，その人なりに自らの身上を受け入れ，その人なりに納得し，あるいは満足できる自分の生き方を実現することであるといってよい。そうした意味で，「自己実現」とは「自立」である。

　人間的成長発達とは，単に身体的に成熟することをいうのではなく，そこに心身のさまざまな機能や能力の発達を伴う状態をいうわけであるが，人が社会人として育つためには，さらにそうした諸機能や諸能力をうまく自分で活用していけるようにならなければならないということになる。

　したがって心身の諸機能や諸能力をうまく活用して生活していけるように仕向けるというところに教育的な働きかけの大切な意味があり，そのための適切な環境を用意するという意味での福祉的対応が大切となる。

　換言すれば，人が人として成長するためには，よりよく「生きていこう」あるいは「がんばってやろう」というように"生活の営みを意識的に推進していくもの"の発達がなければならない。それは何かということになるが，それがいわゆる自己あるいは「自我」の発達である。自我の発達とは，「自律的行動」の発達ということでもある。人間的成長ということを，社会生活への参加のための"自律的行動"の発達というように考えると，そうした発達を促し"自律的行動の育成"を図るための第一歩は，"身辺生活の処理"の自律である。

　自分で自分の身辺処理ができるようになることを身辺生活の自立というわけ

であるが，その最も基本となるのが食事，排泄，清潔，衣服の着脱，整理整頓などである。これらが自分でできるようになるためには，それを身につけさせるという意味で"しつける"ということがなければならない。いわゆる「しつけ」であるが，しつけで大切なことは，単に生活に必要だからということではない。それは教育的な観点からすれば，自分には何ができるかをわからせ，自分のしなければならないことは何かを考えさせ，自覚させる第一歩であるというところにきわめて大きな意味がある。

　人が成長発達するためには周囲からの働きかけがなければならないが，それは言い換えれば，人の成長発達とは人によって構成される社会との関わりによる成果ということになる。そこに人が人として育つための社会的環境条件の重要性がある。両親または家族との関係は社会を構成する人間関係の基礎的な単位であるから，家庭におけるしつけはその第一歩であるという点で重要である。

　自分には何ができるかを自覚できるようになることによって，もっと何かをしたいという意欲が湧く。それが"やる気"である。やる気が出ればそれによって興味や関心の領域も広がり，自分以外の仲間を求めて集団生活に入っていけるようになる。逆の見方をすれば集団生活に入っていけるようになれば興味や関心の領域も広がることになる。いずれにしても集団生活ができるようになるためには，自他の区別の理解ができ，他者との意見交換ができるようになり，自他の意思の調整ができるようにならなければならないが，そうしたことは集団における共同行動や協力行動を通して培われ，発達し，強化されるということでもある。それがどの程度まで期待できるかどうかが社会的生活の展開の可能性に関係してくることになる。しかし自閉的傾向の強い場合には，もともと共同行動や協力行動が苦手である。そうした障害の特性を踏まえた早期対応のための早期発見が障害の軽減には重要であり，早期発見による早期対応がよりよい成長を左右するといっても過言でない。

　さらに人の成長発達で大切なことは，どのように生きていくのかという目標をもって生活していけるようになることである。目標をもつということは，そ

の目標に到達するための課題を解決しようという意欲（やる気）をもつことであり，そのためにはどのように行動すればよいのかと思案することになる。そうした思案をすることが自己統制力を働かせることになる。また目標に向かって行動することによって成功，あるいは失敗の感情が生ずる。成功は自信につながり，さらに高い目標に向かう行動へと発展するが，失敗は自信を失わせ，行動する意欲を失わせてしまう。したがってできるだけ成功に向かうような，あるいは失敗した場合を想定した導き方とともに，どのような目標をどのように設定するかということが教育指導上の重要な留意点となる。

　自らの生活に目標を見いだし，それによりさらに高度な目標に向かって努力するようになるのが人間的成長発達の理想であるが，そのように理想どおりにはいかない場合もあり得る。

　例えば，知的発達に障害のある場合，その障害の程度や状態によっては，自らの生活に目標を見いだし，それに向かって努力するということ自体に困難を抱えているわけであるから，その困難性に対する配慮としての教育指導的条件や福祉的条件を含めた生活環境をどのように整えるかということが重要な課題となる。人が人としてよく育ち，よりよく生きるという意味での教育であり，福祉であると考えれば，教育的意義も福祉的意義も別々のものではなく，切り離せない一体的なものであり，人の暮らしぶりに関わるということでは教育も福祉も同じである。

　教育の問題にしても福祉の問題にしても，それは人の生き方や生きがい，あるいは人の生活習慣や価値観あるいは人生観というものと無縁ではなく，それらは社会的な生活環境や人間関係と密接に関連するものであるというとらえ方が大切である。

第2節　人間的進化と発達の個人差[2]

　人間形成においては，その成長発達の時期に合わせて，いかに適切な環境を用意することができるかが重要な条件となる。そうした条件のもとで，乳・幼児期，児童期，青年期等を通じて個人差はあるが発達を続け，自己の力で，自己の生活を処理できるようになり，自己の生涯の目標を定め，親元を離れて社会生活に参加していく。そしてそれぞれの能力や資質に応じてその人なりの人生を開拓していくことになる。人によっては従来の社会にはなかったようなものまで創造する。

　人の成長発達については，年齢に沿った発達レベルに到達しているかどうかの指標となるようなものはある。例えば，知能テストなどである。それは一つの目安にはなるかもしれない。しかしそうしたテストの結果が，標準的とされる発達レベルよりも遅れていたり進んでいたりということであったとしても，その状態を直ちに良い（優れている）または悪い（劣っている）というように断定するようなことはしないほうがよい。仮に，標準的ではない状態で発達に遅れがある場合，それが問題となるのは，その状態が実際の日常生活において明らかに何らかの支障をきたしているか，支障をきたす可能性が明らかな場合である。単に標準的とされるレベルに達しているかいないか，だけで発達障害と断定するようなことがないよう注意を要する。

　なぜなら人間的成長発達には個人差があるわけで，その差とは単なる優劣を意味するものではなく，それは高度に進化した人間だけがもつ多様な個性的な豊かさを意味するものといえるからである。もし個人差という差が優劣という差であるとしても，そこには人間同士の豊かな関係の広がりがあるはずである。そうした人間関係の豊かさや広がりを大切にすることが，自分以外の他人に対する思いやりを育むことになる。そして，それがさらなる豊かさや多様な可能性の広がりに関係するという理解・認識が大切であり，次世代の繁栄を意識す

る生き方への自覚を促すことにもなる。

　発達には個人差があるということは，それだけ人の多様な可能性を示唆しているということであり，一人ひとりの発達が人間社会そのものの発達に連なっているというように考えることもできる。しかし一人ひとりの発達は無限ではない。しばしば教育関係者などが「無限の可能性を信じて」とか「無限の可能性に期待して」などという言い方をすることがある。それによって夢や希望が膨らんで，人としてのよりよい成長発達を促すことになるのであればそれもよいが，教育的な観点から現実的なことをいえば，確かに人間には計り知れないものがあり，人生いろいろではあるが，みなそれぞれに寿命があることを考えれば，無限などとはいえないはずである。

　人の一生は，発達からやがて衰退に向かう時期が必ず来る。そしてその生涯の終末期へと至る。限りある寿命をいかによりよく全うするか，ということが人生においては大事なはずである。そこに人の生き方に関わる課題があるということになるが，そうした課題は，病気や障害と無縁ではあり得ない。むしろ日常的なことと考えなければならない。そこに「病気」や「障害」をどのようにとらえ，それにどう対処していけばよいかの問題・課題がある。

　人間は，最高に進化したことによりきわめて高度な心身の機能や能力を有するようになった。その心身の機能や能力には多様な可能性が秘められており，そこには人それぞれの個性を伴う“個人差”がある。しかもその差とは，単なる優劣という差ではなく質的な開きと考えたほうがよい。もしそれが単なる差であるというのであれば，努力することでその差を縮めることも追い越すことも可能であろう。しかし人間のもつ運動機能や芸術性や創造性，あるいは思考力などのさまざまな機能や能力の差というものをみた場合，それは単なる差というよりも質的な差異と考えたほうがよさそうだ。なぜなら人の有する心身の機能的あるいは能力的な発達は，ただ単純に連続的な発達段階を経るというだけではなく，時には飛躍的な発達もあり得るし，超人的な驚異を伴う場合もあるからである。そうした高度に優れた心身の機能や能力をもつ人間にも当然の

ことながら故障は起こり得る。

　文化の発展は保健衛生を向上させ，人の寿命を延ばしてきたが，病気もせずに健康な生活を送ることができたとしても高齢化は必ず心身の衰えを招き，心身の変調をきたす。日本は長寿国であるが，高齢化に伴う介護に関することが社会的な問題となっている。高齢化の進展は，単に介護の問題だけでなく，社会（国家）そのものをどのように維持し，どのように発展させるかという課題を提示しているともいえる。そうだとすれば，それを肯定した人の生き方を追究していかなければならない。

　人には寿命があり，成長発達の時期を経て必ず誰もが衰え終焉を迎えるわけであるが，その一生を終えるまでの過程には計り知れないものが秘められているという点を大切に考えなければならない。単に寿命が長い，短い，ということよりも寿命が尽きるまでのその一生を"どう生きるか"あるいは"どう生きられるか"ということが大事なはずである。

　人間は生まれてからどのように生きてきたか（生かされてきたか），さらに自らのその後をどう生きていくかということを意識し，考えて行動できる。それはまた生活するところの文化レベルや生活様式とか生活習慣がどうかによっても多様である。

　つまり人の生き方や生きがいの問題はその人自身の問題であるというだけでなく，社会的な生活環境条件との関係でとらえるべき問題でもある。人として生まれたからこそ人として成長発達する権利は生まれながらにして誰もが有している。それは障害の有無や病気の有無には関係なく，人としての成長発達はあり得るということである。

　人は生まれてからしばらくの時期は，自分ではほとんど何もできないような状態であり，その意味では，全面的な介助を必要とする重度の障害をもつ人の状態に等しいといってよい。そうした状態からやがて立って歩行ができるようになり，普通に食事や排泄ができるようになる。そして言語を発し会話ができるようになり，人間関係も広がっていく。いろいろなことができるようになり，

生活行動も活発化して，身辺的に自立し，さらにその人なりの生き方の実現をめざし，社会自立へと向かう。それが人の成長発達である。

　発達に向う経過とは逆に，一度獲得した心身の機能や能力が次第に低下または衰退し失われていく状態を退行という。発達には個人差があるように退行にも個人差がある。

　発達に向かう力が弱い場合，それだけ衰え方も早いために退行に向かう時期が早まるということも考えられるが，退行を招く要因には，病理的な要因や環境的な要因，それらが複合した要因が考えられる。そうした要因の解明によって退行を抑制したりして，改善を図ることは可能であるが，病理的には避けがたい退行もあり得るし，病理的要因によっては発達過程が短いまま退行に向かってしまうという例もみられる。また生活環境が関係する意欲の低下なども退行を招くといってよい。加齢による生理的機能の衰えも退行である。

　加齢による退行（衰退）にも個人差はあるが，それは誰にも避けがたい退行といってよいであろう。人には成長発達の時期を経て衰退へと向かう時期が必ず訪れる。やがて衰え終焉を迎えるにもかかわらず，「生涯発達」というようなことがいわれている。それは人の発達的変化を究明するいわゆる発達心理学の一分野の考え方であろうが，発達保障とか生涯学習ということとも関連する考え方のようである。

　「生涯発達」ということを字面から単純に解釈すれば，人は一生涯発達をし続けるかのような意味にとれるが，人は永遠に生き続けられるわけではない。一生涯発達し続けるというようなこともあり得ない。必然的にその一生には成長発達の時期から退行（衰退）に移行する時期があり，それを老化と称しているわけである。

　人の一生には個人差はあるが，必ず成長発達の過程があり，その過程を経て衰退（老化）へと向かうことを考えれば，発達を保障するという意味での発達支援は，発達の先の衰退（老化）を見据えた支援でなければならない。しかしそうした視点が発達支援の取り組みにおいては欠けているか，あるいははじめ

から発達支援ということのみに力点を置くいているため，退行などということは排除してしまっているかのようなところがある。

　つまり発達を支援するということにおいては人の発達をどのようにとらえるかが重要となるのだが，発達支援と称する支援は，発達の方向にのみ向いており，退行に向かったらもはや発達支援の意味はないかのように考えてしまうような傾向があるという点については注意を要する。

　"発達心理学"に対して"衰退（退行）心理学"というのがあるのかどうかはともかく，人の成長発達に関わる発達支援をどのように考えるかということでいえば，それは単に発達ということだけを考えればよいというものではない。発達から衰退（老化）に至る経過に対する配慮が当然なければならないし，むしろそうした支援こそが大切である。

　「生涯発達」という考え方には，一人ひとりの発達が人類全体の進化と無縁ではないという意味が込められているといってもよいであろう。人それぞれがその一生を通してよりよい人間的な生き方の充実をめざすということは，単なる個人の一生という範囲を超えて，人類としてのさらなる発達・発展へと向かうことであり，一人ひとりのよりよい発達が，よりよい社会の発展につながるという考え方が大切である。そこに発達保障や生涯発達という意味があり，発達支援の意味があるといえる。

　人間的な成長発達を促す支援の前提として，人間の成長発達というものをどのようにとらえるかということが重要であるが，"発達のとらえ方"で注意を要することは，単に心身の機能的，能力的な優劣という点にのみとらわれてしまうと適切な発達支援にはなり得ないということである。特に障害をもつ人の支援においては，人の寿命や資質的な面には個人差があり，その人生にはいろいろな可能性が秘められているという点に留意しなければならない。

第3節　教育と福祉の関係[3]

　教育的な取り組みであるにしろ福祉的な取り組みであるにしろ，その具体的な事柄は時代や生活の様式，文化レベルなどによって変化する。そうした変化が人を変え，人がまたその福祉や教育を変えていくともいえる。しかし教育的な取り組みも福祉的な取り組みも，それは人の生き方や生きがいの実現に関係するものであるという点では変わらないであろう。

　人の生き方とか生きがいとかいうものは，生まれながらにして自然に身についているものというよりも，人として生まれてからの，その後の生きる過程で培われるものといえる。そこに教育的意義があり，福祉的意義がある。

　人として生まれたならば，人はみな人として暮らす権利を有しているわけであるが，人が人として育つためには教育的働きかけがなければならない。また福祉とは，人々すべての幸福（幸せ）を意味するといってよい。

　したがって教育の対象も福祉の対象も特定の人だけでなく，人々すべてであり，障害児（者）や弱者を排斥するものではない。障害児（者）の教育と福祉に関する施策の変遷においては必ずしも両者の足並みが揃っていたわけではないが，障害者施策の整備充実を図っていくためには，人権の視点で教育と福祉を考え，教育の視点で福祉を考え，福祉の視点で教育を考えるということが大切である。そうした認識が乏しいのが現状ではないだろうか。

　福祉に関する所管は厚生労働省で，教育に関する所管は文部科学省というように行政管轄が分かれているためか，福祉と教育は違う領域のように考えられがちである。また「福祉」とは弱者あるいは高齢者や障害者に限られた特別なことのように思われていたり，「教育」は学校へ行って知識を詰め込むことのように，あるいは進学のための受験勉強をすることのように考え違いされていたりするようなところもある。

　人としてよく育ち，よりよく生きるという意味の教育であり福祉であるとい

うことでは，教育も福祉も特定の人だけを対象にするものではないし，福祉の事業も教育の事業も人の暮らしぶりに関わるということでは同じである。本来的には教育も福祉も別々の事業ではないわけで，切り離せない一体的なものと考えるべきであり，教育も福祉も"文化国家のバロメーター"である。

　教育と福祉が別々のものではないということを考える一例として，幼稚園と保育所の一体化の問題がある。小学校入学前の子どもを対象とする幼稚園と保育所の取り組みが，幼稚園の所管は文部科学省，保育所の所管は厚生労働省というように分かれ，縦割り行政の典型例とされてきた。

　保育と幼児教育は就学前の人間的成長発達に関わる一番大切な基礎の部分である。保育所も幼稚園もその取り組む目標は，次代を担う子どもの健やかな成長発達を願うという点では同じはずである。その成長発達をどのようにとらえ，支えるかということが重要な点であり，本来的には一体的なものでなければならないわけで，所管が厚生労働省と文部科学省に分かれていること自体に問題があると考えたほうが自然であろう。したがって幼稚園と保育所の一体化問題は，現在のように所管が分かれている限り，その所管同士がよほど連携を密に取り組む仕組みにしない限りうまくいかないであろう。

　幼稚園と保育所の一体化問題は単に机上の一体化論ではなく，保育所と幼稚園の両方の現状を精査し，それによって実態に即した施策をどのように講じるかということを課題として，それぞれの所管が一つにまとまって取り組まなければならないという認識が大切であることはいうまでもない。

　2006（平成18）年度からつくられるようになった「認定子ども園」があるが，これは内閣府が所管で，教育と保育を一体的に行う施設で，幼稚園と保育所の両方の良さを併せもっている施設ということである。しかし現状においてはいわば保育所と幼稚園が単に同居しているような施設ともいうべき点での運営上の問題もあるようである。今後の充実，発展に期待したい。

　教育も福祉も人の権利である。権利としての教育や福祉を考えるということは，よりよい教育や福祉のあり方を人の義務として考えることであるといって

よい。しばしば,「普通の生活のなかにこそ幸せがある」などというが, "普通"ということの明確な基準があるわけではない。一応,不安や危険のない平穏無事な暮らしが幸福ということであるとすれば,それは誰もが望むことであろうし,幸福に暮らす権利は誰にもある。障害者福祉の問題を考えた場合,障害があるから普通の生活ができないというような言い方をする場合が多いようだが,むしろ普通の生活ができないから障害があるというように考えるほうが生活そのものを見直し,生活環境の改善を図るという発想としては大切である。

また障害を受け入れるとか,受け止めるという場合,それは障害のない人に対する場合とまったく同じ対応をするということではない。むろん同じ対応で問題がなければそれはそれでよい。しかし障害があるがための特別なニーズがあるとすれば,やはりそれを受け止め,障害があるという事実とそれがどのような障害かを的確に判断し,そのニーズに可能な限り具体的に対応することを普通(当たり前)に行うということでなければならない。またその具体的な対応の内容や方法は,地域性や生活習慣などの生活環境的条件との関係に十分配慮したものでなければならない。教育や福祉の施策は,人の生き方や生きがいというものと無縁ではあり得ない。教育の施策にしても福祉の施策にしても,それは必然的に人の一生をどう見据えるかということが重要となる。

したがって教育理念や福祉理念はそうした人の一生(ライフステージ)とそれを取り巻く環境的条件を踏まえたものでなければならないが,それを欠いた場合の施策(政策)は実際とのギャップを生むことになる。そのギャップの程度によっては教育的意義も福祉的意義も失ってしまう。その意味では日本には日本の歴史や風土,国民性,生活様式(習慣)を踏まえた日本流の確たる教育の考え方や福祉の考え方が当然あってよいはずであるし,なければならない。福祉と教育の関係を考えた場合,福祉とは人間を幸福な状態にする条件の設定であり,教育とは対象者をそういう状態に達成させるための努力であるということになる。戦後日本の障害児教育の基盤づくりに尽力した三木安正(第1章第2節参照)は著書で,「"福祉"というのは目標であって, "教育"という

のはそれを達成するための手段であると考えればよい。」と述べている。

第4節 「福祉」の意味と人権

1）福祉の意味について[4]

（1）福祉と幸福

　福祉という言葉は，社会福祉，地域福祉，児童福祉，高齢者福祉，障害者福祉，福祉機器，福祉事業，福祉国家などのように単に「福祉」というだけでなく，合成語としても広く使用されている。

　日本国憲法の第12条には，「この憲法が国民に保障する自由及び権利は，国民の不断の努力によって，これを保持しなければならない。又，国民は，これを濫用してはならないのであって，常に<u>公共の福祉</u>のためにこれを利用する責任を負ふ。」（下線筆者）とあり，ここでは「公共の福祉」という言葉が使われている。

　福祉とは何か。一般的には，福祉といえば，高齢者や障害者などを対象とする特別なことのように思われているようでもあるが，福祉について，広辞苑（岩波書店　第6版）を引いてみると，「①幸福。公的扶助やサービスによる生活の安定，充足。②消極的には生命の危急からの救い，積極的には生命の繁栄。」とある。最初に「幸福」とあるから，「福祉」は「幸福」と同じ意味であるということになる。

　「福祉」と「幸福」が同義語であるならば，どちらか一つの言葉だけでもよさそうなものであるが，憲法の第13条には，「すべて国民は，個人として尊重される。生命，自由及び<u>幸福追求</u>に対する国民の権利については，<u>公共の福祉</u>に反しない限り，立法その他の国政の上で最大の尊重を必要とする。」（下線筆者）とある。ここでは幸福追求，公共の福祉というように一つの条文の中で「幸福」と「福祉」の二つの言葉が使われている。「幸福追求」という場合の幸福と「公共の福祉」という場合の福祉とは意味が違うのかどうか，違うとい

うのであれば，それはどのように違うのか。

　いずれにしても，福祉とは「幸福」と同じ意味である。それでは幸福とは何か。再び広辞苑を引用すれば，幸福とは「心が満ち足りていること。また，そのさま。しあわせ。」とある。それでは，「心が満ち足りていること」「しあわせ」とはどのようなことをいうのか。人はどういう状態を幸福と感じ，しあわせ（幸せ）とは何かということになるが，おそらくそれはさまざまであろう。

　なぜなら人間の場合は，その生きる過程における生活経験や生活習慣などを通して培われる価値観，さらには人生観などによって多様な生き方や生きがいがあり，それにより満ち足りるということの中身も幸せと感じる内容や状態，感じ方の度合いにも個人差があると考えられるからである。幸福という中身を具体的に考えるとなると，幸福の感じ方や考え方には人それぞれのものがあり，なかなかむずかしい。

　しかし人の生き方というものを概観すれば，同じような生活条件の下でも，それに満足や納得のできる人もいればできない人もいる。したがって，自らの生活の状況や条件を納得し受け入れ，その生活を保持しているのであれば，それは幸福ということであろう。自らの生活の状況を納得できずに受け入れることができなければ，あるいはその生活が保持できなければ，それは心が満ち足りていることにはならないであろうから，幸福とはいえないはずである。

　ただし，自らの生活に満足できるかできないか（満足するかしないか），納得できるかできないか（納得するかしないか）というのはその人自身のことであり，その人自身が決めることである。幸福であるかないかはその人の主観の問題であり，本来的には他人が判断することではない。

　お金持ちは幸せで，貧しければ不幸であるとは限らないだろうし，障害者は不幸で，障害のない人は幸せだということでもないはずであるが，「あの人は幸せそうだ」とか「あの人はなんと不幸なことか」などと人の幸・不幸を周囲が勝手に判断しているようなことが往々にしてあるのではないだろうか。

　人が幸福と感じる度合いやその内容に個人差はあるが，人はみなそれぞれに

幸せに生きたいと願い，そのための努力をする（している）はずである。

つまり幸せのための努力とは，よりよく生きるための努力ということになる。それが広辞苑にある，「公的扶助やサービスによる生活の安定，充足」「消極的には生命の危急からの救い，積極的には生命の繁栄」ということだと解釈してよいであろう。よりよく生きるための努力とはいっても，人はいつまでも生き続けられるわけではないから，それはよりよい人生を全うするための努力であり，よい最期を迎えるための努力といったほうがよいかもしれない。

幸せに生きたいと願うからには何よりもまず，人として生きる（生存する）ことができるということでなければならない。

憲法の第12条では，国民の自由及び権利の保持には国民の不断の努力とそのために負うべき国民の責任があるということ，第13条では国民一人ひとりが尊重されるということとその生命や自由及び幸福追求に対する国民の権利についての考え方を「幸福」と「福祉」の二つの言葉を使って示しているといえる。それは権利と義務の関係で社会が構成され，社会秩序が保たれているということである。

（2）個人レベルの幸せと社会レベルの幸せ

「福祉」と「幸福」は「しあわせ」を意味する同義語であるが，言葉としては明らかに使い分けられている。

例えば，「わたしは幸福です。」という言い方はしても，「わたしは福祉です。」とはいわないであろう。それは同じ幸せを意味する場合であっても個人（私的）レベルの幸せと社会レベルの幸せがあるということである。そこに幸福と福祉の二つの言葉の存在する意味がある。

「幸福」という場合は個人レベルの幸せを意味し，「福祉」という場合は人々全体に共通するであろう社会レベルの幸せを意味するというように考えることができる。児童福祉といえば児童すべての幸せをいうのであり，高齢者福祉といえば高齢者すべての幸せをいうのである。障害者福祉といえば障害者すべての幸せをいうのであり，社会福祉という場合は児童も，高齢者も，障害者

も含めた社会の人々すべての幸せをいうのである。

　社会を構成する一人ひとりが幸せならば社会全体も幸せであり，社会全体が幸せならばその社会を構成する一人ひとりも幸せなはずであり，個人（私的）レベルの幸せと社会レベルの幸せは合致してよいはずのものである。しかし，現実は，必ずしも合致するとは限らない。それは個人レベルの幸せを「主観的幸せ」というように置き換えて，社会レベルの幸せを「客観的幸せ」というように置き換えてみれば，主観と客観のずれというように考えることもできる。

　人には一人ひとりが求めるそれぞれの幸せがあるわけで，その一人ひとりの集まりによって構成されているのが社会であると考えれば，自由及び幸福追求の権利は，個人だけにあるのではなく社会を構成する人々すべてにあるわけである。そこに権利と権利とが衝突するようなことが起こり得る。そこでうまく折り合うための配慮を要することになるが，そうした配慮の仕方や目安となっているのが日々の暮らしにおけるいわゆる「しきたり」や「ルール」である。おそらく，しきたりやルール（規則）の何もない社会的な生活の営みなどはあり得ないであろう。

　しきたりやルールの形やその定め方はいろいろだとしても，人々の生活上において必要とされているということは，必然的に人が生活するところの風土や歴史，生活習慣や文化レベルと密接な関係があり，そうした風土や歴史，生活習慣や文化レベルと切り離しては考えにくいものであるといえる。しきたりやルールを人々の実際の暮らし方やその社会に合わせるために，どのように考え，設定し，維持していくか，あるいは必要に応じてどのように改革（イノベーション）していくかというところの問題がある。そこにいわゆる政治的・政策的な課題があり，それがつまりは社会統治（ガバナンス）の問題なのである。

　社会福祉という場合，それは個人レベルの幸せ（幸福）が集約されたものであるという点で，人々にとって共通的な幸せを意味することになるが，人々に共通的な幸せ（幸福）とは何かということになる。人々に共通するということは誰もが求める（必要とする）ものであるという意味で，それは幸福の基本的

な条件であるということになる。それでは幸福の基本的な条件とは何かであるが，それは何よりもまず人として"生きる""生きられる"ということにほかならない。しかし人は永遠に生きつづけられるわけではないから，それはいかによりよい人生を全うするかという意味の生活（生存）権の確保であるといってよいであろう。一人ひとりの私的な幸せの中身や幸福感の度合いには違いがあるにしても，人としてよりよく生活（生存）する権利をどのように追求し，その権利をどのように確保するかということは，誰にも共通する重要なことであるはずだ。

したがって社会福祉の事業とは，社会を構成する人々すべての"よりよく生活（生存）する権利"の追求，確保，維持を社会的・組織的に行うこと，と定義してよいであろう。なお「社会福祉」と「公共の福祉」を区別するとすれば，社会を構成する一人ひとりの権利（私権）に着目したとらえ方が社会福祉，一人ひとりの私権が集約された人々全体（社会一般）の権益（権利と利益）に着目するとらえ方が公共の福祉ということになる。

例えば，「社会福祉」事業としての福祉サービスは，そのサービスを必要とする人がそのサービスを直接的に受ける（利用する）という個人的な権利（私権）に対応するものである。一方，「公共の福祉」事業とは社会全体に共通的な利益（共益・公益）となる事業のことで，「公共事業」「公益事業」といい，一人ひとりの個別的な私権よりも，全体的な共有の利権に対応するものということになる。

「幸福の追求」という場合の"幸福"の内容は人によってさまざまで漠然としているものが多いであろうが，「公共の福祉」という場合の"福祉"の内容は人々全体にとって共益的・公益的な利益や利得であるため，具体的なはずである。それは公共というからには，共益または公益となる内容が明確でなければならないからである。利益や利得の内容が具体的になればなるほど，権利と権利の対立（衝突）も起こり得る。つまり公共の福祉というのは，人々に共通するであろう社会一般の幸せを意味するが，それと個人レベルの幸せとが必ず

しも合致するとは限らないし，対立も起こり得るのである。「公共」という名目のもとに個人の権利（私権）が制限されたり制約を受けたり，さらには犠牲となるような問題も起こる。公共事業と称する事業がそれに反対する市民による抗争を引き起こすような場合がそれである。その場合の多くが上から下への"公権力によって創出された公共"であるというところに問題があるようだ。

社会における公益性の追求と私権としての幸福の追求とが相反することなく合致するのが理想であるが，民法の第1条には，「私権は，公共の福祉に適合しなければならない。」とある。私権としての幸福が，公共の福祉に適合しなければならないということは，個人の考え方や行為や活動などがすべて自由であり，勝手気ままでよいというのではなく，生活環境としての周囲や自分以外の他人に対する配慮を伴うものでなければならないということである。

何の配慮も要しない人の暮らし方などはないはずである。そうした配慮との関連でいわゆる「合理的配慮」の問題をどのように考えるかということがある。「合理的配慮」とは，2006（平成18）年12月13日に，国連本会議において，障害を理由とするあらゆる分野における差別を禁止し，障害者に実質的な平等を保障するための「障害者の権利に関する条約（略称：障害者の権利条約）」が採択されたが，この条約の趣旨は，障害者も同じ生活者であるとして，その権利を保障し，不平等をなくそうというもので，そのための配慮のことをいう。日本もこの条約の締約国であり，この条約の日本における発効は2014（平成26）年2月19日からである。

（3）社会福祉と社会保障

人は誰もが人として生存（生活）する権利を生まれながらに有しているわけではあるが，生まれてすぐに自らの権利を主張し行使できるわけではない。

両親や家族等，周囲の人々によって保護され，他律的に生活行動が導かれる時期を経ることによって，やがて自律的な行動へと変化し，権利の主体としての人格が形成される。そこに人間としての成長発達の特質がある。

しかし，権利の主体としての人間的成長発達が順調に行かないという場合も

起こり得るし，幼弱，老齢，病気や障害，あるいはその他の事情により自らの意思や力で自らの権利を主張し，行使し，確保することがむずかしいという場合もあり得る。人は，一人だけで生活（生存）するには困難があると考えなければならない。そのために人と人とが互いによりよく生きられるよう協力し合い，支え合い，次世代に希望を託し，理想を追求し，よりよい生活環境を整備するための努力をするわけであるが，そうした努力は人が人としての生活（生存）を維持していくために課せられたいわば義務であると考えれば，人はみな権利の主体でもあり，義務の主体でもある。支える一方で支えられる人々で構成されているのが「社会」であると考えれば，そこに"共に生きる"という意味があるわけで，その共に生きるというところにこそ，"どのように生きるか""どのように生きられるか"という社会福祉と社会保障の課題がある。

　日本国憲法第25条には，「すべて国民は，健康で文化的な最低限度の生活を営む権利を有する」とある。健康で文化的な最低限度の生活とは，具体的にはどのような生活をいうのかもっと明確であるべきだが，その第2項には「国は，すべての生活部面について，社会福祉，社会保障及び公衆衛生の向上及び増進に努めなければならない」とある。憲法第25条の重要な点は，国民の生活を営む権利に対して，国として社会福祉，社会保障，公衆衛生に努めなければならないと定めていることである。つまり国民の文化的な最低限度の生活とは，憲法に列挙した社会福祉，社会保障，公衆衛生を国が国の責務としてどのように，どの範囲まで，どの程度果たすことができるかどうかにかかっているということであり，それはまた国家としての文化レベルの問題であり，生活部面に対する国家的な努力とその力量によって明確になることだということになる。日本国憲法は，社会福祉，社会保障，公衆衛生を国の努めとして掲げているわけであるが，公衆衛生とは，国民の疾病予防や健康の維持や増進等に必要なことを地域的，組織的に実施する基盤となる法制度の整備充実を図ることによってその向上や増進をめざすことだといってよいであろう。

　社会福祉とは，社会を構成する人々すべての幸福の最も基本となるところの

人として"よりよく生活（生存）する権利"の追求，確保を意味するわけで，社会福祉事業とは，そうした権利の追求，確保のための社会的・組織的な取り組みである。社会的・組織的な取り組みとは，よりよく生活（生存）するために有効な社会資源を効果的に駆使した対人的行為を意味する。

社会保障とは，「社会」と「保障」の合成語であり，日本でこの用語が一般化したのは憲法の第25条で使用されてからだという。

「保障」とは，侵されないようにする，守り防ぐという意味であるから，憲法第25条でいう社会保障とは，「国の責務として，国民の生活を営む権利が侵されたり損なわれたりしないようにすること」である。

社会福祉と社会保障の違いは何かといえば，それは「福祉」という意味と「保障」という意味の違いにある。社会福祉の「福祉」は社会の人々にとっては権利であるが，社会保障の「保障」は人々によって構成された社会として果たすべき組織的な責務（義務）を意味することになる。

社会福祉と社会保障の関係を考えた場合，社会保障論の立場でいえば，社会福祉は社会保障の一分野ということになり，社会保障概念の下位に位置づけられることなのであろうが，社会福祉と社会保障の関係において考え違いをしてはならないきわめて大切なことは，社会保障があって社会福祉があるのではなく，社会福祉があるから社会保障があるということである。なぜなら社会を構成する人々はすべて，人として幸福に暮らす権利を生まれながらに有しているわけであるから，「福祉」は権利である。その権利を保持するために人々は協力し合って手段を講じているというのが「保障」であるはずだからである。ニワトリが先か卵が先かというようなことではあるが，考え方としては重要なことであり，"社会保障による社会福祉"ではなく，"社会福祉のための社会保障"と考えるべきである。

人は権利の主体であり義務の主体でもある。権利と義務はいわば表裏一体，車の両輪の関係にあり，そうした権利と義務を有する人々によって構成されているのが「社会」である。したがってよりよい社会は，人々の生きる努力のな

かで互いによりよく生きられるように支え合うことでこそ築かれるものといえる。平穏無事な生活のなかでは気がつきにくいことかもしれないが，"支える"ことは，実は"支えられる"ことであり，それは助け合いであり，人権の尊重ということである。それが社会保障制度の仕組みの基礎である。

　社会保障の問題は，人の権利としての問題を人の義務として考えることだともいえる。今，日本では社会保障と税制に関することが大きな課題となっている。この課題に対する取り組み方の基本は，人の権利の問題を人の義務としてどのように考えるかというところにあるわけで，この課題にどう取り組むかは文化社会，文化国家においてはおろそかにできない重要なことであり，欠いてはならないことである。それはいうまでもなく国家としてのガバナンス（国家統治）の問題であるが，それには国家としての社会福祉の理念と社会保障に対する姿勢が明確でなければならないということになる。

（4）福祉サービスについての考え方とその根拠[5]

　一般的に「サービス」といえば，客に対するもてなしや世話，あるいは人に奉仕するとか尽くすという意味で，そこには何も見返りを求めない無償の行為というような意味合いが含まれる。しかし金融サービス，運輸サービス，情報サービスなどといえば，それらは営利を伴うビジネスであり，単なる世話や奉仕などではない。サービス業とはいっても，その事業内容はさまざまであるが，いずれにしてもそのサービスを受ける（利用する）のは，それを必要とする人々である。そしてそれ受ける（利用する）には，無料という場合は別であるが，それに掛かる費用を対価として支払うことが条件となる。

　「福祉サービス」という言葉が日常的にもよく使われるようになり，そのサービスの内容もさまざまであるが，福祉サービスの場合も，一般的なサービス業の内容とまったく同じように考えてよいのかどうかという問題がある。

　福祉サービスの基本理念として，社会福祉法の第3条には，「福祉サービスは，個人の尊厳の保持を旨とし，その内容は福祉サービスの利用者が心身ともに健やかに育成され，又はその有する能力に応じ自立した日常生活を営む

ことができるよう支援するものとして，良質かつ適切なものでなければならない。」（下線筆者）とある。この条文によれば，福祉サービスとは要するに「日常生活を営むことができるよう支援するもの」であるから，それは人の生活に意図的に関わることである。そこにどのような支援をどのように行うかを考える意味がある。人が日常生活（日々の暮らし）を営むということは，まず人として生きる（生存する）ことができるということでなければならない。したがってまず生きること（生存すること）ができるということこそが人の幸福の条件の最も基本的な事柄になる。その基本的な条件を満たすための要求（欲求）の内容には，幸福を追求する人々に共通するものがあるはずであり，そうした要求がいわゆる「福祉ニーズ」である。

　市場における需要と供給の関係でいえば，福祉ニーズは需要であり，その福祉ニーズ（需要）に対応した具体的な行為（事業）が「福祉サービス」である。それはいわば需要に対する供給である。しかし福祉ニーズと福祉サービスの関係を，一般の市場における需要と供給の関係と同じように考えてよいのかどうかということになると，それはやはり違うということになろう。

　福祉サービス事業の対象は，いうまでもなくそのサービスを必要とする人々であるが，日本で「福祉サービス」という言葉が使われるようになったのは1970年代に入ってからである。それまでは，特定の貧困者や弱者を対象とする慈善的・救貧的あるいは恩恵的な意味で「慈善事業」「救済事業」「社会事業」「厚生事業」などの言葉が使われていた。

　日本の福祉施策の基盤が整うのは戦後である。戦争が終わり，国民の生活は困窮した状況にあった。戦傷病者や戦災孤児・浮浪児が社会にあふれ，国の責務として早急にその救済策を講ずる必要があったことからの出発であった。そのため，それは行政措置としての救済策である「社会福祉事業」であり，「福祉サービス」という言葉はなかった。また，その対象も「援護，育成又は更生の措置を要する者」というように特定され，行政の措置によって「処遇を受ける者」であって，「福祉サービスの利用者」ではなかったのである。

日本で「社会福祉」という言葉が使用されるようになったのは憲法第25条に使用されてからだとされているが、「福祉サービス」という言葉が法文上で使用されるようになるのは、1990（平成２）年に社会福祉事業法が改正され「社会福祉法」に改められたときからである。それは戦後から続いてきた行政主導による行政の措置としての福祉施策を見直すという社会福祉基礎構造改革の流れのなかで定着し現在に至っている。

　社会福祉基礎構造改革とは、端的にいえば、行政主導の措置による福祉事業を改め、利用者本位の福祉サービスのあり方をめざす改革であり、その具現化がサービスを必要とする誰もが、必要なサービスを自ら選んで利用契約を結ぶことにより利用できるようにするという「措置」から「契約」への転換である。改革のねらいは、行政主導の「措置」から利用者本位の「契約」への転換によって、福祉サービスも利用者から選ばれることになり、一般の市場におけるような競争原理によってその質的向上と量的拡大が期待できるという考え方に基づくものである。（第２章第１節参照）

　福祉サービス事業がよりよい方向をめざして競い合うこと自体はよいことであるが、福祉サービスの事業には一般の営利を目的とするサービス業と同じようなわけにはいかない問題があり、市場原理にはなじまない要素が多い。市場における一般的な商品の価格や質・量は、需要と供給の関係で定まる。市場では売り手と買い手の双方がそれなりの利得・利益の追求を目的に取引が行われ、目的を叶えるための商品の売買契約に関する双方のかけ引き、選択、決断は自由である。そこには売り手と買い手の対等な関係がある。何の利得・利益にもならないとなれば、その商売や事業は成り立たない。したがってそれを始めるかどうか、あるいは廃業や撤退もそのとき次第ということになる。

　福祉サービスの場合においても需要と供給の関係はある。しかし自分の嗜好や都合に合わせて自由にサービスを選択し、そのサービスに見合った料金を支払って利用するというような一般的な買い手、いわゆる「消費者」とまったく同じように、福祉サービスの利用者をとらえてよいのかとなると、そうはいか

ない事情が考えられる。

　例えば，障害をもつ人の日常生活に必要なサービスについて考えた場合に，障害の内容やその程度や状態によっては自ら必要とするサービスを選択し，それを利用するための申し込みや契約をし，必要な費用を工面してサービスを受ける（利用する）こと自体に無理があることが考えられる。それを，当人からサービスを利用したいという申し出や意思表示がないから，それは自己責任だとして放っておいてよいのかという問題がある。また福祉サービスの事業が人の生活に関わるものであるならば，当然その継続性や安定性の確保ということが重要な問題となる。単に採算が合わないからやらなくてもよいとか，やめてしまえばよいというものではない。そこには一般市場における営利目的の商取引と同じように考えては成り立ちにくい福祉サービスの性質がある。

　社会福祉法の第1条には，法の目的として，「この法律は，社会福祉を目的とする事業の全分野における共通的基本事項を定め，社会福祉を目的とする他の法律と相まって，福祉サービスの利用者の利益の保護及び地域における社会福祉（以下「地域福祉」という。）の推進を図るとともに，社会福祉事業の公明かつ適正な実施の確保及び社会福祉を目的とする事業の健全な発達を図り，もって社会福祉の増進に資することを目的とする。」とある。

　第3条には，福祉サービスの基本理念として，「福祉サービスは，個人の尊厳の保持を旨とし，その内容は，福祉サービスの利用者が心身ともに健やかに育成され，又はその有する能力に応じ自立した日常生活を営むことができるよう支援するものとして，良質かつ適切なものでなければならない。」とある。端的にいえば，「福祉サービス」とは「日常生活を営むことができるように支援する」ことであり，それは「良質かつ適切なもの」でなければならないということである。また福祉サービスの「福祉」は「幸福」と同じ「しあわせ（幸せ）」を意味するわけで，人の幸福（幸せ）についての考え方やとらえ方はいろいろだとしても，おそらく人は誰もが皆それなりによりよく生きることを願い，求め，そのための努力をしているはずであるから，そうした願いや努力に

対してどのような支援を行うかというところに福祉サービスの内容や方法に関する課題があるということになる。その課題とは，市場原理に基づく課題というよりも，社会福祉の課題として社会保障との関連で考えるべきものである。そこに福祉サービスに対する行政関与の必要性があり，公的財源の確保の問題がある。その重要な根拠となるのが，「個人の尊重と国民の幸福追求権」を定めた憲法の第13条と「国民の生存権と国の保障義務」を定めた第25条である。

社会福祉基礎構造改革の趣旨に基づき，現在は，障害者が福祉サービスを利用する場合，利用者はそのサービスを提供する事業者と直接契約を結ぶことによって利用する形になっている。

サービスの利用者が提供者と直接利用契約を結ぶということは，その利用者がサービスの内容を理解し，納得した結果の行為でなければならない。そのためには，サービスの提供は一方的なものではなく，提供する事業者と利用者とが対等の関係でなければならないわけであるが，現状を見る限りにおいて，福祉サービスの利用者とサービスを提供する事業者とが対等な契約関係で成り立っているかどうかという問題がある。

第一に，利用契約の前提となるサービスの内容が質的にも量的にも必ずしも充実しているとはいえない現状がある。福祉サービスの利用者は多様であり，その利用ニーズに応えるためには多様なサービス内容と専門性を要するとともに，一般的なビジネス感覚の枠には収まりにくい要素を多分に含んでいるのである。

第二に，福祉サービスの利用が契約によるものであるならば，契約に必要な判断材料となる情報が利用者に対してわかりやすい内容や方法で提供されなければならないし，サービスを利用する人自身による自己選択や自己決定ということが尊重されなければならない。しかし情報の提供が適切に行われているとしても，障害をもつ人の場合，その障害の内容や程度や状態によってはその情報を的確に理解し判断するという自己選択や自己決定ということ自体に困難を抱えている場合が多い。そうした人の権利擁護のための制度として「成年後見

制度」と「福祉サービス利用援助事業」注)があるが，成年後見制度は手続きや費用などの面で利用しやすいとは言い難い。さらに知的障害の場合など，その生涯に関わる福祉的支援という観点からいえば，生活に関わる財産管理の問題だけではなく，身上監護に関わる問題はきわめて大きいわけであるが，現状においてはその点に課題があることは確かである。

福祉サービス利用援助事業は援助の範囲に関する問題やこの事業を担う専門職としての人材養成に関する課題などがある。

第三に，そもそも福祉サービスの利用者は社会的に弱い立場の人がほとんどで，サービスの提供者と対等な関係を築くことがむずかしい。

以上のようなことから，福祉サービスの提供者とサービス利用者の対等な関係を確保するには，福祉サービスの意味とその重要性を踏まえた人々の意識的な面を含めた社会環境の整うことが大切な条件となる。

福祉サービスの理念に関連することで，障害をもつ人は哀れみや保護の対象ではなく，対等な人間としてその自立を支援するものでなければならないという意味のことがいわれている。人権意識の高まりやノーマライゼーション理念の広がりとともに，福祉サービスの対象を単に社会的弱者という見方から，同じ人間で同じ権利を有する対等な関係にあるサービスの利用者というように人々の意識が変化してきたことは確かであろう。それはそれでよいことである。しかし対等な人間関係ということにおいて，人を哀れむとか保護するというのは不適切で配慮を欠くことだとする考え方があることについては注意を要する。哀れむとは「いとおしむ」ことであり，保護するとは「かばい守る」ことである。恵む，与える，施す，というのは「分かち合う（分け合う）」ということであって，歴史的にみれば福祉事業の一形態であるところのいわゆる慈善事業としての原型である。

哀れむ，保護する，恵む，与える，施す，というのは対等な人間関係において不適切だとする考え方にも一理あるにしても，それ一辺倒で決めつけるようでは，対等な人間関係どころか，むしろ対等な関係ということを口実にした，

弱者に対する負担の強要やいじめ,虐待,無視,遺棄,搾取がまかり通る危険性があるということについても考えてみなければならない。

　差別や偏見を超えて,優劣を含めた個人差を互いにどのように認め合い,理解し合って,補い合うかというところにこそ他の動物にはないであろう優れた人間的な関係があるはずである。そうした人間的な関係についての理解認識が人々になければ,本当の意味での対等性の確保はむずかしいであろう。

　福祉サービスは人に対する思いやりがあってこそ成り立つものである。同じ人間同士であるからこそ,哀れみ,かばい,分かち合うというのは人の気持ちとして自然なことではないだろうか。そこには見下すことでもなければ,差別でもない人の思いというものがあるはずであり,それを大切にしなければならないが,現実的には個人レベルでは対応しきれないということがあるわけで,そこに行政が担うべき責務の意味があるということになる。

　障害者福祉に関する施策の変化をきわめて大雑把にみれば,障害児（者）を単なる哀れみの対象としてしかみない救済,保護を中心とした施策から,発達保障の対象としていわゆる専門家による指導や訓練あるいは治療教育ということを重視する施策へと変化してきた。1970年代にはアメリカで始まった障害者による「自立生活運動」の影響もあり,1981年の「国際障害者年」を契機に,障害者も同じ生活者であり同じ権利を有する人間であるとしてその権利擁護とともに,いわゆる生活の質（QOL：quality of life）という面にも目を向けた生活支援や自立支援,就労支援を重視する施策へと転換してきたことになる。そこで重要なことは,"生活の質（QOL）"というものをどのようにとらえるかということである。実際的な人々の暮らしにおいて客観的にその"生活の質"の良し悪しをどのように評価し,判断するかとなると,それを測定したり評価したりするような確かな基準などあるわけではない。なぜなら生活の質の良し悪しの問題は,生活環境条件がどうかということと関連することではあるが,単にそれだけの問題ではなく,実際的に生活する人自身の主観の問題だからである。つまり同じ生活条件の下でもそれに満足または納得できる人もい

ればできない人もいる。それは人が日々の暮らしのなかで自らの暮らしをどのように受け止めどのように感じるかといういわば主観的評価の問題だからである。

注）成年後見制度と福祉サービス利用援助事業について

　成年後見制度とは，認知症や知的障害・精神障害などにより判断力が不十分な成人に代わり，代理人が生活と財産を保護する制度で，民法の一部を改正する法律の施行により，旧来の禁治産・準禁治産制度に代わり導入され，2000（平成12）年4月1日から施行された。旧法の禁治産制度は，精神上の障害により判断能力が欠如した「心神喪失者」に対して，家庭裁判所が禁治産を宣告して後見人をつけ，その後見人が本人の不十分な判断能力を補い，その権利を擁護する役割を担っていた。また準禁治産制度では，判断能力が著しく不十分な「心神耗弱者」や「浪費者」に対し，家庭裁判所が準禁治産の宣告をして保佐人をつけ，準禁治産宣告を受けた本人が一定の重要な法律行為をするには，その保佐人の同意を得なければならないとされてきた。

　禁治産・準禁治産の制度は1898（明治31）年にできたもので，実情に即したものといえず，特に判断能力の程度に応じたニーズに対応できないなどの問題があり，あまり利用されてこなかったということがある。そのために新しい成年後見制度が導入されたのであるが，この成年後見制度においても問題や課題がある。しかし「介護保険制度」の改正，「高齢者虐待防止法」「障害者自立支援法」などの制定で，成年後見制度の利用が義務づけられたことでその重要性は増している。こうしたこともあって「成年後見制度の利用の促進に関する法律」が平成28年4月15日に公布，同年5月13日に施行された。今後，この法律に基づき，関係府省が連携して成年後見制度の利用に関する施策を総合的かつ計画的に推進していくということである。

　福祉サービス利用援助事業（地域福祉権利擁護事業）とは，認知症高齢者や知的障害者，精神障害者等に対し，福祉サービスの適正利用のために限定した支援を行う事業である。具体的な主な業務内容は，福祉サービスの情報提供，サービス利用に関する相談や助言，サービス利用手続きの援助等である。この制度は1999（平成11）年10月から，介護保険制度の要支援，要介護判定が始まったことに合わせて，認知症高齢者，知的障害者，精神障害者を対象に開始された「地域福祉権利擁護事業」を，2000（平成12）年に社会福祉事業法が「社会福祉法」に改正される際に，「福祉サービス利用援助事業」として第二種社会福祉事業に位置付けて導入された制度であり，現在，各地の社会福祉協議会が中心となって実施されている。

福祉サービス利用援助事業の対象は，そもそも福祉サービスの利用についての意思表明に困難を抱えた高齢者や障害者である。そのため業務を担当するには専門性を要することになり，事業を担う専門職としての人材の養成確保に関する課題がある。

2）基本的人権の享有について[6]

　日本国憲法の第11条には，「国民は，すべての<u>基本的人権の享有を妨げられない</u>。この憲法が国民に保障する基本的人権は，侵すことのできない永久の権利として，現在及び将来の国民に与えられる。」（下線筆者）とある。

　生まれながらに権利や能力などを身に受けてもっていることを「享有」というわけであるが，「基本的人権」（単に「人権」ともいう。）とは何か。それはわかりきったことのようでもあるが，具体的にどう理解するかということが大切である。1948（昭和23）年12月10日，第3回国連総会において「人類社会のすべての構成員の固有の尊厳と平等で譲ることのできない権利とを承認することは，世界における自由，正義及び平和の基礎である」とする「世界人権宣言」が採択された。

　世界人権宣言は，基本的人権の尊重を重要な原則として，すべての人民とすべての国家が達成し，確保すべき共通の基準となる人間の権利を宣言したものであるが，この宣言には条約のような拘束力はない。しかし第二次世界大戦後の世界に大きな影響を与えた。世界人権宣言の内容は，人権問題を考える前提として重要である。[7]

世界人権宣言

(1948.12.10　第3回国連総会採択)

前文

(省略)

第1条　すべての人間は，生まれながらにして自由であり，かつ，尊厳と権利とについて平等である。人間は，理性と良心とを授けられており，互いに同胞の精神をもって行動しなければならない。

第2条　すべて人は，人種，皮膚の色，性，言語，宗教，政治上その他の意見，国民的若しくは社会的出身，財産，門地その他の地位又はこれに類するいかなる自由による差別をも受けることなく，この宣言に掲げるすべての権利と自由とを享有することができる。

2　さらに，個人の属する国又は地域が独立国であると，信託統治地域であると，非自治地域であると，又は他のなんらかの主権制限の下にあるとを問わず，その国又は地域の政治上，管轄上又は国際上の地位に基づくいかなる差別もしてはならない。

第3条　すべての人は，生命，自由及び身体の安全に対する権利を有する。

第4条　何人も，奴隷にされ，又は苦役に服することはない。奴隷制度及び奴隷売買は，いかなる形においても禁止する。

第5条　何人も，拷問又は残虐な，非人道的な若しくは屈辱的な取り扱い若しくは刑罰を受けることはない。

第6条　すべて人は，いかなる場所においても，法の下において，人として認められる権利を有する。

第7条　すべての人は，法の下において平等であり，また，いかなる差別もなしに法の平等な保護を受ける権利を有する。すべての人は，この宣言に違反するいかなる差別に対しても，また，そのような差別をそそのかすいかなる行為に対しても，平等な保護を受ける権利を有する。

第8条　すべての人は，違法又は法律によって与えられた基本的権利を侵害する行為に対し，権限を有する国内裁判所による効果的な救済を受ける権利を有する。

第9条　何人も，ほしいままに逮捕，拘禁，又は追放されることはない。

第10条　すべて人は，自己の権利及び義務並びに自己に対する刑事責任が決定されるに当って，独立の公平な裁判所による公平な公開の審理を受けることについて完全に平等の権利を有する。

第11条　犯罪の訴追を受けた者は，すべて，自己の弁護に必要なすべての保護を与えら

れた公開の裁判において法律に従って有罪の立証があるまでは，無罪と推定される権利を有する。
2　何人も，実行の時に国内法又は国際法により犯罪を構成しなかった作為又は不作為のために有罪とされることはない。また，犯罪が行われた時に適用される刑罰より重い刑罰は課せられない。
第12条　何人も，自己の私事，家族，家庭若しくは通信に対して，ほしいままに干渉され，又は名誉及び信用に対して攻撃を受けることはない。人はすべて，このような干渉又は攻撃に対して法の保護を受ける権利を有する。
第13条　すべて人は，各国の境界内において自由に移転及び居住する権利を有する。
2　すべて人は，自国その他いずれの国をも立ち去り，及び自国に帰る権利を有する。
第14条　すべて人は，迫害を免れるため，他国に避難することを求め，かつ，避難する権利を有する。
2　この権利は，もっぱら非政治犯罪又は国際連合の目的及び原則に反する行為を原因とする訴追の場合には，援用することはできない。
第15条　すべて人は，国籍をもつ権利を有する。
2　何人も，ほしいままにその国籍を奪われ，又はその国籍を変更する権利を否認されることはない。
第16条　成年の男女は，人種，国籍又は宗教によるいかなる制限をも受けることなく，婚姻し，かつ家庭をつくる権利を有する。成年の男女は，婚姻中及びその解消に際し，婚姻に関し平等の権利を有する。
2　婚姻は，婚姻の意思を有する両当事者の自由かつ完全な合意によってのみ成立する。
3　家庭は，社会の自然かつ基礎的な集団単位であって，社会及び国の保護を受ける権利を有する。
第17条　すべて人は，単独で又は他の者と共同して財産を所有する権利を有する。
2　何人も，ほしいままに自己の財産を奪われることはない。
第18条　すべて人は，思想，良心及び宗教の自由に対する権利を有する。この権利は，宗教又は信念を変更する自由並びに単独で又は他の者と共同して，公的に又は私的に，布教，行事，礼拝及び儀式によって宗教又は信念を表明する自由を含む。
第19条　すべて人は，意見及び表現の自由に対する権利を有する。この権利は，干渉を受けることなく自己の意見をもつ自由並びにあらゆる手段により，また，国境を越えると否とにかかわりなく，情報及び思想を求め，受け，及び伝える自由を含む。
第20条　すべての人は，平和的な集会及び結社の自由に対する権利を有する。

2 何人も、結社に属することを強制されない。
第21条 すべての人は、直接に又は自由に選出された代表者を通じて、自国の政治に参与する権利を有する。
2 すべて人は、自国においてひとしく公務につく権利を有する。
3 人民の意思は、統治の権力の基礎とならなければならない。この意思は、定期のかつ真正な選挙によって表明されなければならない。この選挙は、平等の普通選挙によるものでなければならず、また、秘密投票又はこれと同等の自由が保障される投票手続きによって行われなければならない。
第22条 すべて人は、社会の一員として、社会保障を受ける権利を有し、かつ、国家的努力及び国際的協力により、また、各国の組織及び資源に応じて、自己の尊厳と自己の人格の自由な発展とに欠くことのできない経済的、社会的及び文化的権利の実現に対する権利を有する。
第23条 すべて人は、勤労し、職業を自由に選択し、公平かつ有利な勤労条件を確保し、及び失業に対する保護を受ける権利を有する。
2 すべて人は、いかなる差別をも受けることなく、同等の勤労に対し、同等の報酬を受ける権利を有する。
3 勤労する者は、すべて、自己及び家族に対して人間の尊厳にふさわしい生活を保障する公正かつ有利な報酬を受け、かつ、必要な場合には、他の社会的保護手段によって補充を受けることができる。
4 すべて人は、自己の利益を保護するために労働組合を組織し、及びこれに加入する権利を有する。
第24条 すべて人は、労働時間の合理的な制限及び定期的な有給休暇を含む休息及び余暇をもつ権利を有する。
第25条 すべて人は、衣食住、医療及び必要な社会的施設等により、自己及び家族の健康及び福祉に十分な生活水準を保持する権利並びに失業、疾病、心身障害、配偶者の死亡、老齢その他不可抗力による生活不能の場合は、保障を受ける権利を有する。
2 母と子とは、特別の保護及び援助を受ける権利を有する。すべての児童は、嫡出であると否とを問わず、同じ社会的保護を受ける。
第26条 すべて人は、教育を受ける権利を有する。教育は、少なくとも初等の及び基礎的の段階においては、無償でなければならない。初等教育は、義務的でなければならない。技術教育及び職業教育は、一般に利用できるものでなければならず、また、高等教育は、能力に応じ、すべての者にひとしく開放されていなければならない。

2　教育は，人格の完全な発展並びに人権及び基本的自由の尊重の強化を目的としなければならない。教育は，すべての国又は人種的若しくは宗教的集団の相互間の理解，寛容及び友好関係を増進し，かつ，平和の維持のため，国際連合の活動を促進するものでなければならない。

3　親は，子に与える教育の種類を選択する優先的権利を有する。

第27条　すべて人は，自由に社会の文化生活に参加し，芸術を鑑賞し，及び科学の進歩とその恩恵とにあずかる権利を有する。

2　すべて人は，その創作した科学的，文学的又は美術的作品から生ずる精神的及び物質的利益を保護される権利を有する。

第28条　すべて人は，この宣言に掲げる権利及び自由が完全に実現される社会的及び国際的秩序に対する権利を有する。

第29条　すべて人は，その人格の自由かつ完全な発展がその中にあってのみ可能である社会に対して義務を負う。

2　すべて人は，自己の権利及び自由を行使するに当たっては，他人の権利及び自由の正当な承認及び尊重を保障すること並びに民主的社会における道徳，公の秩序及び一般の福祉の正当な要求を満たすことをもっぱら目的として法律によって定められた制限のみに服する。

3　これらの権利及び自由は，いかなる場合にも，国際連合の目的及び原則に反して行使してはならない。

第30条　この宣言のいかなる規定も，いずれの国，集団又は個人に対して，この宣言に掲げる権利及び自由の破壊を目的とする活動に従事し，又はそのような目的を有する行為を行う権利を認めるものと解釈してはならない。

　世界人権宣言の第1条には「すべての人は，生まれながらにして自由であり，かつ尊厳と権利とについて平等である。」とある。第2条には「すべて人は，この宣言に掲げるすべての権利と自由とを享有することができる。」とある。人は，なぜ生まれながらにして自由であり，尊厳と権利とについて平等であるのか，なぜ宣言に掲げる権利と自由を享有する（生まれながらにもつ）ことができるのか，その根拠は何か，「権利と自由」とはどういうものか。

　第3条には「すべての人は，生命，自由及び身体の安全に対する権利を有す

る。」とある。さらに第25条には「すべて人は，生活水準を保持する権利並びに生活不能の場合は，保障を受ける権利を有する。」とある。

「生命，自由及び身体の安全に対する権利」も「生活不能の場合は，保障を受ける権利」も，それは何もせずに自然に有することができるのかどうか。

人は，平和な日々のなかで特別な制限や制約を受けることなく思い思いの暮らしができているときには，おそらく基本的人権などということを意識したりはしないであろうし，権利とは何か，自由とは何かなどとことさらに改まって考えたりはしないであろう。しかし人間であるための条件（人間の条件）が否定されるような事態になれば，おそらく人は誰もがそうした事態を打開するために，人の権利（人権）について意識するはずである。

なぜなら人間であることの条件が否定されるということは，人間としての生命や生活がおびやかされることであり，人間として生存し，生活することに対して何らかの制限や制約が加わることである。そのため人として生存し，生活を維持するために最低限度必要な条件を具備し確保しなければならないという危機意識が働くからである。危機意識とは，実感として人の生存や生活に最低限度必要な条件とは何か，それをどうすれば確保できるかどうかを考え，意識することである。そうした考えや意識のなかにこそ基本的人権の内容に相当するものがあるはずである。

人間は人間以外の何者でもない。人間として生まれたからこそ人間として生き，人間としてその一生を終える。人はみなその一生をそれなりに受け入れ，よりよく生きたいと願い，よりよく生きようと努力している。そこに人類に共通するであろう基本的で普遍的なものを考えることができる。

基本的人権とは，人が人として生きていくうえで必要な物事を主張し，必要な物事を確保することのできる権利のことをいうのであるが，そうした権利は生まれながらにして誰もが有している必然的なものということになる。

言い換えれば，その権利は人間であるからこそ有する資格であり，それは人類に共通のものである。人の社会は，人として生きることができる有資格者に

よって構成されているわけで，人として生まれてきたということは，障害や病気の有無には関係なく，すべての人が人として生活する権利の主体である。

人々すべてが権利の主体であり，人としての生を享受できる有資格者であるからこそ，その有する資格を互いに尊重し合うための配慮が必要となる。そこに"個人の尊重""人権の尊重"という意味があり，権利と義務の人間関係が存在する。人は権利の主体であり，義務の主体でもあるわけであるが，そうした意識を欠くことによって，自分だけが権利の主体であるかのような思い違いをして，自分の権利だけが正当であるかのような錯覚に陥ってしまう。そこに人権に関わる偏見や差別の問題が生じることになる。

障害者の問題や高齢者の問題は決して他人事ではないのであるが，実感が伴わないと，他人事のように思ってしまう。障害を負う可能性は誰にもあるわけで，どんなに健康であっても高齢化に伴い心身の変調をきたすことになる。そうした認識を欠くところに障害者の人権や高齢者の人権に対する配慮を欠く原因の一端があるといってよいであろう。子どもの人権に対する配慮を欠く虐待などにしても，おとなになってしまえば子どもの時代を経ておとなになったことを忘れてしまいがちなところに原因の一端があるのかもしれない。次代を担う子どもが健やかに育つ権利をどのように擁護するかということは現代社会の重要な課題だといってよい。

したがって人権とは何かを具体的に考えるということは，人の生存や生活に必要な基本的な条件とは何かを考えることである。人の生存や生活に必要な条件とは，結局は人の願望とか欲求（要求needs）を大切にすることである。

なぜならそうした願望とか欲求こそが，生活意欲（やる気）となって，人としての生存や生活のためのエネルギーを起こさせる源になっているからである。

人が人としてよく生きるためにはそのための生活意欲を育む環境条件の設定が重要であり，互いの生活意欲を損なわないような配慮が必要だということになる。そうした配慮こそが人権保障の基礎となる。

"人権の保障"とは端的にいえば，人権を有する人間同士がその人権を互い

に認め合うことにほかならない。それは人としての生活意欲を損なわないように，あるいは生活意欲の源である人の願望や欲求の充足を妨げないように人と人とが互いに配慮し合うことを意味する。

　"人権の侵害"とは人の願望や欲求を妨げ，無視し，おびやかし，否定することである。"権利の行使"とは，生まれながらに賦与された資格を活かす行為である。人権問題の重要なポイントは，人がよりよく生存し，生活することに関わる欲求（生活要求needs）にはどのようなものがあるのかを理解することであり，それをどの程度まで，どのように認め合い，どのように尊重し受け入れ，どのように擁護するかというところにある。人々の生活に関わる欲求には年齢や性別，病弱か健康か，障害の有無，あるいは生活様式や価値観の相違などから生ずる多様なものがある。そのため，求める内容が対立し合うこともあり得る。欲求と欲求が対立し合うことがあるからこそ，それを調整するために生活に密着したいわゆるしきたりやルール（規則や法律）が介在することの意味がある。

　人の欲求（生活要求）は，大きく二つに分けて考えることができる。一つは，生理的な性質のもの，もう一つは，人の生き方や生きがいなどに関わるいわゆる心理的・社会的な性質のものである。

　人の生命（生活）に直接的に関わる生理的な欲求は，最も基本的なものであり，いわゆる食欲，排泄欲，睡眠欲，性欲などが考えられる。これらは生命を維持するための身体機能と直結するものといってよい。一方，人の生き方や生きがいなどに関わる心理的・社会的な欲求は，時代や文化レベル，あるいは生活様式や価値観，人生観などによる個人差などから生ずるものである。例えば，学習欲求，行動欲求，体験欲求，創作欲求，名誉欲求，愛情欲求，成就欲求など，人の生涯における成長発達の段階から成熟期，衰退期，そして終焉を迎えるまでの過程において，人間であるからこその多様なものが考えられる。

　生理的欲求と心理・社会的欲求には相乗作用も考えられるが，いずれも人の暮らしに関わる欲求・要求ということでは人類に共通のものがあるはずである。

そうした人類に共通するであろう基本的かつ普遍的な事柄は，人類の存亡・繁栄に関わることであり，そこに基本的人権を尊重する根拠とそれを保障することの意味がある。

3）「知的障害者の権利宣言」と「障害者の権利宣言」[8]

障害の有無に関係なく人の権利は同等であるという意識が広まるのは，1960年代に入ってからであるが，それはノーマライゼーション理念の広がりによるところが大きい。

ノーマライゼーションとは，1951～52年にかけて発足したデンマークの知的障害の子をもつ親の会の活動理念である「知的障害をもっていても，その人はノーマルな人々と同じように生活する権利をもつ人間である」という考え方を示すもので，非人間的な知的障害者の入所施設に対する改善を求める意味の言葉として使われるようになった。親の会の活動に共鳴したデンマーク社会省の福祉局長で知的障害者施設の担当官であったバンク-ミケルセン（Bank-Mikkelsen, 1919～1990）が，その会のスローガンを国の施策として法律に規定するよう要請する文書の見出しに用いたことから，1959年にデンマークの法律に盛り込まれた。それがノーマライゼーション理念の広がりの源である。

ノーマライゼーション理念の影響もあって，1971（昭和46）年12月20日の第26回国連総会において「知的障害者の権利宣言」が採択された。そしてこの宣言が採択された4年後，1975（昭和50）年の第30回国連総会において「障害者の権利宣言」が採択された。「障害者の権利宣言」は，「知的障害者の権利宣言」の補足的な意味合いがあり，知的障害だけでなく，先天的か否かにかかわらず生活に必要なことが自分自身で確保することが困難な状態を包括的にとらえ，すべての障害者の権利を宣言したものである。

この二つの宣言には，障害の有無に関係なく人としての権利は同等であるという主張が込められている。

知的障害者の権利宣言で最も重要な点は，宣言の最初に掲げているところの

「知的障害者は，実際上可能な限りにおいて，他の人間と同等の権利を有する。」ということである。実際上可能な限りにおいてということは，可能であるのが本来であるが，実際上において可能でない場合もあり得るということを肯定するところに宣言の意味があるといってよいであろう。

障害者の権利宣言で重要な点は，宣言の最初に掲げている「障害者」という言葉について，「先天的か否かにかかわらず，通常の個人又は社会生活に必要なことを確保することが自分自身では完全に又は部分的にできない人のことを意味する」と定義していることである。これは，人には必要なことが自分では完全にまたは部分的にできないことがあり得ることの理解を促しているのであり，ここにこの宣言の意味があるといってよいであろう。

知的障害者の権利宣言

(1971.12.20　第26回国際連合総会で採択)

1　知的障害者は，実際上可能な限りにおいて，他の人間と同等の権利を有する。
2　知的障害者は，適当な医学的管理及び物理的療法並びにその能力と最大限の可能性を発揮せしめ得るような教育，訓練，リハビリテーション及び指導を受ける権利を有する。
3　知的障害者は経済的保障及び相当な生活水準を享有する権利を有する。また，生産的仕事を遂行し，又は自己の能力が許す最大限の範囲においてその他の有意義な職業に就く権利を有する。
4　可能な場合はいつでも，知的障害者はその家族又は里親と同居し，各種の社会生活に参加すべきである。知的障害者が同居する家族は扶助を受けるべきである。施設における処遇が必要とされる場合は，できるだけ通常の生活に近い環境においてこれを行うべきである。
5　自己の個人的福祉及び利益を保護するために必要とされる場合は，知的障害者は資格を有する後見人を与えられる権利を有する。
6　知的障害者は，搾取，乱用及び虐待から保護される権利を有する。犯罪行為のため訴追される場合は，知的障害者は正当な司法手続きに対する権利を有する。ただし，その心神上の責任能力は十分認識されなければならない。

7 　重障害のため，知的障害者がそのすべての権利を有意義に行使し得ない場合，又はこれらの権利の若干又は全部を制限又は排除することが必要とされる場合は，その権利の制限又は排除のために援用された手続きはあらゆる形態の乱用防止のための適当な法的保障措置を含まなければならない。この手続きは資格を有する専門家による知的障害者の社会的能力についての評価に基づくものであり，かつ，定期的な再検討及び上級機関に対する不服申立の権利に従うべきものでなければならない。

障害者の権利宣言
（1975.12.9　第30回国際連合総会で採択）

1 　「障害者」という言葉は，先天的か否かにかかわらず，身体的又は精神的能力の不全のために，通常の個人又は社会生活に必要なことを確保することが，自分自身では完全に又は部分的にできない人のことを意味する。
2 　障害者は，この宣言において掲げられるすべての権利を享受する。これらの権利は，いかなる例外もなく，かつ，人種，皮膚の色，性，言語，宗教，政治上若しくはその他の意見，国若しくは社会的身分，貧富，出生又は障害者自身若しくはその家族の置かれている状況に基づく区別又は差別もなく，すべての障害者に認められる。
3 　障害者は，その人間としての尊厳が尊重される生まれながらの権利を有している。障害者は，その障害の原因，特質及び程度にかかわらず，同年齢の市民と同等の基本的権利を有する。このことは，まず第一に，可能な限り通常のかつ十分満たされた相当の生活を送ることができる権利を意味する。
4 　障害者は，他の人々と同等の市民権及び政治的権利を有する。「知的障害者の権利宣言」の第7条は，精神障害者のこのような諸権利のいかなる制限又は排除にも適用される。
5 　障害者は，可能な限り自立させるよう構成された施策を受ける資格がある。
6 　障害者は，補装具を含む医学的，心理学的及び機能的治療，並びに医学的・社会的リハビリテーション，教育，職業教育，訓練リハビリテーション，介助，カウンセリング，職業あっ旋及びその他障害者の能力と技能を最大限に開発でき，社会統合又は再統合する過程を促進するようなサービスを受ける権利を有する。
7 　障害者は，経済的社会的保障を受け，相当の生活水準を保つ権利を有する。障害者は，その能力に従い，保障を受け，雇用され，または有益で生産的かつ報酬を受ける職業に従事し，労働組合に参加する権利を有する。

8 障害者は，経済社会計画のすべての段階において，その特別のニーズが考慮される資格を有する。
9 障害者は，その家族又は養親とともに生活し，すべての社会的活動，創造的活動又はレクリエーション活動に参加する権利を有する。障害者は，その居住に関する限り，その状態のため必要であるか又はその状態に由来して改善するため必要である場合以外，差別的な扱いをまぬがれる。もし，障害者が専門施設に入所することが絶対に必要であっても，そこでの環境及び生活条件は，同年齢の人の通常の生活に可能な限り似通ったものであるべきである。
10 障害者は，差別的，侮辱的又は下劣な性質をもつ，あらゆる搾取，あらゆる規則そしてあらゆる取り扱いから保護されるものとする。
11 障害者は，その人格及び財産の保護のために適格なる法的援助が必要な場合には，それらを受け得るようにされなければならない。もし，障害者に対して訴訟が起こされた場合には，その適用される法的手続きは，彼らの身体的精神的状態が十分に考慮されるべきである。
12 障害者団体は，障害者の権利に関するすべての事項について有効に協議を受けるものとする。
13 障害者，その家族及び地域社会は，この宣言に含まれる権利について，あらゆる適切な手段により十分に知らされるべきである。

　知的障害者の権利宣言と障害者の権利宣言の趣旨は，障害を否定せずに，障害をもっているということを当たり前に認めるというところにある。したがって障害者福祉の目標への到達は，可能な限りというのであれば，どうすれば可能になるのか，もし可能でなければ，その可能でないという状態に対してどうすればよいかを具体的に追求することである。その基本となるのが追求しながら不可能ならば不可能なりの，できなければできないなりの人としての生き方や生きがいはあるはずであるから，それも同じ人の生き方の一つであり当然尊重されなければならないという考え方であるといってよい。
　尊重するからには，尊重するという配慮を伴うものでなければならないが，どのように配慮するかというところに「障害者の権利に関する条約」でいうところの「合理的配慮」に関する問題があるということになる。

4）障害者の権利に関する条約と「合理的配慮」

　障害者の権利に関する条約は，障害を理由とするあらゆる分野における差別を禁止し，障害者の権利を保障する条約（略称：障害者の権利条約）である。
　2006（平成18）年12月13日，第61回国連総会において採択された。
　障害者の権利に関する条約が採択された国際的背景には，人権意識の高まりとともに障害者自身や関係団体の活動が活発化したことと，国連による「知的障害者の権利宣言」（1971年）と「障害者の権利宣言」（1975年）には法的な効力はなく，障害者に対する人権侵害が跡を絶たないことなどがある。
　条約とは，国家間の取り決めであり，国際法である。この障害者の権利条約に日本も2007（平成19）年に外務大臣が署名したが，日本国内においてこの条約が発効するまでにはかなりの時間を要した。それは，条約に署名するということはその条約に賛同することであり，条約の批准に向けた意思があることを表明するものではあるが，条約との整合性を図るための国内法の調整を必要としたからである。憲法は条約に優先するが，条約の批准は日本国家としてその条約に拘束されることを正式に同意することである。したがって条約の批准には国会の承認を経なければならないが，大事なことは国内法との整合性を図らなければならないということである。それは日本の国内法に関係する重大なことである。同意するということは，日本国憲法の第98条を踏まえ，この条約が日本の教育や福祉，あるいは労働及び雇用などに実際的かつ具体的にどのように関係してくるのか十分に納得し，承知することだからである。
　日本において障害者の権利条約の批准が国会で正式に承認されたのは，2013（平成25）年12月4日であり，本条約の日本での発効は，平成26年1月20日の批准書の寄託から30日目である平成26年2月19日である。
　障害者の権利条約は第2条で，「障害に基づく差別」とは，「障害に基づくあらゆる区別，排除又は制限であって，政治的，経済的，社会的，文化的，市民的その他のあらゆる分野において，他の者との平等を基礎として全ての人権

及び基本的自由を認識し，享有し，又は行使することを害し，又は妨げる目的又は効果を有するものをいう。障害に基づく差別には，あらゆる形態の差別（合理的配慮の否定を含む。）を含む。」と定義している。さらに「合理的配慮」とは，「障害者が他の者との平等を基礎として全ての人権及び基本的自由を享有し，又は行使することを確保するための必要かつ適当な変更及び調整であって，特定の場合において必要とされるものであり，かつ，<u>均衡を失した又は過度の負担を課さないものをいう。</u>」（下線筆者）と定義している。[9]

この条約は，障害者の権利を確保し不平等をなくすことを目的とするものであるが，それを実現するために必要なこととして，「合理的配慮」という言葉とともにその考え方を示している。

障害者の権利条約の内容等の詳細は外務省の公開ホームページで見ることができるが，大切なことは次のような点である。

① 「合理的配慮」により、障害者に実質的な平等を保障するという考え方。
② 意図的な区別や排除、制限だけでなく、意図的でない場合でも結果的に不平等になることは差別であるとする考え方。
③ 障害の内容を特定せずに、社会参加ということを社会環境との関係の問題として捉える広い考え方。
④ 障害のない人と同じように建物や交通機関の利用、道路の使用が可能かどうか、情報やコミュニケーションサービスを得ることができるかどうかという「アクセシビリティ accessibility」を重視する考え方。

障害者の権利条約であるから，障害者の特別な権利に関することのように考えるとしたらそれは大きな考え違いということになる。なぜなら障害の有無にかかわらず，人はみな生まれながらにして人として生活（生存）する権利を有しているわけであるから，障害者の権利とはいっても，それは特別な権利ではなく人の権利にほかならないという理解認識が大切である。そこで障害者の権利条約でいう「合理的配慮」の意味をどのように理解するかというところが大

変重要なことになる。

　人々が共に暮らすためにはお互いにその権利を尊重し合うためのそれなりの配慮が必要であり，人への配慮を何も要しない人の暮らし方などはないはずである。しかもその暮らし方そのものが人としての権利の行使であって，人はみなそれぞれの可能性を秘めた価値観や人生観を伴う多様な生き方をし，生きがいをもっている。そこに万人すべてに共通するような"合理的"というところのむずかしさがある。

　例えば，子どもとおとなでは物事についての理解力や生活経験に差があるために興味や喜びの内容には異なるものがあり，若者と高齢者では体力的なことや人生経験などの面から生ずる考え方や価値観に差があるわけで，子どもには子どもなりの，おとなにはおとななりの，若者には若者なりの，高齢者には高齢者なりの生活があり，それに伴う考え方や感じ方の違いがあるはずである。そうした違いにどう対処するかというところに合理的配慮に関する問題や課題があるといってよい。

　「合理的」とは，広辞苑（岩波書店　第7版）を引用すれば，①道理や理屈にかなっているさま　②物事の進め方に無駄がなく能率的であるさま，とある。道理や理屈にかなっているかどうか，物事の進め方に無駄があるかないか，あるいは能率的であるかないかという，その基準（目安）となるのは何かということになるが，それは人々の日々の暮らし方そのもののなかにあるはずである。

　人の暮らし方における道理や理屈，物事の進め方に関する問題を考えた場合，それは障害者の権利に関わる問題であるというだけではなく，人々すべてに関わる問題であるということになる。したがって障害者の権利条約でいうところの合理的配慮とは，障害当事者のことだけを考えた配慮ではなく，障害のある人もない人もその両者を含めた"人の暮らし"を考えた配慮でなければならないという理解認識が大切である。

　誰もが暮らしやすい社会環境の構築をめざすには，専門的なあらゆる分野が連携し，理解し，満足または納得できるようにするか，あるいは合意や妥協が

得られるようにするかを考えた取り組みをしなければならないわけであるが，そこに「合理的配慮」の必然性がある。

　障害のある人もない人も互いにどのように認め合い，尊重し合い，どのように共に生きていくかというところに合理的配慮に関する課題があるわけで，それは人々の日々の暮らしのなかで，生活感覚としての満足不満足の度合いとも関連する価値観や人生観に連なるいわゆる生活の質や生活のしづらさについての問題をどのように考えるかということである。またそれは優れた人間社会だけが獲得できる心豊かなさらなる発展に関わる課題であるともいえる。

第4章　引用・参考文献
1）浅井浩著「発達障害と「自立」「支援」」田研出版（2007）
2）浅井浩著「日本の障害児（者）の教育と福祉　古くて新しい課題」田研出版（2012）
3）同上
4）同上
5）社会福祉士養成講座編集委員会「福祉サービスの組織と経営」第2版　中央法規出版（2010）
6）前掲書3）
7）「社会福祉小六法　2017年版」ミネルヴァ書房
8）同上
9）同上

第5章
展望所感

第1節　障害（者）観と用語の問題

1)「発達障害」の用語と発達障害者支援法の定義

　発達障害の用語誕生の発端となったのは，1961年にアメリカのケネディ大統領が精神遅滞（＝知的障害）に関する研究や予防，治療についての検討を行うための特別委員会を組織したことにある。その特別委員会は，翌年の1962年に精神遅滞に関する現状や問題などについて国家レベルで取り組むべき指針を提言した。提言の内容は，精神遅滞に関連する周辺の疾患に共通する予防，社会サービス，研究，訓練等からなる包括的な対応の重要性を示すもので，この提言に基づく新しい概念を表す用語として用いられるようになったのが「発達障害 Developmental Disabilities」である。そして1963年にアメリカの母子健康に関する公法上ではじめて発達障害という言葉が公的に使用され，1970年のアメリカ公法に引き継がれることとなった。その際に，発達障害の概念規定として定義された内容は，18歳までに生じる精神遅滞，脳性まひ，てんかんまたは精神遅滞と同様の状態にある問題を有し，共通の対応を要するグループを包括する考え方を示すものであった。こうして「発達障害」が法律上で規定されたことによって公的に認知されるようになったというのが，用語誕生の経緯である。

　要するに「発達障害」は，精神遅滞，脳性まひ，てんかんの三者を包括する概念を示すアメリカの法律用語として誕生したわけであるが，その後アメリカ公法の定義は改定され，改定のたびに発達障害の内容は拡張され，自閉症，学習障害などを加え，さらに重度心身障害をも含め，22歳以前に発症したすべての障害及び慢性疾患を含むものとなった。こうした定義の改定は，障害が重複しているような場合は，日常生活において支障となる能力の不全や欠損あるい

は社会的不利のために同じような対応上の問題を有する状態にあり，それらを従来の疾患概念に基づいて規定するよりも，「発達障害」として包括的に規定したほうが実態に即しているという考えに基づく変化といえる。[1)][2)]

　こうした変化の背景には，従来の疾患概念に基づいた医学モデルとしての診断，治療，予防が，精神遅滞及びそれに関連する領域の疾患が共通的に必要とする支援サービスに結びつかないという実情があった。そうした実情を踏まえて適切に対処するには，共通の問題を抱えるグループを包括する必然性があった。そして，診断による病態把握や原因究明に基づく治療的処置の可能性を追求するには，医療という狭義の立場を超えた機能訓練などを含めた保育や教育など他の専門分野との連携，協力を要したことから，医療の分野だけでなく各分野に通用する概念を示す言葉の必要性があり，さらに脳機能が介在する生活行動上の問題を含む学業や社会適応の困難などを伴う障害（適応行動の障害）に対する理解や認識が得られやすいような用語の必要性もあったということがある。そこに発達障害という用語誕生の意味がある。

　また，発達障害という概念の成立は，疾患概念に基づく治療という狭義の医療の分野を超えるものであり，それは単に「発達」の「障害」ということにとどまらない新たな障害（者）観へと発展する端緒になったとも考えられる。[3)]（本章第2節参照）

　日本で発達障害という言葉が使われるようになったのはアメリカの影響を受け，1970年代に入ってからである。ちょうどそのころ，日本では「精神薄弱」という呼称が問題にされてそれに替わる用語探しをしていたため，研究者が新しい概念を受け入れやすかったということもあり，「発達障害」という言葉が広がったようである。それが行政用語として使用されるようになるのはずっと後の2002（平成14）年より始まった「自閉症・発達障害支援センター運営事業」[注)]からであり，法律用語としてはじめて使用されたのは「発達障害者支援法」からである。発達障害者支援法は，2004（平成16）年12月3日に成立し，翌年の4月1日に施行され現在に至っている。

発達障害者支援法は，その第2条で，発達障害の定義を『この法律において「発達障害」とは，自閉症，アスペルガー症候群その他の広汎性発達障害，学習障害，注意欠陥多動性障害その他これに類する脳機能の障害であってその症状が通常低年齢において発現するものとして政令で定めるものをいう。』（最新改正：平成28年）と定めている。この定義は，本来なら発達障害の領域に含まれるはずの精神遅滞（知的障害），脳性マヒ，てんかんなどは掲げていない。それは，知的障害とその周辺領域の障害及び脳性まひ（肢体不自由）については児童福祉法や知的障害者福祉法，身体障害者福祉法の対象としてすでに対応を行ってきたからである。また，自閉症についても，その7～8割が知的障害を伴うことからやはり既存の知的障害関連の福祉施策の中にすでに含められていたため，発達障害者支援法でいう自閉症やアスペルガー症候群は，いわゆる高機能自閉症のことである。

高機能自閉症というのは知的障害を伴わない場合の自閉症を意味する。つまり知的障害ではないが，生活行動面において，自閉症と同様の特有のこだわりがあるなどのために人間関係や社会適応や就労などにおいて困難があり，家族だけでは支えきれないなどの問題を抱える障害で，こうした障害は，これまでの法制度に則った障害者支援施策の対象からは外されてきたという経緯がある。

「広汎性発達障害」とは，自閉症及び自閉症に類似のアスペルガー症候群などの行動の障害を特徴とする広義の自閉的な発達障害群を意味する用語で，必ずしも知的障害を有するものではない自閉性障害を含めたコミュニケーションや対人関係などで問題を抱える障害グループを総称する用語である。このグループの障害の内容や状態は多様であり，広汎（広範）に及ぶことから広汎性発達障害という。人間関係や社会生活への参加や就労などの面での困難を抱えているが知的障害を有していないために，「軽度発達障害」などとされて放置されてきた。軽度とされると，これまでの身体障害・知的障害・精神障害の三障害を基本とする法律や制度に基づく障害者施策の対象としては認定されにくく，その位置づけが不明確であったことから，それらを「発達障害」として法

的に明確にするために「発達障害者支援法」は制定されたのである。こうした経緯を踏まえ、「発達障害」という表記について、文部科学省は、「学術的な発達障害と行政政策上の発達障害とは一致しない。また、調査の対象など正確さが求められる場合には、必要に応じて障害種を列記することなどを妨げるものではない。」としている。（文部科学省初等中等教育局特別支援教育課　平成19年3月15日）

　発達障害者支援法の成立した背景には、自閉症やアスペルガー症候群その他の広汎性発達障害といわれる障害は人口に占める割合が決して少なくないにもかかわらず、その発見や適切な対応に関わる専門家が少なく、また一般の人々の理解や認識も不十分で、教育的施策や福祉的施策の対象として適切な対応がなされてこなかったという事情があった。ちなみに、どの程度からどの範囲までを発達障害ととらえるのかとなると、専門的な見解はあるが、おおよその出現率は児童人口の5％ないしそれ以上といわれている。

　発達障害の場合、生活上の物事に対する認識力や判断力、人間関係や自己をコントロールする能力など精神的な面の成長という点に問題を抱えるという特徴がある。そうした点に配慮した適切な対応がなされない場合には、社会人として生活する上で身につけなければならない物事に対する理解や認識の仕方が正しく身につかないまま成長することになり、人間関係や社会生活においてトラブルを引き起こすことになる。判断力や自己をコントロールする力を欠くような場合は、犯罪の被害者になりやすいだけでなく犯罪者にもなり得るわけで、そうした事件が多発し、社会問題にもなった。

　そこでこうした障害を早期に発見し、効果的、継続的な支援を図るために、発達障害を法的に位置づけ、社会的に公認することで人々の理解や認識を促すところに発達障害者支援法の最大のねらいがあるわけで、理念法・啓発法ともいうべき性格の法律である。そのため今後の障害の定義や障害者福祉に関わるサービス体系の大幅な見直しが行われる段階で、障害者基本法を基盤とする法体系のなかに吸収されて、再定義される必要があるような過渡的な意味をもつ

ものとされている。

したがって発達障害者支援法は，発達障害というレッテルをはり，発達支援と称した施策の枠に発達障害を有する児童を強制的に振り分けることではないとして，その点に配慮する趣旨から法の条文の中（第5条4）で，発達障害者の支援施策を講じるにあたっては，「当該措置の対象となる児童及び保護者の意思を尊重するとともに，必要な配慮をしなければならない」としている。[4]

注）自閉症・発達障害支援センター運営事業
　知的障害を伴わない自閉症やアスペルガー症候群などは，人間関係の障害のために社会生活や就労に困難がある。そうした障害をもつ人を地域で支える体制の必要性が増してきたため，地域の相談機関として創設された事業で，2002（平成14）年度よりはじまった。この事業は，2005（平成17）年4月施行の発達障害者支援法に規定された「発達障害者支援センター」の機能と同じものである。[5]

2）発達障害，精神遅滞，知的障害[6][7]

「発達障害」「精神遅滞」「知的障害」は同意語のように使われてきた経緯がある。それは，発達障害という用語が，精神遅滞及び精神遅滞と同様の状態にあって共通の問題を抱えるグループを包括する用語として誕生したことによる。精神遅滞も知的障害も，同じ意味でつかわれてきたものであり，発達障害のそもそもの基本モデルは精神遅滞である。

「精神遅滞」の用語は，戦後の一時期にアメリカ進駐軍総司令部の民間情報教育局CIE（Civil Information and Education Section）の指導を受けていたこともあり，CIEの資料の中に使用されていた"mental retardation" "mentally retarded children"の訳語として，精神医学や心理学，教育学の分野で使用されてきた。そしてアメリカ精神薄弱学会（AAMD）[注]が1959年に「精神遅滞 Mental Retardation」という言葉を用いて，精神遅滞の定義とマニュアルを作成し，「精神遅滞とは，全般的な知的機能が平均よりも有意に低く，適応行動の障害を伴い，その状態が発達期中に現れるものをいう」と定義

した。この定義は，精神遅滞について単に生物学的な側面からの知能障害に着目するだけではなく，その状態像であるところの心理・社会的な側面からの適応行動の障害ということにも着目したことから，世界的にも承認されることとなり，日本でも「精神遅滞」という言葉はそのまま使用されてきた。

精神遅滞とは，知的機能（知能）の発達に遅れがあるために，適応行動の障害を伴う状態をいうわけであるが，知的障害という言葉が使用されるようになる以前は，「精神薄弱」という言葉が使われていた。「精神薄弱」は，大正時代から行政用語としては使用されているが，日本の法令上ではじめて使用されたのは，1941（昭和16）年に「小学校令」が「国民学校令」に改正されるに当たり公布された「国民学校令施行規則」においてである。その第53条に，「国民学校ニ於テハ身体虚弱，<u>精神薄弱其ノ他心身ニ異常アル児童ニシテ特別養護ノ必要アリト認ムルモノノ為ニ学級又ハ学校ヲ編制スルコトヲ得</u>」（下線筆者）というように制度上の規定として「精神薄弱」の用語とともにそのための学級や学校を設けることができるということがはじめて明記された。これ以後，行政や法律上の用語としてだけでなく一般的にも使用されるようになった。

しかし1965（昭和40）年代ころから不適切用語として問題にされるようになり，精神薄弱と呼ばれる本人側からも用語を改めてほしいという要望が出されたことなどから1990年代に入って用語をめぐる論議が一段と活発化した。

精神薄弱が不適切な用語とされた理由には，「精神」という言葉が一般的には，人格（人柄）を指して用いられることにも起因する誤解や偏見からの拒否感が強かったこと，文字通りに解釈すれば精神が薄くて弱いというような意味になり，意志薄弱を連想させること，語感が不快であること，科学的妥当性を欠くこと，精神薄弱を略して「精薄(せいはく)」というのは軽蔑的であることなどであった。そのため専門的な検討が行われ，精神薄弱に替わる用語として，欧米などで"intellectual disability"が広く使用されているということから，「知的障害」が提起された。そして1999（平成11）年4月より法律用語も「精神薄弱」から「知的障害」に改められることになったが，「精神遅滞」の

使用も認められ，現在に至っている。

注）アメリカ精神薄弱学会American Association on Mental Deficiency（AAMD）
　アメリカ精神薄弱学会（AAMD）は，名称を1988年に，アメリカ精神遅滞学会American Association on Mental Retardation(AAMR)に改称。2007年にはアメリカ知的・発達障害学会American Association on Intellectual and Developmental Disabilities（AAIDD）に改称。知的障害（精神遅滞）に関する研究者や実践家らで構成されるアメリカの学会で，科学的研究や政策等において大きな影響力を発揮して現在に至っている。

3）「精神薄弱」から「知的障害」へ[8) 9) 10) 11) 12)]

　「精神薄弱」の語が使用されるようになる以前は，学術用語として精神医学の分野（神経学雑誌，精神神経学雑誌，心理学や教育学関係の主要雑誌，精神衛生誌）では「白痴」，児童研究や教育学の分野では「低能」という語が使用されていたほか，低格児，精神遅鈍児，病的低能，痴愚などの表現もあった。これらの用語が人の能力的な優劣の面しかみないような風潮を助長し，差別やべっ視につながるとして，当時の日本の医学はドイツに学んでいたこともあり，ドイツ語の"schwachsinn"あるいは英語の"feeble mindedness" "mental deficiency"の訳語である「精神薄弱」を用いるようになったようである。

　したがって「精神薄弱」はそもそも差別語に替わる用語だったということになるが，それがどうして不適切語とされるようになったのか。

　日本の精神薄弱概念の基調となったのは，ヨーロッパ諸国の事情を紹介するなどして精神医学の分野の近代化に大きな役割を果たした呉秀三（くれしゅうぞう）（1865～1932 オーストリア，ドイツに留学し，クレペリンに師事。明治34年に帰国，当時の日本の精神医学の第一人者として活躍した。）の提言である。

　呉は，精神薄弱を精神医学の中の一疾患とし，その診断名を「精神発育制止症」とし，その程度を「白痴（はくち）」「知愚（ちぐ）」「鈍愚（どんぐ）」（鈍愚はのちに「魯鈍（ろどん）」とされる）の3つに分類した。またヨーロッパ諸国の事情を紹介しながら，精神薄弱者処遇体系については「白痴者自己ノ為又ハ社会ノタメニ保護シテヤラナケ

レバナラナイ」として「白痴院」を設立することと、「教育ヲ施シ得る者アリ」として「軽度痴愚者ニテ道徳的欠陥ナキモノ」の程度に応じて「補助学校・補助学級・前提学級・補修学級昼間収容所等」に収容すべきとして、「普通小学校・私立小学校ニ入学サスベキモノデハアリマセン」と提言している。

この提言が、戦前の日本における精神医学・精神衛生領域からの精神薄弱問題への発言の基調となって、「精神発育制止症」という診断名は、戦前はもとより戦後まで使われてきたが、この診断名は、発育（発達）の可能性を否定するような表現であるとして問題にされたため使われなくなったようである。

なお「精神薄弱」についての日本の法律上における定義は示されないまま、用語が「知的障害」になってからも現在に至るまで示されてはいない。但し、公的な定義としては1953（昭和28）年6月の文部省事務次官通達「教育上特別な取扱いを要する児童生徒の判別基準」に示された定義がある。

文部省事務次官通達「教育上特別な取扱いを要する児童生徒の判別基準」
(昭和28年6月)

種々の原因により精神発育が恒久的に遅滞し、このため知的能力が劣り、自己の身辺の事がらの処理および社会生活への適応が著しく困難なものを精神薄弱とし、なおこれを程度により、白痴・痴愚・魯鈍の三者に分ける。

1．白痴：言語をほとんど有せず、自他の意思の交換および環境への適応が困難であって、衣食の上にも絶えず保護を必要とし、成人になってもまったく自立困難と考えられるもの（知能指数による分類を参考にすれば、IQ20ないし25以下のもの）。
2．痴愚：新しい事態の変化に適応する能力が乏しく、他人の助けによりようやく自己の身辺の事がらを処理し得るが、成人になっても知能年齢6，7歳にしか達しないと考えられるもの（IQ20ないし25から50程度）。
3．魯鈍：日常生活にはさしつかえない程度に自ら身辺の事がらを処理することができるが、抽象的な思考推理は困難であって、成人に達しても知能年齢10歳ないしは12歳程度にしか達しないと考えられるもの（IQ50から75程度）。

付１．境界線児：前項と正常児との中間にあるもの（IQ75～85の程度）
付２．現在精神疾患，脳疾患を有する精神遅滞。

この判別基準にある「精神発育が恒久的に遅滞」という表現も，精神発育の遅れが生涯持続するかのような表現であるということから，実際的には発達的変化はあり得るとする批判を受けることとなった。この判別基準は，1962（昭和37）年に，学校教育法施行令において，盲・聾・養護学校の対象となる子どもの心身障害の程度が示されたことに伴い失効した。そして同年の文部省初等中等教育局長通達「教育上特別な取扱いを要する児童・生徒の教育的措置について」では，『施行令の表の精神薄弱の項において「精神発育の遅滞の程度が中度以上のもの」というのは，白痴，痴愚程度の精神薄弱を指し，「精神発育の遅滞の程度が軽度のもの」というのは，魯鈍程度の精神薄弱を指すものであること。』としており，「恒久的に遅滞」という表現や「成人になってもまったく自立困難」「成人になっても知能年齢6，7歳」「成人になっても知能年齢10歳ないし12歳程度」という表現はなく，白痴・知愚・魯鈍という表現は「重度」「中度」「経度」に置き換えられた。

　なお1973（昭和48）年に知的障害児（者）に対して一貫した指導・相談を行うとともに，各種の支援措置を受けやすくするために厚生省（現在の厚生労働省）は，厚生事務次官通知「療育手帳制度について」を発出した。これにより，手帳の交付対象は児童相談所または精神薄弱者更生相談所（現在の知的障害者更生相談所）において精神薄弱と判定された者と規定した。判定の基準は知的障害の程度が重度（A）とその他（B）に区分され，その判定基準が示された。

療育手帳制度　重度（A）とその他（B）の基準
（昭和48年）

・重度（A）の基準
①　知能指数が概ね35以下であって，次のいずれかに該当する者
〇食事，着脱衣，排便および洗面等日常生活の介助を必要とする。
〇異食，興奮などの問題行動を有する。
②　知能指数が概ね50以下であって，盲，ろうあ，肢体不自由等を有する者
・その他（B）の基準
　重度（A）の者以外

「精神薄弱」はその語感が不快であり，「精神」という言葉が一般的には人格（人柄）を指す意味にも用いられていることに起因するところの誤解や偏見があることなどから，1965（昭和40）年代に入って問題視されるようになり，精神薄弱と呼ばれる本人側からも用語を改めてほしいという要望が出されたことなどから，専門的な検討が行われることとなった。

　新しい用語の提案を目的に，日本知的障害福祉連盟（＝日本発達障害連盟）は，1990～1993（平成2～5）年に検討委員会を設置して検討を行った。また当時の厚生省（現在の厚生労働省）も法令改正を念頭に1992～1995（平成4～7）年に研究班を組織し，用語問題についての検討を行った。

日本知的障害福祉連盟「結論としての見解」

1993（平成5）年11月

1．症候名としては「精神遅滞」を用いる。
　精神遅滞は単一の疾患ではなく，知的発達の障害を共通の症状とする症候群であるとされることと，医学のみならず，心理学，教育学などの分野でも広く一般的に用いられているところから「症候名」とした。
2．身体障害等と並ぶ障害区分としては，「知的障害」に位置付ける。
　障害を区分する場合，精神遅滞は老人性痴呆や事故等による成人期以降の知的障害なども含めて「知的障害」の中に位置付けられるため，「身体障害等と並ぶ区分」とした。
　したがって，老人性痴呆等の成人期以降の知的障害を含まないことを明確にする必要がある場合には「精神遅滞による知的障害」ということになる。
3．団体名，法律用語をどう変えるかが今後の課題。

厚生省「討論を経ての結論」

1995（平成7）年3月

（1）主な研究討論の概要
1．「－障害」は許容できるか。
・「障害」「遅滞」などマイナス条件を示す語を避けることにすると，その状態を示す

用語になりにくい。
・特別な支援的サービスの必要性を明確にするためには，「－障害」を積極的に使うべきではないか。
・行政的なサービスの必要性を規定するための用語としては，「－障害」と言わざるを得ないのではないか。
2．「－障害」か「－遅滞」か。
・「遅滞」のほうが，語感がやわらかい。発達期との関係がわかりやすいし，その状態の回復の可能性が感じられる。
・「遅滞」は，その状態の表現があいまいで，特別な支援的サービスの必要性についての表現も不明確ではないか。
・「遅滞」は，発達期を過ぎた場合，特に高齢の場合は使いにくい。
・「障害」を，発達期に起きたものに限定して，そのことを明確にするには，「－発達障害」「発達性－－障害」などとすればよい。
3．「知的－」か「知能－」か。
・「知的」よりは「知能」のほうが概念は明確。
・「知能」のほうが，概念が限定的なために，「障害」をつけた場合，語感がきつい。
・「知的」の概念はあいまいであるが，「知能」よりはいくぶん広いととらえれば，その状態の実態を的確に表現することになるのでは。
・法律で規定する用語として「知的」は問題か。
4．「精神－」か「知的－」か。
・「精神」には「知的」以上に，人格的もしくは道徳的価値観とかかわる語感があって，それに否定的語がつくと，不快感が強まるのでは。
・障害者基本法では，精神薄弱と精神障害を区別している。
・日本精神薄弱者福祉連盟は，精神遅滞を知的障害に位置付けている。
5．「発達障害」は「精神薄弱」に替わる用語になり得るか。
・「発達障害」を「精神薄弱」に替わる言葉とした場合，概念が広がり，同じでなくなる。
・「精神薄弱」と密接に関連し，類似の対応を必要とする自閉症などを含めて「発達障害」と言い換えてもよいのではないかという意見もある。
6．「知的障害」は「精神薄弱」に替わる用語になり得るか。
・「精神薄弱」に替わる用語として「知的障害」を用いる場合，発達期に起こった知的障害に限ることになる。
・発達期に起こった障害の状態であることを表現するには，「知的発達障害」「発達性

知的障害」「精神遅滞による知的障害」などということになるが「知的発達障害」が最も適切ではないか。
（2）討論を経ての結論
　『「精神薄弱」に替わる用語について，その基本概念を変えないことを前提に，討論を重ねてきたが。その結論を次の5項目にまとめた。
1．「精神薄弱」に替わる用語を「知的発達障害」または，それを簡略化して「知的障害」とする。
2．「精神薄弱児・者」については，「知的発達に障害のある人」または，それを簡略化して「知的障害のある人」とする。
3．一般に，「知的障害」には，発達期（ほぼ18歳まで）に起こる知的障害のみでなく，発達期を過ぎての頭部損傷による知的障害，アルツハイマー病による知的障害などが含まれるが，「知的発達障害」を簡略化し「知的障害」とする場合は，発達期に発生する知的障害に限定する。
4．「知的発達障害」を中心に，それと密接に関連し，類似の対応を必要とする自閉症，脳性マヒなどを含めて「発達障害」とする。
5．現行法中の「精神薄弱」の語を改める場合，それと同じ概念の語，たとえば「知的発達障害」を選択することもあれば，それより広い概念の語，たとえば「発達障害」を用いることもある。
［付］「精神薄弱」に替わる語として，「知的発達障害」（または「知的障害」を用いるかどうかについては，法律で用いる語として適切かどうかを含めてさらに，別途の検討を必要とする。）

　日本知的障害福祉連盟の結論としての見解は，「団体名，法律名をどう変えるかが今後の課題」としつつ，「精神遅滞」と「知的障害」の二つの語を提示したかのように理解され，「精神遅滞」には新しい用語というイメージがなかったこともあり，実用化することができなかったようである。
　厚生省の研究班による「討論を経ての結論」は，用語としては「知的（発達）障害」を提起しているが，「法律で用いる語として適当かどうか」については，別途の検討を必要とするという条件を付したものとなった。
　二つの研究班が共に，法律用語として位置づけることについては慎重であり，

第1節　障害（者）観と用語の問題　259

　精神薄弱に替わる用語を明確に「知的障害」とすることができなかった理由は，法律用語とするからには安易な決定はできないということであろうし，障害の内容がただ単に，生物学的側面からの知的機能の障害（知能障害）というだけではなく，「適応」「発達」という心理・社会的側面からの問題を伴う障害であるという点についての共通的な理解，認識を得るところにむずかしさがあり，明確に結論づけるのがむずかしかったということのようである。

　「精神薄弱」と表現されてきた障害は，いわゆる身体障害とは質的に異なるものであり，障害の内容についての理解を促すということでは「精神薄弱」よりは「知的障害」のほうがわかりやすいかもしれない。結局，欧米などでは，"intellectual disability"が広く使用されていることから，「知的障害」に改めることになり，1998（平成10）年9月28日に「精神薄弱の用語の整理のための関係法律の一部を改正する法律」が成立，1999（平成11）年4月1日に施行され，「精神薄弱」は「知的障害」に改められて現在に至っている。

　用語を改めるということは，それに伴い用語に付随してきた問題点も改まるものでなければその意味はない。「精神薄弱」というにしろ，「知的障害」というにしろ，それをどのように理解し受け止めるのかが重要である。「障害」や「精神」という用語自体が問題だとして，それを使わないとする意見もあった。その一つに，能力主義的評価基準からすれば問題視されるようなことであっても，人間の本質的なところに目を向けさせてくれ，人として大切なことを気づかせてくれるという意味から，人の世における啓発者であるとして，「障害児」ではなく「啓発児（けいはつじ）」という呼称も提唱された。しかし「啓発児」という言い方では，その状態像を具体的に理解し，そのための支援を講ずるということからすれば，はなはだ実態にはそぐわない用語だということになる。

　また「知力救援（者）」という用語も提案されたが，人間誰しもある面においては知力救援者である。誰もがそうだとすれば，なぜその用語を必要とするのかということになる。わざわざ対象を特定して「知力救援者」などという語を使わなければならない理由はないことになる。[13]

あれこれと考えすぎて，結果的にはかえって大切な物事の本質を見失ってしまうようなことが往々にしてありがちであるということには注意を要したい。

4）障害の予防と「障害者」[14]

障害を予防するということは，あくまでも障害そのものの予防をいうのであって，それは障害をもつ人を排除するとか抹殺するというような意味では決してないはずであるが，その辺の解釈の問題がある。

「障害」とは，じゃま，さまたげ，さしさわりとなる物事を意味する用語であるが，人の生活上において障害となるものは何かとなると，それは必ずしも人の心身上の欠損や不全を伴うものとは限らない。

人にとって障害となるものには，年齢や生活経験，生活習慣，性別など，いろいろ考えられるが，大きく挙げるとすれば，病理的障害，物理的障害，制度的障害，文化的障害，情報的障害，意識的障害などということになる。これらのうちのいずれかに遭遇した人，直面した人が，それを避けることができずにいるような場合に障害をもつ人というわけで，決してその人自身が障害そのものであるという意味ではないはずである。便宜的に，障害をもつ人という意味で「障害者」というようになったといってよいであろう。それは病気になった人のことを「病人」「罹患者」「患者」などという場合と同じだといってよい。しかし「障害」という言葉に直接「者」がついたがために，害のある虫という意味で「害虫」などと呼ぶ場合と同じように解釈してしまうという問題があるようだ。そのため障害の「害」という字の替わりに，妨げるという意味の「礙(がい)」の俗字である「碍」を用いた表記にすることが提唱されたり，「障がい者」「しょうがいしゃ」と仮名表記にすることが提唱されたりしている。

どのような用語でも意味不明では困るし，的確にその意味内容が表現され，しかも人々が納得できるものでなければならない。意味内容を伝えることができたとしても，それが意識的にためらわれるような表現であってはならないところに用語問題のむずかしさがある。言葉は大切であるからこだわるのはよい

としても，用語問題の検討において，言葉にこだわりすぎてしまって何ゆえにその用語を必要とするのかという肝心な物事の本質を見失ってしまい，結果的にその本質から遊離した論議に翻弄されるような傾向が往々にしてありがちであることには注意を要する。

　予防とは，あらかじめ防ぐということであるが，あらかじめ防ぐということは，防いだほうがよいという何らかの理由が存在し，防ぐことが可能だという根拠があることになる。何の理由も根拠もなければ予防する意味も必要もない。予防するという場合，予防したほうがよいということが明らかであり，予防が可能であるからにほかならない。それはよりよく生きたい，気分よく生活したい，充実した生活を送りたい，苦痛や嫌なことは避けたいという気持ちの発動であって，人の価値観や人生観に沿うものであり，そうしたことを願い，その願いが実現することを期待する気持ちは，障害をもつ人ももたない人も誰もが同じはずである。そうだとすればその思いを尊重し合い，互いによりよく生きるための方法を考えなければならない。しかしこれから生まれてこようとする生命体には，価値観や人生観について考えたり判断したりする主体性はまだ育ってはいない。これから生まれてこようとする生命体自身は自らの生命の維持や生活の発展に関わる判断，決定は何もできない。その点をどのように考えるかということは，あいまいにしてはならないきわめて重要な問題である。

　障害者基本法では，障害の原因となる傷病の予防に関する基本的施策について第31条で，「国及び地方公共団体は，障害の原因となる疾病及びその予防に関する調査及び研究を促進しなければならない。2　国及び地方公共団体は，障害の原因となる傷病の予防のため，必要な知識の普及，母子保健等の保健対策の強化，当該傷病の早期発見及び早期治療の推進その他必要な施策を講じなければならない。3　国及び地方公共団体は，障害の原因となる難病等の予防及び治療が困難であることに鑑み，障害の原因となる難病等の調査及び研究を推進するとともに，難病等に係る障害者に対する施策をきめ細かく推進するよう努めなければならない。」と定めている。

高度に発達進化したとはいえ，人間は病気や障害と無縁では生きられない。それは人間のいわば宿命といってよいかもしれない。人間の場合，医学及び医療技術らを進歩させることで，本来ならば生命の維持のみならず，その誕生すらむずかしいような事態に際しても大抵のことは解決を可能にしてきた。その反面そのことがさらに新たなリスクを誘発する要因にもなり得るといえる。

　人間社会の文化がどのように進歩し発展しようともおそらく病気や障害はなくならないであろうし，病気にかかる人や障害をもつ人のいない社会はあり得ない。最近の，障害の重度化，重複化，多様化，中途障害者の増加，障害原因の多様化などということはそれを物語っているといってよい。実際に，原始の時代にはなかったであろう公害，薬害，交通事故，医療事故などによる病気や障害が存在する。保健衛生の向上は人の寿命を延ばしてきたが，病気もせずに健康な生活を送ることができたとしても，高齢化に伴い，誰もが必ず衰え，心身の変調をきたす。寿命の延びは同時に高齢化による介護に関する課題を含む現代の社会的な問題となっている。そうだとすれば，そうした宿命を肯定した生き方の追及をしていかなければならない。障害をもつ人が生きやすい社会であれば，障害のない人にも生きやすい社会であるはずであり，そうした社会を構築し維持していくためには障害者の存在があってこそ具体的に考えていくことができる。人としてその一生をいかに生きるか，あるいは生きられるかどうかは誰にとっても重大なことである。それゆえ，人はよりよく生きるために都合のよい生活環境を築こうとするわけであるが，それは人々の生きる努力のなかで互いによく生きられるよう支え合うことによってこそ築くことができるものといえる。そこに病気や障害をどのように受け止めるかの理解や配慮を要する必然性があり，障害や病気を予防する理由と根拠がある。

　障害の予防には，「第一次予防」「第二次予防」「第三次予防」という考え方がある。

　第一次予防とは，障害が発生する前段階の予防のことである。この段階は，障害の発生そのものを防止することを狙いとするわけであるが，そこには生命

の発達的可能性を無視した選別や人為的な生命操作に関わる問題が含まれることへの注意を要する。そうした問題を踏まえ，医療的，倫理的，法的，社会的，心理的条件等を駆使し，人間のもてるすべての英知を結集した考え方に基づく取り組みが重要となる。

　第二次予防とは，発生した障害の内容やその程度・状態への早期対応による障害の軽減や二次的に起こり得る障害の予防である。この段階は，早期発見による的確な障害内容の把握により，よりよい方向づけを含めた早期対応が重要で，単に医療のみではなく，医療のレベルを超えた教育的あるいは福祉的，そのほかのあらゆる専門性が求められることになる。

　第三次予防とは，生命や生活（人生）の質を後退させないための予防である。この段階は，障害をもつ人の生活権をいかに確保し擁護するかということと誰もが暮らしやすい社会環境の基盤整備や構築のための専門的な各分野の連携による取り組みが重要となる。障害（者）に関する理解を促す啓発活動や医療・医学的リハビリテーション，生活環境のバリアフリー化，生活保障及び生活支援に関する施策の整備充実に向けた取り組みは，第三次予防に関わる今日的課題といえる。[15]

第2節　新たな障害（者）観と国際生活機能分類の意義

　「障害」といえば，これまでは個人の心身上の欠陥または不全という医学的なレベルの問題としてとらえられ，専門的な治療等によりその治癒や改善がみられなければ，それは個人の問題で，仕方がないとする障害（者）観が一般的であったが，新たな障害（者）観とは，単に個人の問題だとするのではなく，社会環境（生活環境）との関係にも目を向けたとらえ方や考え方である。

　また「疾病」についても，その内容は多様であるが，その程度・状態によっては，自らの生命や生活を維持し，発展させていく上で支障を抱える状態ということでは「障害」と同類であると考えられるようになった。

疾病（疾患）と障害を区別するとすれば，一般的には疾病は医療の対象であり，疾病のために生活に支障のある状態は一過性で，治癒の可能性を含むものということになるが，障害は支援や介護の対象であり，障害のために生活に支障のある状態は無期限に継続するものということになる。

　疾病に対する医学的な専門医療という立場からすれば，その原因を明らかにすることにより治療を行うのであるが，それは疾病（疾患）により発生する日常生活上の制限や制約，社会生活上の不利益を被るという状態を直接的に治療（改善または軽減）するということではない。しかし治療の対象である医学モデルの場合も，支援や介護の対象である障害モデルの場合も，どちらも生活課題の達成に困難を抱え，日常生活上において制限や制約，不利益を抱えるということでは同じである。端的にいえば，疾病も障害も，その状態は自らの生命や生活を維持し，発展させていく上で支障のある状態ということでは同類なのである。

　例えば，疾病であってもその治癒の仕方によっては障害が残るような場合もあり得るし，精神疾患により偏見や差別の対象となり社会的不利を被るなど疾病の結果として生ずる障害もある。また機能的欠損や能力低下などの障害の結果として生ずる体調の変化による疾病もある。疾病であっても慢性病のように支障のある状態が一過性ではなく継続する場合もあり，障害であっても生活環境的条件の改善によっては日常生活において支障のある状態が継続するとは限らないということも考えられる。[16]

　要するに疾病も障害も同類で共存するものと考えてよいわけで，病気の人も障害をもつ人も日常生活または社会生活を営む上で困難を抱えた「生活者」であり，社会を構成する一員であると考えるところに新たな障害（者）観の発展がある。それは，リハビリテーションの目標であった日常生活動作（ADL：Activity of Daily Living）に関わる身体的な機能や能力を重視する考え方から生活（人生）の質（QOL：Quality of Life）に関わる生活のしづらさなどにも着目し，人の感性や価値観，人生観を重視する考え方への変化である。それ

は，日常生活で抱える困難としての制限や制約，社会的不利等に関する問題はそうした困難を抱える個人の問題というだけではなく，その人が生活する環境条件であるところの社会的レベルの問題でもあるという認識を喚起し，現在に至っている。

　日常生活において困難を抱える「生活者」のニーズに適切に対応するための支援は，その人のライフスタイルを考慮したものでなければならないが，それは必然的に単なる医療的なレベルを超えて，人の生活及び生涯に関わる支援を社会的環境条件との関連でどう展開するかという問題を考えることでもある。それが，「医学モデル」「障害モデル」というとらえ方から「生活モデル」「社会モデル」というとらえ方への変化というように考えられる。

　障害（者）に対する見方や考え方は時代を経て変化してきたわけで，現在は，障害者も同じ生活者であるとして，その"生活の質"あるいは"生活のしづらさ"という点にも目を向けた考え方がなされるようになったが，世界的な規模で障害（者）観に大きな影響を与える契機となったのは，世界保健機関（WHO）が障害について世界共通の理解認識をもって科学的なアプローチを可能にすることを目的に作成し，1980（昭和55）年に発表した「国際障害分類（ICIDH：International Classification of Impairments, Disabilities and Handicaps）」と，その翌年の1981年に国連が「国際障害者年」[注]を設定したことである。国際障害分類の考え方は，国際障害者年を契機に，世界規模で各方面，各分野に非常に大きな影響を与えることとなった。

　国際障害分類（ICIDH）は，障害のレベルを①機能障害　②能力障害　③社会的不利の三つに分類する考え方である。これは簡単にいえば，疾病等によって生じた機能障害は，生活上の能力障害（能力低下）や社会的不利を伴うという考え方である。この三つの障害レベルに分類する考え方は，障害者を取り巻く社会的環境条件の問題にも目をむけ，「障害」の本質を明らかにし，障害をもつ人の支援の方向性を明確にするという意味で画期的とされた。

〈国際障害分類（ICIDH）における三つの障害レベル〉
①機能障害 impairments
　心身の機能または構造の一時的または永続的な喪失や異常を意味する。肢体不自由や視覚，聴覚，思考，情緒，感情などが正常に機能しない状態。
②能力障害（能力低下） disabilities
　機能障害に起因する能力（人間として正常とみなされる方法や範囲で活動する能力）の何らかの制限や欠如を意味する。食事，排泄，衣服の着脱などの身辺動作やコミュニケーションがうまくできない状態。
③社会的不利 handicaps
　年齢，性，社会，文化的諸因子からみてその個人に生活上の不利益が生じていることを意味する。多くの人々に保障される生活水準，社会活動への参加，社会的評価などが保障されない状態。

　しかしこの国際障害分類の考え方は，「疾病／変調⇒機能障害⇒能力障害（能力低下）⇒社会的不利」というように直線的に障害をとらえる考え方であり，それだけでは不十分であるということから，医療，福祉，行政，障害当事者など各分野の関係者が参加して分類の改定作業が進められた。そして1997年に改定試案の1が，1999年に改定試案の2が発表され，そのフィールドトライアルを経て，最終的な国際障害分類の改定版として2001（平成13）年5月に世界保健機関（WHO）の第54回総会において「国際生活機能分類ICF：International Classification of Functioning, Disability and Health」が正式に採択された。改定版の名称は，「国際生活機能分類（ICF）」であるが，その意図するところは，改定前の機能障害・能力障害（能力低下）・社会的不利という分類をさらに積極的に推し進め，人間の生活に関連するすべてのことを対象にすることにある。
　国際生活機能分類（ICF）の特徴は，改定前のように障害を機能障害・能力障害（能力低下）・社会的不利の三つのレベルに分類する考え方を基本にし

第2節 新たな障害(者)観と国際生活機能分類の意義 267

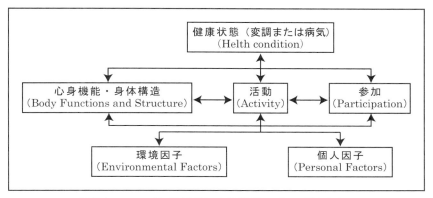

図5-1 ICFの構成要素間の相互作用モデル(WHO, 2001)

ているが,図5-1のように人の生活機能や生活能力の障害を,①心身機能・身体構造,②活動,③参加,の三つの次元及び,健康状態と背景因子(個人因子と環境因子の二つがある)の相互作用としてとらえようというところにある。それは人間の生活機能と生活能力を構成する要素を分類した場合,生活機能は心身機能と身体構造に分類されるとし,機能障害については,「心身機能・身体構造 Body Function & Structure」に障害のある状態としてとらえ,生活能力は「活動 Activity」と「参加 Participation」に分類されるとし,能力障害については活動に制限のある状態「活動制限 activity limitations」ととらえ,社会的不利については,参加に制約のある状態「参加制約 participation restrictions」というとらえ方をしている。

国際生活機能分類(ICF)は人間の生活機能と生活能力の障害の分類であり,図5-1は,生活機能や生活能力の障害の"過程"をモデル化するものではないが,生活機能や生活能力を構成するさまざまな要素間の相互作用についてわかりやすく視覚化するために役立つように示している。

国際生活機能分類(ICF)の大きな特徴は,障害の発生には個人のもつ心身の特徴だけではなく環境の影響が大きいことにも着目し,生活機能と生活能力のすべての構成要素に影響を及ぼす背景因子として,「個人因子 Personal

Factors」との関連で「環境因子 Environmental Factors」という観点を加え，それらの相互関係を双方向に矢印で結び，各次元の要素が相互に関係し合うという考え方を示している点にある。[17]

　国際生活機能分類（ICF）の考え方は従来の障害の概念を一新するものであり，その意義は，障害をもつ人々だけに関する分類ではなく，すべての人々の生活機能と生活能力に関わる障害として分類するもので，障害の原因となる個人に属する因子のみならず，環境に属する因子（物理的環境，人々の意識的・制度的環境，生活情報や福祉サービス等も含む）の重要性にも着目するところにある。それは人の生活機能や生活能力を単に個人の問題としてとらえるのではなく，環境との関係にも着目するという点で，障害の本質を理解し，問題の解決に向かう方策を講ずる上での有効性を備えているといえる。

　医療，福祉，行政，障害当事者など多くの分野の関係者が参加した改訂作業によってできたという国際生活機能分類（ICF）の具体的な活用のあり方やその有効性については，今後において検証されるものであろう。しかし人の生活機能や生活能力というものを個人の健康状態だけでなく環境条件等との相互作用として構造化することによって障害を客観的にとらえることはできるかもしれないが，それは障害当事者の価値観や人生観，満足度などに関わる主観的側面をもとらえるものではないということが問題として提起されている。また障害を構造化すること自体についての疑問も出されているということであるが，国際生活機能分類（ICF）は，障害についての理解を世界共通のものにしようと意図するものであり，障害をもつ人ももたない人も同じ生活者であるという認識を促す意味では画期的である。それはまた障害者の権利を保障する「障害者の権利に関する条約」にある「合理的配慮」の問題を考える上でも重要な意味をもつといえる。[18]

注）国際障害者年（IYDP：International Year of Disabled Persons）
　国際連合では世界が抱える人類共通の問題を一年を通じて考え取り組む「国際年」を

定めているが，国際障害者年とは，障害者等に関する世界規模の啓蒙活動と国際的行動を展開するために国連が定めた1981（昭和56）年の国際年のことである。

　国際障害者年の目的は，1971（昭和46）年12月20日の第26回国連総会で採択された「知的障害者の権利宣言」と1975（昭和50）年12月9日の第30回国連総会で採択された「障害者の権利宣言」の趣旨を踏まえて，その完全実施を促進するところにあり，障害者の社会参加の支援や就労機会の保障などを具体的に実現させるためのスローガンとして掲げたのが「完全参加と平等 Full Participation and Equality」である。

　国連は，国際障害者年の掲げた目的の計画的な達成のために，1982年に「障害者に関する世界行動計画」を決議し，1983年〜1992年までの10年間を「国連・障害者の十年」と宣言し，各国が計画的に課題に取り組むこととなった。

第3節　障害児教育の義務制の意義と課題

　日本では，盲（視覚障害）と聾（聴覚障害）については，1890（明治23）年に学校教育制度の対象とされ，1923（大正12）年に，「盲学校及び聾唖学校令」により盲学校と聾唖学校（聾学校の旧称）の設置が道府県に義務づけられている。しかし盲・聾以外の心身障害児のための学校や学級が設置されるようになるのは1941（昭和16）年に「国民学校令」が施行されてからであり，盲・聾以外の心身障害児の教育が義務教育として教育制度上に明確に位置づけられたのは戦後である。戦争が終結し，国民の基本的な権利の一つとして，教育を受ける権利を定めた新たな日本国憲法が1946（昭和21）年11月3日に，教育基本法と学校教育法が1947（昭和22）年3月に公布されたことによってはじめて，盲・聾以外の心身障害も含めた障害児の教育が義務教育として明確に位置づけられた。

　教育基本法は，「すべて国民は，ひとしく，その能力に応ずる教育を受ける機会を与えられなければならないものであって，人種，信条，性別，社会的身分，経済的地位又は門地によって，教育上差別されない。」として教育の機会均等について定めるとともに，「国民は，その保護する子女に，9年の普通教

育を受けさせる義務を負う。」というように，義務教育の年限を明示した。

　学校教育法は，学校の範囲について，「この法律で，学校とは，小学校，中学校，高等学校，大学，盲学校，聾学校，養護学校及び幼稚園とする。」と定め，小学校の修業年限を6年，中学校の修業年限を3年と定めるとともに，保護者は学齢児童・生徒を小学校，中学校，盲学校，聾学校，養護学校に就学させるべき義務を負うと規定した。ただし，養護学校の義務制が実施されたのは，戦後の新しい学校制度の発足から32年目の1979（昭和54）年4月からである。（第1章第1節参照）

　戦後の学校教育は，盲学校，聾学校，養護学校を「特殊教育諸学校」という括りで，特殊教育諸学校における教育のことを「特殊教育」と称してきたが，2006（平成18）年6月に，障害種別による学校の区分をなくして，いわゆる学習障害や自閉症等の発達障害も含めた特別な教育的ニーズを抱える児童生徒に適切な教育指導と必要な支援を行うための「学校教育法等の一部を改正する法律」が成立し，2007（平成19）年4月に施行された。これにより特殊教育諸学校は「特別支援学校」に改称，一本化され，特殊教育は「特別支援教育」に改められて現在に至っている。

　義務教育の制度が国民すべての教育を受ける権利を保障し，教育の可能性を追求するものであるとすれば，そのための条件として，教育を受ける国民すべてに配慮した教育の内容・方法・場が整っているということでなければならない。それは教育を受ける権利に対する義務であり，義務教育制度の重要な条件である。特別支援教育が義務教育であるならば，そのための十分な配慮を要することになるが，そうした配慮がともすると教育を行う側の一方的な価値観や評価基準の枠にとらわれたものとなりがちで，その結果として，障害に対する配慮を欠き，無理を強いるようなことになり，児童生徒のやる気や自信を奪うことになりかねないということには注意を要する。特別支援というからには，特別な支援を必要としているその状態や程度に応じた適切な教育の内容や教育の方法，教育の場の工夫や設定ができるような教育法制度でなければならない。

第3節　障害児教育の義務制の意義と課題

　障害児（者）の暮らしに関わる日本の教育や福祉の現状は，断片的には優れているにしても，それが体系的には未確立，未整備の状態であるといっても過言ではない。これからの日本がどのような文化国家をめざすかということと，障害児（者）の教育や福祉は無関係ではない。戦後から現在に至るまでの障害児（者）の教育や福祉に関する諸々を振り返ってみることは，これからをどう考えるかという点において大切なことである。

　例えば，「障害（者）」の理解ということとの関連では用語の問題があり，教育を受ける権利との関連では無差別平等論や養護学校の義務化に対する過激な反対運動があり，「施設福祉から地域福祉へ」という施策との関連ではやみくもな入所施設の否定論や解体論があり，自立支援や就労支援との関連では「福祉的就労」の場が改編されたこと，対等な関係ということが「措置制度」から「利用契約制度」になったこと，さらに公的責任の後退のような障害者支援に関する法制度のめまぐるしい改変など，これらのことをかえりみることなしに，単に先へと進もうとするならば，はなはだ思慮の足りないことになる。

　1960年代のノーマライゼーションの理念や1970年代のアメリカの重度の障害者による自立生活運動（IL＝independent living運動）は，リハビリテーションや障害者福祉の分野に大きな影響を与えたことは確かである。しかし，ノーマライゼーションや自立についての考え方が日本社会では十分に理解されないまま，未消化の状態で，「自立支援」「地域生活支援」が強調されることで生じているギャップの問題にも目を向けるべきである。

　そもそも人の自立とは一体どうあればよいのか。そうした理解認識が不確かなままで，「自立支援」「地域移行」「完全参加と平等」と称する混乱が生じているともいえる。日常生活で介助を受け，あるいは職業的，経済的に何らかの援助を受けている場合であったとしても，そうした支援システムが整備され，それを活用（利用）した生活が確立し，生活の拠りどころとなる居場所があり，その人が精一杯生きる力を発揮し，その生活に満足または納得して，あるいはその人なりに安定した気分で生活を保持できるのであれば，それも人の生き方

であり，大切にすべきである。そうした生活の実現を図るところにこそ教育と福祉の大切な意味があるはずである。

　一般の人々も，教育関係者も，福祉関係者も，"教育"と"福祉"について，これまで別々の領域のようなとらえ方をしてきたのではないだろうか。

　教育の意義も福祉の意義も，要は「人としてよりよく生きるためのもの」というところにあるといってよい。それは別々のものではなく，人の生き方や生きがいに関わるという点では一体的なものであるはずである。教育は福祉のためにあり，福祉は教育のためにあるという認識が弱すぎるのではないだろうか。教育や福祉の施策をどのように考えるかは，優れた文化社会においてはおろそかにしてはならない必須のことであり，それはむろん障害児（者）を排斥するものであってはならない。

　戦後の日本は，あらゆる面で大きな変貌を遂げ，国民の意識や暮らしぶりも大きく変化した。そして今，少子高齢化の問題を含め新たな局面を迎えている。これからの日本が確かな文化国家としてどのように存続していくかという意味において教育や福祉についての考え方はきわめて重要となる。教育を受ける権利を保障するということでは，障害児の教育が義務制になった意義は大きい。しかし義務教育を修了すればそれでよいということではないわけで，義務教育終了後をどのように考えるのかという問題課題があることも確かである。義務教育としてどのようなことを，どのような観点で行うかということが明確でなければならないわけであるが，それは義務教育終了後をどのように見据えるかということでもある。

　障害児教育の義務制が実施されてから今日に至るまでの諸問題を概観すれば，いわゆる「障害」をどのように受け止めるか，というところから始まっている。「発達障害」の概念の問題，「精神薄弱」から「知的障害」への用語問題，「障害は個性か」をめぐる論議がある。そして障害児の就学前の相談や指導，保育所や幼稚園の利用，教育の内容や方法論，学校卒業後の就労支援や生活支援，老後，親亡き後，などさまざまな問題があるが，学齢期及びその前後

の諸問題は現在に至るまで本質的には変わってはいないといってよい。特に学校卒業後の就労や生活，親亡き後，老後などの問題は依然としてそのままである。それはなぜだろうか。おそらくそれは，障害児（者）の一生をどのように考え，どのように見据えるかという視点が不明確のままであるがゆえではないだろうか。結果として，一見したところ素晴らしい理念や言葉を並べてはいるが，具体的，根本的な解決には至らないままの施策のなかで，不本意ながらもそれに甘んじてきたという状況が続いてきたといってよい。

　人の一生において学齢期が大切な時期であることは今や誰もが認めるであろうが，その前後の時期も大切であることはいうまでもない。しかも学齢期とその前後の時期は連なっており，当然それぞれの時期に対応した適切な支援施策が講じられるということでなければならない。人の一生は，学校教育を終えたらそれでよいというものではない。学齢期よりもずっと長い学校卒業後をどのように暮らすか（暮らせるか），ということはきわめて重大なことである。障害児（者）の支援においても人の一生をどのように考えるかという視点が重要である。なぜなら，人の一生はかけがえのないものであり，障害の有無に関係なく，尊重されるべきものだからである。

　義務教育は，人の一生という視点に立った支援の一部分であって，学齢期の前後の支援体制が不十分だとすれば，義務教育とは一体何かということになってしまう。障害児教育の義務制の意義を考えた場合，義務教育の前後の諸問題を踏まえた支援施策の整備と確立は，大きな課題だといってよい。この課題を考える前提として重要なことは，障害児（者）の実態を改めて見直してみることである。就学前，就学期，義務教育終了後，それぞれの実態を改めて精査してみることにより教育と福祉の連携の重要性とその意味が明確になるはずである。あるいはもうすでに明確になっているにもかかわらず，具体的な施策に結びついていないというのであれば，それは政策的な怠慢の結果か，あるいは無知による無策の結果といっても過言ではない。

　いま，少子高齢化，待機児童問題，児童虐待などの問題がある一方で，教育

の無償化ということが論議されている。なぜ無償化なのか。教育の無償化によって，今よりももっと国民の教育を受ける権利を保障し，教育の義務化の徹底を図ることで，教育の質が向上するのか，待機児童問題が解消するのか，財源問題はどうするのか。

　日本国憲法の第26条には，「すべて国民は，法律の定めるところにより，その能力に応じて，ひとしく教育を受ける権利を有する。②すべて国民は，法律の定めるところにより，その保護する子女に普通教育を受けさせる義務を負ふ。義務教育は，これを無償とする。」（下線筆者）とある。また教育基本法の第４条には，「教育の機会均等」として「すべて国民は，ひとしく，その能力に応じた教育を受ける機会を与えられなければならず，人種，信条，性別，社会的身分，経済的地位又は門地によって，教育上差別されない。２　国及び地方公共団体は，障害のある者が，その障害の状態に応じ，十分な教育を受けられるよう，教育上必要な支援を講じなければならない。３　国及び地方公共団体は，能力があるにもかかわらず，経済的理由によって修学が困難な者に対して，奨学の措置を講じなければならない。」（下線筆者）とある。

　これらの定めの通りであれば，それで十分なはずである。その通りの現状ではないという問題があるのであれば，その問題を放置したまま教育の無償化などというのは，単なるばらまきでしかないことになる。

　最近の傾向として，少子化の一方で特別支援学校の在籍者は明らかに増加の傾向にある。こうしたことを踏まえ，今後の障害児（者）の教育と福祉についてどのように考え，どのような進展を図るかということについてももっと具体的に，明確にすべきである。

　文部科学省の資料「特別支援教育資料（平成27年度）」によれば，平成27年3月の特別支援学校中学部の卒業者9967人の98.3％（9799人），中学校特別支援学級の卒業者1万8227人の94.1％（1万7153人）が進学し，特別支援学校高等部（本科）卒業者2万532人の63.1％（1万2961人）が社会福祉施設を利用し，就職者は28.8％（5909人）である。この状況をどう見るかが重要である。なぜ

ならこの状況は，これまで大きな変化はないまま現在に至っているからである。この現実を直視した取り組みを考えることこそが今後の施策を講ずる上で大切だといえる。

第4節　障害者支援をめぐる問題

1）完全参加と平等について[19]

　障害者が，可能な限り障害をもたない人と同等に生活や活動ができるような社会をめざすノーマライゼーション理念の影響もあり，「知的障害者の権利宣言」と「障害者の権利宣言」が国連総会で採択された。（第4章第4節参照）

　さらにこの二つの宣言の趣旨を踏まえ，その宣言の完全実施を促進するための強化策として，1981（昭和56）年を「国際障害者年」とすることが提唱され，決議された。その国際障害者年が障害をもつ人の社会参加を促すために掲げたスローガンが"完全参加と平等"であるが，社会参加とは具体的にはどういうことであろうか。

　社会参加とは，ある一定のレベルとか条件があって，それを完全に満たさなければならないというようなことではないはずである。人として誕生した時点ですでに社会の構成員であるはずだ。

　"共に生きる"や"共生の社会"で大切なことは，まずそうした生活の場があるということである。その場が，共に生きる一人ひとりにとって，"拠りどころ"となるような"生活の場"であるかどうかということが大切である。その人にとって生活の拠りどころとなるような"場"があるのであれば，それを社会参加と考えてよいはずである。その場が人間関係のまったくない孤島のような場でない限り，そこがその人にとって生活の拠りどころとなる場であればよいわけで，そこでその人なりの主体性・自律性に基づいた生きがいや生き方が実現できればよいはずである。しかしながら完全参加というからには，その自律性・主体性という点が問題となる。単に生活様式や生活習慣に適応（適

合）することだけにとらわれて，そこに自らの意思が存在する余地がなければ，それは完全参加とはいえない。完全参加の条件として大切なことは，参加する側の自律性・主体性がどうかということと，それを社会の側がどのように受け入れ，受け止めるかどうかということである。

　人には，その人なりの生き方や生きがいがあるということ，その人だからできる生き方や生きがいがあるということ，その人にしかできない生き方や生きがいがあるということを大切に考え，それを支援するという社会的環境条件が整っていなければならない。しかし障害者を取り巻く社会環境を見た場合，いわゆる物理的な障壁，制度的な障壁，文化・情報面の障壁，意識上の障壁などといわれる障壁の問題は依然として大きい。

　また平等とは，単に一律または画一的であることとは違う。なぜなら人は人間であるということではみな同じであっても，個人差がある。その個人差を無視し，個人差への配慮を欠いたのでは平等とはいえないからである。そうした配慮を欠いたまま，平等ということと単に一律あるいは画一ということとが混同されているところに問題がある。

　ノーマライゼーションとは，その人なりの生き方や生きがいを否定するものではないはずであるが，みな同じことを同じようにすることが完全参加の条件であるかのように考えられ，結果的に無理を強いるようなことや，平等と称して，一律にまったく同じ条件で同じように扱うというようなことが善意からであるにしろまかり通っているような事実がある。

　例えば，子どもも大人も，若い人も年寄りも，男性も女性もすべて同じ人間だからということで，何から何までみな同じことをみな同じようにすることが完全参加であり，平等であるなどという主張があるとすれば，それは大変乱暴な主張だということになる。しかしそれに近いことが障害者福祉の分野に関してはまかり通るか，まかり通ろうとしがちであることに注意を要する。

　障害そのものはなくすことはできないとしても，何らかの方法でそれを改善することにより，それなりの生き方は可能なはずである。そうした人の生き方

を実現するための権利は同等であるから，そうした障害に配慮した社会的施策は当然のこととして講じられなければならない。そこに障害者の権利を保障し，不平等をなくすという趣旨の「障害者の権利に関する条約」でいうところの「合理的配慮」の課題がある。（第4章第4節参照）

　障害者や弱者の存在を排斥するような社会は脆弱な社会であるという意味のことがいわれている。障害者が暮らしやすいように配慮された社会であれば，障害のない人にとっても暮らしやすい社会であるはずである。しばしば障害者だから社会生活を送ることに困難があるというような言い方がされるが，社会のほうに生活を困難にさせる問題があるから障害者になるというほうが適切かもしれない。人間には障害の有無にかかわらず，個人差がある。おそらく誰にも多かれ少なかれ得意なことや不得意なことがあり，可能なことや不可能なことがあるはずである。そこに人と人とが互いに尊重し合い，支え合う意味があり，他の動物にはないであろう高度に優れた豊かな人間関係や面白さがある。そこに人として生きる権利の意味がある。したがって社会参加とは，そうした権利の尊重と，その権利を保障する義務との関係で成り立つものといえる。

2）人の自立と障害者の働く権利について[20]
（1）自立についての考え方

　生まれたばかりの人間はほとんど自分では何もできない未熟な状態であるが，周囲からいろいろな刺激を受けながら育つことにより，やがて自ら物事を判断し，自らの意思で行動できるようになる。そして自らの生き方や生きがいを見いだし，それぞれの人生を歩んでいく。一般的には，ある年齢段階まで成長したら，自分のことは自分で処理できるようになり，自らの意志で職業を選択し，自らの生活を開拓していくようになる。

　人の「自立」については，日常的な身辺生活の処理ができるかどうかということと，職に就いて経済的に独自の力で生計を立てていけるかどうかということに着目した考え方が一般的だといってよい。そうした点に着目した自立のと

らえ方や考え方は至極当然であり，当たり前ということになる。そうした当たり前とされる自立観に障害をもつ人の生活を当てはめようとすれば，むろんその障害の内容や程度や状態にもよるが，自立はむずかしいということになってしまう。しかしよりよく生きるという意味で人の生活を考えた場合，その生活は他人の手をまったく借りずに身辺の処理が完全にできればよいということでもないし，職に就いて収入を得ることができればそれでよいということでもないであろう。「ひとり立ちすること」「他の助けを借りずに自力でやっていくこと」が自立であるとはいっても，孤島で，ただひとりの生活を送るというのであればともかく，一般的な人々の暮らしとは，直接的であるにしろ間接的であるにしろ，何らかの形の人と人との関わり合いであり，支え合いである。子どもから大人に成長し，自立した生活を送れるようになるためには周囲からの支えがなければならないが，大人になって自立したからといっても，やはり周囲からの何らかの支えを必要とするはずである。自分以外の人に何かを相談したり，よりよい生活を維持するためには自分以外の人の知恵や力を借りたりする。結局はその生活は，人と人との関わり合いであり，支え合いである。

　自立の条件とは何かと改めて考えたとき，人々の実際の生活はさまざまなことが錯綜しており，具体的にどういう状態に至るのを自立というのかとなると，それは身辺的な自立だけのことではむろんないわけで，精神的自立，職業的自立，経済的自立などというようにさまざまな面の自立が考えられる。

　人の自立とは，どのようなことがどこまで，どのようにできるようになることをいうのであろうか。そうした自立度の目安となるようなものも作成されてはいるが，人の自立度を測定できるような厳密で絶対的な尺度などはないといってよい。身辺生活の処理が自力ででき，職業的にも経済的にも十分な活動ができるということではあっても，その生活が常に不平不満に満ちて，堕落した日々を送っているような状態であれば，それはいわゆる生活の質（人生の質　QOL：Quality of Life）という点で，人として心穏やかな自立生活を実現しているとはいえないであろう。

障害（者）についての従来の一般的な見方は，その人自身の心身上の欠損または不全という医学レベルのとらえ方であり，医学的な専門治療等により改善の見込みがなければ，仕方がない個人の問題であるとする見方であった。しかしそうした心身上の欠損または不全により，生活上において何らかの制約や制限を受けるようなことになったとしても，それは必ずしもその人だけに起因する問題ではない。それはその人の生活する生活習慣や文化レベル，あるいは価値観や人生観の相違などとも関連する生活環境的条件によっても生じ得る問題として考えることができる。

仮に日常生活に必要な行動（活動）が自力ではできなくても，それを補う何らかの方法がある，もしくは他からの介助を受けている場合でも，または職業的，経済的に何らかの支援を受けている場合でも，そうした支援（援助）システムが整備され，それを活用（利用）した生活が確立しており，その人なりの精一杯に生きる力が発揮できて，その人が自らのその生活に満足または納得をし，あるいはそれなりの張りのある安定した気分で生活を維持できれば，それは人の生き方としておそらく誰もが望むものであり，そうした状態に至るのを自立と考えてよいはずである。大切なことは，その人にとって納得または満足できる生活を実現することができるかどうかであり，その人なりの張り合いをもち，安定した気持ちで生活を維持することができるかということである。それができれば，それは自己実現であり，つまりは自立である。こうした考え方が"新しい自立観"となっている。

人には，自らの生活そのものに対する感じ方や考え方があり，同じ生活環境や条件の下でも，満足できる人もいればできない人もいる。それはその人にとって"生活の質"の問題ということになる。"新しい自立観"の基本となるのは，人それぞれ自らの身上をいかに自覚し，その生活に納得し，満足できるかどうかということを重視する考え方であり，その人自身にとっての"生活の質（人生に質）"を大切にする考え方といってよい。こうした考え方は，障害をもつ人自身の中で芽生えて，障害をもつ人自身による啓発的な活動によって

広がってきた。

　自らの生活に満足あるいは納得できるかどうか，自分の生活の質がどうであるかを判断するのはあくまでもその人自身であり，本来的には他人が判断することではない。その意味で，物事に対する自己選択権や自己決定権が確保され，それが可能であるかどうか，それによって自らの生活が充実したものとなり得るかどうか，が自立の条件としては重要だということになる。

　障害をもつ人の自立に対する従来の考え方は，身体的機能の障害により生活に必要なことがうまくできないという日常生活動作（ADL：Activities of Daily Living）の改善を図ることを重視していた。しかし，新しい自立の考え方は，日常生活動作の面では全面的な介助を必要とするような状態であっても，生活上の物事についての自己選択権と自己決定権が最大に尊重され，その人なりに満足または納得できる生活を維持できるのであれば，それも人の生き方として自立しているという考え方である。その人なりの生き方や生きがいが最大限発揮できる，その人にとっての生活の質（QOL）を重視しているのである。この新しい自立の考え方で重要な点は，どんな重度の障害者でも理念的には自立はあり得るということである。

　人の成長発達には個人差があるが，人の生活に対する満足感の度合いにもその人の感性や価値観，人生観によるところの個人差がある。そうした個人差のあることを踏まえ，人の「自立」をどのように考えるかということは具体的な自立支援においてはきわめて大切な前提となる。そうした点があいまいなまま自立支援が強調されるところに現状の問題がある。現行の障害者総合支援法による障害者支援制度はまさにそうした問題を抱えた制度だといってよい。総合支援法という名称ではあるが，現状は，細切れの支援を寄せ集めたような障害者支援制度となっている。障害者の一生に沿った体系的な支援制度として整備していく必要がある。

（2）知的障害と自立支援

　知的障害は知的機能（知能）の発達に問題を抱えた障害である。そのため読

み書き計算の理解がむずかしい，臨機応変がむずかしい，主体性が弱いなどの特徴をもち，そこに適応行動の障害を伴う状態をいう。適応行動の障害とは，日常生活に必要なコミュニケーション，身辺処理，対人及び対社会的関係，外出時の行動，善悪の判断，健康や安全管理などがうまくできないために支援を必要とする状態をいう。こうした特徴を有する知的障害の場合，むろんその程度や状態にもよるが，職業的，経済的なことに主眼を置いた一般的な自立概念のなかにそのまま無条件に当てはめたのでは，やはり自立は無理だということになってしまう。知的障害だから無理という言い方が不適切だというのであれば，無理があるから知的障害であるといえばよい。

人として生きるということは，他人の手を借りずに自分のことが自分でできるようになればそれでよいというものではないし，職業的にも経済的にも十分な活動ができればそれでよいというものでもない。大切なことはその生活がその人にとって満足または納得のできるものかどうかということである。それは生活の質の問題でもある。知的障害の場合であっても，その人の生活においては当然"生活の質"がどうかということが問題となる。

その人なりの基本的な生活習慣が確立し，それに満足し，張り合いをもって生活を営むことができるようになればよいが，知的障害とはそもそもそうした生活を自らの努力で営んでいくというところにこそ困難があり，そのための支援を必要とする。そこに知的障害に対する自立支援の具体的な課題がある。またその支援は，ある一定期間だけでよいというよりも，むしろ継続的な支援を必要とすることが多い。具体的な自立支援の条件としては，当然のことながら障害の内容やその程度や状態を理解した上で，どういう支援をどの程度必要とするかを考えなければならない。

知的障害者の自立支援に関わる問題には，知的障害という障害そのものの問題だけでなく，知的障害に対する周囲の無理解や認識不足の問題がある。それは知的障害の場合，その障害の状態が外見からはわかりにくく，とらえにくいということがあるからだといってよい。そのため周囲の無理解が軽べつや偏見

となり、あるいは間違った認識が過保護や放任、過剰な期待の押しつけなどになって、障害の軽減や改善を図る上で妨げになっている例が多い。善意からであるにしろ、一般的な価値観や評価基準にこだわりすぎて結果的には無理を強いるようなことになり、もっている能力を伸ばすどころか、かえって萎縮させてしまうことになりかねないというところに支援の専門性を要する点がある。例えば、子どもに対して、大人のもつ考え方や方法あるいは価値観をそのまま無条件に当てはめることはせず、その子どもの成長発達の程度や状態に配慮をするはずである。病人に対しても健康な人と同じ条件をそのまま当てはめるようなことはしないはずである。それらと同じことがいえるのである。

人間の機能的、能力的な面には個人差があるが、それ自体は決して特別なことではない。しかもその差の程度や状態によっては、劣等意識をもつということは誰にもあり得るといってよい。そうした劣等意識がバネとなり、向上心を引き出し、努力を促すことになればよいが、知的障害の場合、周囲の無理解が向上心をゆがめたり、生活意欲を失わせたりして、本来もっている力さえも発揮できなくさせてしまうような例も多い。

知的障害があっても、その成長発達を促すための支援の基本は障害のない場合と同じであるが、大切なことは、その前提として、その障害の特性、その程度や状態をできるだけ的確に把握することである。そのための確かな方法は、行動観察とケーススタディーである。

知的障害者の自立支援では、環境的条件として、その障害特性について周囲の人々の理解認識がどの程度得られるかということが大切なことになる。言い換えれば、そうした生活環境条件の設定がどの程度可能かということが知的障害の自立支援では特に重要なことになるが、そうした生活環境条件の設定にはなかなかむずかしい問題や状況があり、そこにいわゆる「施設」の専門性とそれが存在する意義がある。

（3）障害者の就労支援

日本国憲法の第27条には、「すべて国民は、勤労の権利を有し、義務を負

ふ。」とある。とはいっても，実際には，働く意欲はあっても体力や健康上の問題があったり，能力や適性に見合った仕事がなかったり，就職しても職場の環境や人間関係の問題があったりする。就労においては，働く能力が発揮できるかどうかということと働くことで充実した生活を送れるかどうかが重要なことになる。働く権利があるからといって自分の好き勝手にできるわけではない。働くとは，何らかの意味で生産的であり，有用かつ有益な行為でなければならない。働くための明確な意思や仕事に向かう意欲をもち，自分の能力を発揮し，仕事を成し遂げる責任と義務を果たし，それが周囲の人々に認められ，その人自身がやりがいを感じることで生活が充実するということでなければならない。

　就労支援とは，一般的には，一定期間の職業訓練や就職先を世話することでその役割を果たしたことになるのかもしれない。しかし，障害者の就労支援は，単に就職先を探し，賃金が得られるようにすればそれでよいということではないのである。そうした理解や認識が乏しいところに障害者の就労支援に関する現状の問題があるといってよい。

　障害の内容や程度，状態によって，いろいろな働き方があるわけで，いわゆる「福祉的就労」といわれる場がこれまでに果たしてきた機能や役割，そのための作業所等が増加し続けてきた理由などを今改めて考えてみることこそが，これからの障害者の就労支援策を講じる上で大切である。

　障害者の就労に関する問題は人権の問題である。人権の問題は社会福祉の問題であり，社会福祉の問題は社会保障の問題であるという認識に基づいた就労支援が行われ，そうした支援を堂々と受けられるようになるとよいのであるが，それが社会的には受け入れられにくいのはなぜであろうか。それはおそらく一般就労（企業への就労）には価値や意味があるが，それ以外は就労に値しないとする考え方が根強く，一般論的「就労」の考え方から脱皮できないままだからではないだろうか。福祉的就労と労働基準法との関係も取り沙汰されているようであるが，一般企業への就労にこだわらない，いわゆる「保護就労（保護雇用）」「福祉的就労」という考え方がもっと当たり前のように社会的に受け

入れられ，定着するような積極的な支援施策が講じられてもよいはずであるが，それが弱すぎる。「障害」と一口に言っても，その内容や程度，状態は多様であることの理解認識が大切である。「福祉的就労」の果たす意味は，そこにある。政府は，「一億総活躍社会の実現」とか「働き方改革」を政策課題として掲げているが，それは当然，障害者の働く権利も保障し，そのための就労支援の充実も図るということでなければならないはずである。しかしそのためには，これまでの就労についての考え方そのものを一新する必要がある。

　"ワーク・ライフ・バランス"とは，仕事と生活の調和という意味である。人はただ単にやみくもに働けばよいというものではない。人が働くということにおいて，働きがいを感じることができるかどうかは大切なことなのである。

　生活をするということにおいて"生活の質（QOL）"が問題となるが，働くということにおいても"働く質"が問題となる。働く質も，生活の質と同様に人それぞれの生活習慣や価値観，人生観などとの関わりで考えるべきものといえる。したがってその質の良し悪しは，あくまでもその人にとって良いか悪いかであり，本来的には他人が評価したり判断したりするものではない。誰もが自分の好きな職業に就くことができ，満足できる収入を得ることができ，働く喜びを感じることができれば幸せであろう。しかしそれは単に，働く場があれば実現するということではないであろうし，生活に足る収入を得ることができればよいということでもないはずである。そこに，"働く質"の問題がある。

　例えば，働くためには何よりもまず就労の場を確保しなければならないが，就労の場を確保できたとしても，イヤイヤながら苦痛な思いで働くことを強いられるとしたら，それは働く質という面では満足または納得できる就労生活を実現したことにはならないであろう。また就労により，生活費に充当できる十分な給料が得られるということであったとしても，その給料の額に不平不満を抱くような日々であったり，あるいは計画的な金銭処理がむずかしいために無駄遣いを重ねるような日々を送ったりするとしたら，それは充実した就労を実現したことにはならないであろう。

障害者に対する就労支援策はこれまでもいろいろ講じられてきたが，障害者の就労支援の前提として，人が働くことの意味を考えてみることはきわめて大切なことである。就労により相応の賃金が必ずしも得られるとは限らない場合もあり得るわけで，一般的な勤務形態や給料の水準にのみこだわる支援では無理が生じることも考えなければならない。障害の内容や状態によっては，働くということ自体よりも，人間関係などを含む就労環境に問題がある場合も考えられる。障害があるから無理が生じるというのが不適切な言い方だとすれば，無理が生じるから障害があると考えればよい。何も無理が生じなければ障害はないといってよいはずである。

　障害のない人でも個々人のさまざまな事情，あるいは職種による向き不向きなどがあるように，障害者の場合も，障害の内容や程度，状態によって就労の不利や制約，制限を受けることは当然あり得ると考えなければならない。

　現在，障害者の雇用を促進するための法律として「障害者の雇用の促進等に関する法律（略称：障害者雇用促進法）」がある。

　障害者雇用促進法は，1960（昭和35）年に制定された「身体障害者雇用促進法」を改正したもので，当初は身体障害者のみを対象とする法律であったが，昭和62年の改正で現在の法律名になった。現在は，身体障害，知的障害，精神障害（発達障害を含む）が法の対象となっている。またこの法律は，企業に対してその企業の常用労働者のうちの一定の割合の障害者雇用を義務づける「障害者雇用率制度（法定雇用率）」を定めている。

　法定雇用率とは，労働者（失業中の人を含む）の総数に占める障害者である労働者（失業中の人を含む）の総数の割合で，その割合を基準に設定するもので，少なくとも5年ごとにその割合の推移を考慮して政令で定めることになっている。特殊法人，国及び地方公共団体における障害者雇用率については，一般の民間企業の障害者雇用率を下回らない率をもって定めるとされている。

　法定雇用率の算定に当たっては，身体に重度の障害のある人または重度の知的障害のある人を雇用している場合は，その1人をもって身体に障害のある人

または重度の知的障害のある人を2人雇用（ダブルカウント）したものとして取り扱うこととしている。また通勤面等の理由から，通常のフルタイム勤務が困難な重度の障害のある人の雇用の促進を図るため，重度の障害のある短時間労働者（1週間の所定労働時間が20時間以上30時間未満の労働者）については，その1人をもって1人として雇用率にカウントしてよいことになっている。重度以外の身体障害者及び知的障害者並びに精神障害者については，0.5人分としてカウントされる。法定雇用率制度が導入され，企業に対して障害者の雇用が義務づけられてからは，企業の障害者雇用についての理解も深まり，障害者雇用も増えてきたことは確かである。また，障害者雇用率が適用される企業等には計画的な障害者雇用を促進するための指導も行われ，毎年6月1日時点の障害者雇用状況をハローワークに報告しなければならないことになっている。

　しかし毎年度公表される厚生労働省の資料をみる限り，国・地方公共団体及び関連機関等ではほぼ法定雇用率を達成しているものの，民間企業の場合は，法定雇用率が適用される企業のうち，過半数の企業が雇用率未達成のままの状況が続いている。なぜ法定雇用率の未達成状況が続いているのかという点が問題であるが，その原因はさまざまであると考えられる。障害者の雇用自体がむずかしい業種や経営形態もあるであろうし，障害当事者の事情もあるであろう。このような問題を考えるには，就労する側と雇用する側の両者の立場で考えなければならない。また，毎年，障害者の法定雇用率の達成・未達成状況が問題にされるが，単に達成・未達成ということだけが問題ではないという理解認識が大切である。雇用率を示す数字からは，障害者の職場への定着状況を読み取ることはできない。就職したとしても，障害の内容やその程度や状態によっては職場への定着がむずかしいような事情もあるだろうし，障害者の就労・雇用は社会経済状況の影響を受けやすいということもある。

　いうまでもなく障害者にとって，働く喜びや生活の充実につながらなければ就労の意味はないことになる。企業にとっては，障害者を雇用することが経営的にマイナスであっては困ることになる。両者の立場に立った雇用制度や就労

支援の制度をどのように確立するかということが課題である。

法定雇用率はほぼ5年ごとに見直されることになっているが，今後（平成30年度以降）については，発達障害を含む精神障害者の雇用が多く見込まれているようである。このことについては今後の動向を注視する必要がある

障害者の法定雇用率を達成した企業と未達成の企業が不公平にならないようにすることも，雇用環境を整えるということでは重要である。そのための制度としては，障害者雇用促進法に基づく「障害者雇用納付金制度」がある。

この制度は，法定雇用率が適用される企業が障害者を雇用する場合に，作業設備や職場環境の改善を行うための経済的負担を考慮して，障害者の雇用率未達成企業からは「納付金」を徴収し，雇用率を超えて障害者を雇用している企業には「障害者雇用調整金」を支給する。また一定水準を超えて障害者を雇用する企業には報奨金を支給することにより，雇用に伴う企業の経済的負担のアンバランスを調整し，全体として障害者雇用の水準を高めることを目的とする制度である。こうした制度のほかにも障害者雇用に関する各種助成や障害種別に応じた支援も行われている。

現行の障害者総合支援法においても第5条で，「障害福祉サービス」の事業内容について規定しているが，その中に「就労移行支援」と「就労継続支援」という二つの就労支援事業がある。（第3章第2節参照）

就労移行支援事業とは，一般企業等への就労を希望する65歳未満の障害者を対象に，一定期間，生産活動やその他の活動の機会を提供することにより，就労に必要な知識及び能力の向上のために必要な訓練，求職活動に関する支援，適性に応じた職場の開拓，就職後の職場への定着のための支援などを行う。

就労継続支援事業には，A型（雇用型）とB型（非雇用型）がある。

就労継続支援事業A型（雇用型）とは，就労の機会を提供し，生産活動やその他の活動を通して就労に必要な知識や能力の向上のための訓練等を行う。雇用契約に基づく就労が可能な65歳未満（支援の利用開始時の年齢）の障害者で，①就労移行支援事業を利用したが企業等の雇用に結びつかなかった者，②特別

支援学校を卒業して就職活動を行ったが企業等の雇用に結びつかなかった者，③就職経験はあるが現に雇用関係がない者，が対象で，利用期限はない。

　就労継続支援事業Ｂ型（非雇用型）とは，就労の機会を提供し，生産活動にかかる知識や能力の向上や維持が期待される障害者及び，年齢が高く雇用が困難な障害者で，①企業や就労継続支援事業（Ａ型）での就労経験がある者，②就労移行支援事業を利用したが企業等または就労継続支援事業（Ａ型）の雇用に結びつかなかった者，③50歳に達している者または試行の結果，就労移行支援事業や就労継続支援事業（Ａ型）の利用が困難と判断された者，が対象で，利用期限はない。

　障害者総合支援法による就労支援事業は，就労により自立を図るという点を重視する支援である。したがって就労移行支援で一般の企業等への就労が可能であればそれでよい。しかしそもそも一般的な就労や自立ということに困難があるからこそ福祉サービスとしての支援を利用するわけであり，実際的には一般企業等へ就労移行できないということも当然あり得る。また就労移行ができたとしてもそこに定着できるとは限らない。その結果として就労継続支援を利用する例が多いということになるが，そうした支援のための受け皿が十分に整備されているとはいえない現状がある。

　なお平成30年4月より施行の改正障害者総合支援法には，新たな福祉サービスの事業内容として「就労定着支援」が新設された。これは「就業に伴う生活面の課題に対応できるよう，事業所・家族との連絡調整等の支援を行う」ということだが，実際的な支援効果については今後の動向を注視しなければならない。

　特別支援学校の在籍者が増加傾向にあり，その卒業後の受け皿としての就労支援事業を考えた場合，従来のいわゆる「福祉的就労」の意義を踏まえた支援の充実を図る必要があることは確かである。文部科学省が2017（平成29）年8月3日に公表した「2017年度学校基本調査（速報値）」によると，小中学校の在学者は過去最少になる一方で，特別支援学校数は10校増の1135校で，在学者数は2124人増の14万1945人で，ともに過去最多ということである。

（4）知的障害と福祉的就労の意義

　少年時代は怠け者でも，やがて自らの生活に目標をもつようになり，それに向かって努力し，きちんとした生活の技術を身につけていくというような例は少なくない。それは怠け者であるときも心の片すみでは生活に関することや働くということについて，それなりの観念が育っているからだといえる。

　知的障害の場合の就労支援で問題となるのは，単に知的障害の程度がどうかということだけではない。"働く意欲"と"働く態度"が問題となる。

　働く意欲や働く態度の形成は自然に身についてくるものではない。成長発達過程における適切な指導やそのための環境条件の設定がなければならない。知的発達に障害のある場合は，作業を介した生活の指導やそうした教育指導のための環境条件の設定により，生活に目標をもたせてやることが大切である。生活に目標がもてることによって，その目標に向かって努力するという態度が養われ，それにより生活能力を高めていくことが可能である。なぜなら，知識や技能的なことだけを単独に取り出して，むやみに習得させようとしても身につきにくいものであるが，日々の生活を通した学習は身につきやすい効果があるからである。したがってこの場合の作業を介してという意味は，日常生活における実際的な仕事であるところの自分自身の身辺生活の処理や自分の役割を理解してそれを果たすこと，あるいは何かの手伝いをすること，仲間と協力して制作活動を行うことなども含め広義に解釈すればよい。そうした作業活動を通して自分には何ができるかということがわかるようになれば，それが自信や意欲となってその人なりの目標に向かって努力しようという生活態度が形成される。それが働く意欲や態度の形成ということである。そのためには，その作業や役割の内容，目標の設定，などが達成可能なものであるか，あるいはその生活において何らかの意味があり，興味のもてるものであるかということがきわめて重要となる。なぜなら達成不可能なものであれば自信を失わせてしまうことになるし，その生活においてあまり意味のないことをやっても興味や意欲を失わせてしまうことになるからである。

また，知的障害の場合，働く意欲や態度が十分であったとしても，その就労支援は単に働く場を確保し，賃金が得られるようにすればそれでよいということにはならない。それは，何らかの形でもっている能力が発揮できるような働く場や機会を用意するとともに，その生活を保障するための方策を通して，生活に目標がもてるようにし，それによって生活の安定や充実を図るという考え方が大切となる。そのためには継続的な支援を要する例が多い。具体的な支援の内容としては，働くことの意味，人と人との関係，日々の暮らしに相応した金銭管理，生活経験の拡大や生活技術の向上，余暇生活の過ごし方，さらには老後の生活のことなどについても考えておく必要がある。

　知的障害者の就労支援を考えた場合，現行の障害者雇用促進法に基づく施策もむろん大切であるが，社会福祉の事業としての「福祉的就労の場」である作業所の充実を図るという支援の考え方や方法が有効であることは確かである。

　知的障害者の就労支援を考えるポイントをここに記しておく。

①就労する側と雇用する側の両者の立場で考える。

②"就労"は"生活の質"に関わることであり，それは"働く質"の問題でもある。

③就労により得られる報酬は，正当な評価に基づくものでなければならないが，得られる報酬が多ければ"生活の質"が向上するとは限らないという認識が大切である。

④就労の継続性と安定性の確保を図るには，いわゆる「福祉的就労」や「保護的就労」を含めた就労概念の拡大とその明確な社会的位置づけ及びそれに対する人々の理解を得る啓発活動を合わせて考える。

⑤「福祉的就労」と労働基準法との関係が問題にされているようであるが，それは社会福祉及び社会保障の問題として考える。

3）施設中心の施策から脱施設へ[21]

　障害（者）に対する見方や考え方の変遷をきわめて大雑把にみると，障害者は忌み嫌われ，そのための遺棄，隔離，隠ぺいがあり，哀れみの対象としての

救済，慈恵，保護があり，やがて発達保障・治療教育の対象としての専門家による指導，訓練があった。そうした変遷を経て，同じ人間であり同じ権利を有する存在であるとする障害（者）観が，施策にも反映されるようになってきた。

いわゆる「障害」を個人の心身上の不全または欠損という医学的なレベルの問題としてとらえ，その治癒や改善がみられなければ，それは個人の問題であり，仕方がないとする障害（者）観から，単に個人の問題というだけではなく，社会環境（生活環境）との関連でとらえ，考えるべきレベルのものであるという理解認識がなされるようになった。

医学レベルの問題としてとらえる障害（者）観から，生活環境との関係にも目を向けた社会レベルの問題としてとらえる障害（者）観へと変化してきた背景には人権意識の高まりがあり，ノーマライゼーション理念の広がりがある。今，ノーマライゼーションは世界各国の障害者福祉のあり方のみならず社会における各分野の改革を促す基本理念にもなっている。福祉の分野でいえば，障害があっても障害のない人と同等に生活することができる生活環境条件を整備することであり，教育の分野でいえば，障害があっても障害のない子どもと同等に教育を受けることができる適切な教育的環境条件を整えることである。

ノーマライゼーションとは，もともとは非人間的な知的障害の入所施設の改善を求める活動理念を示すものであったのが，その後，障害者福祉の基本的な考え方として北欧諸国に広まって，それがアメリカに導入されて「脱施設」の運動や政策へと変容し現在に至っているといってよい。

1960（昭和35）～1970（昭和45）年代の北欧諸国はノーマライゼーションの広がりに伴い，施設の縮小や解体へと向かう時期であり，それが日本にも影響を及ぼしてはいたが，当時の日本は，そうした北欧諸国の動きとはむしろ逆で，施設の整備に向けた施策が勢いを増していた時期であった。日本の事情としてはその必要があって施設の整備充実を図る施策が続いてきたわけであるが，今は，日本の障害者福祉の施策も施設中心から地域生活を支援する施策への方向転換が示され，障害者の地域生活支援，自立支援，就労支援ということが強調

されている。しかし，その一方において日本の地域社会は，障害（者）を容易に受け入れるほど成熟しているとはいえない現状がある。そのため障害者が就労の場を確保し，生活の場や活動の場を確保するとなるとなかなかむずかしい問題がある。依然として施設中心の障害者施策への期待は大きい。

　こうした現状とこれまで施設が取り組んできた実績をみたとき，施設が障害者の権利擁護や生活活動の拠点，地域啓発の拠点として機能するものであるならば，そうした施設のあり方はむしろ必要だといえる。

　入所施設の整備を進める日本ではノーマライゼーション理念の影響を受け，施策に混乱を招いたかもしれないが，その一方においては，施設の整備を進める上で反省すべき点について考える機会を得たことも確かである。旧来の収容施設という人間性を否定するようなイメージは一掃されなければならないが，施設の必要性を改めて認識し直す意義はきわめて大きい。

　施設の整備充実を図るという施策から，地域生活を支援する施策への方向転換が示されて現在に至っているわけではあるが，それがこれまで築いてきた施設の取り組みを無駄にするようなことであってはならない。問題にすべき点は，いわゆる施設がどのように地域社会に位置づけられ，そこで何がどのように行われるかということであり，施設や施設利用者に対する人々の理解を得ることができるかどうかということである。

　日本の現状を直視した日本流の確たる障害者福祉の理念とそれに基づく施策があってよいはずであるが，財政問題と福祉理念の無理なつじつま合わせの机上の論理によって，実態にそぐわない施策が講じられたことでのギャップが生じている。結果的には財政問題の解決につながるどころか，その場しのぎの無策を繰り返し，無駄を重ねて現在に至っているといっても過言ではないようである。脱施設化政策により，障害のある人が地域社会のなかで問題なく生活できるのであれば，そうした支援を推進すればよい。しかし脱施設後の生活を保障する基盤整備が不十分なままの現状を考えないわけにはいかない。

　障害の内容やその程度状態は多様である。そうした障害の内容は改善，軽減

することはできるにしても，それは障害のない人とまったく同じように回復するということではない。障害があるかないかは質的な差異と考えたほうがよい。もしそうした差異などはないというのであればそもそも障害はないということであり，障害があったとしても完全に回復するか，なくす（治す）ことができるということである。完全になくしたり治したりすることがむずかしいからこそ，その障害をいかに受け入れ，いかにすれば，共によりよく生きることができるかを社会環境の側にも着目しながら考えるところに意味がある。

　知的発達に障害を有する場合，その障害の特異性に起因するところの主体性の弱さや生活に必要な情報を得たり，技術を習得したりすることがむずかしいなどの問題がある。そのために日常生活や社会生活において困難が生じるとすれば，その困難な部分をどのように補完すればよいかというところに「施設」の意義とその専門性の必要性を考えることができる。

　施設中心の障害者福祉の施策から地域生活を支援する施策を重視する方向への転換はよい。しかしそれがこれまでの「施設」の意義や必要性をも否定するものならば，それは地域福祉を充実させるための社会資源を否定することでもある。日本の知的障害児（者）の施設の原点は，「滝乃川学園」にあるといってよい。その取り組みは，学校教育という公教育的立場のものとは対照的な社会福祉的立場に立ったものであり，それはまた社会防衛的な発想に基づく欧米の施設とも対照的な，社会の厳しい状況から知的障害児を守ろうという発想に基づくものである。さらに，単に施設で保護するというのではなく，生活能力を高めようとする教育的取り組みがそこで行われたというところに大きな意味がある。（第1章第2節参照）

　これまでの施設中心に進めてきた施策には反省すべき点はあるが，これまでの施設における取り組みのすべてが否定されるようなものでは決してない。にもかかわらず，障害者自立支援法の施行は，施設の在り方を改善するどころかこれまで施設が培ってきたことをないがしろにし，道草を食い，無駄を重ねるような状況を引き起こした。それは脱施設化政策のためにも，よりよい施設の

展開のためにも，どちらのためにもならない結果を招いたことになる。単に施設をつくればよいということではないという反省を踏まえ，障害者施設の整備はきわめて有効なものとして社会的に堂々と位置づけられてよいはずである。

　大切なことは，障害児・者の実態に即した支援のための体系的理念を確立することである。そして安易で非人間的な"収容施設"というイメージは一掃し，"新たな施設観"を定着させることである。そのためには，施設がこれまで果たしてきた役割や機能の意義を認識し直し，障害者福祉の施策を担うことのできる人材を育成・確保することである。これは今現在の日本の重要課題である。

　施設が，堂々と地域社会のなかにあって，障害をもつ人の生活の拠点となるような社会的環境整備を推進することが日本の実情においてはむしろ必要である。それが"新たな施設観"となり，障害をもつ人のニーズに対応し，施設の機能や役割の活性化と充実を促し，障害者福祉の向上に寄与するはずである。

　知的障害は知能の発達に問題を抱える発達障害であるが，発達障害の場合，その支援は人の生涯（一生）を見据えたものでなければならない。なぜなら，人を支援するということにおいては，その生涯をどのようにとらえるかということが重要だからである。障害をもつ人の生涯を見据えた支援体制を整え，効果的な支援体制を確立するためにも施設の果たす役割は大きいと考える。それには，これまでの施設が築いてきたことを再認識，再確認するとともに，これまでの不備を補い改善をし，その充実を図ることで，社会資源としての新たな施設観を定着させることである。

　人の生涯を見据えるということは，幼児期における養育から学齢期における教育，学校卒業後の生活，さらに老後の生活への確かな道筋を開くということである。こうしたことを体系的に推進するには，現在の障害者関連法制度の考え方の基本となる障害の概念や福祉理念が明確なものとして確立されなければならないが，現状はうわすべりの理念のみが空回りし，実態に即したものとなってはいないため，ギャップが生じている。

　法制度上は，障害があっても誰もが学校教育を受けられるようになり，福祉

サービスを自ら選び，サービスを提供する事業者との契約することで利用できるようになった。しかし依然として障害児（者）の教育や福祉をめぐる問題，課題は変わってはいない。

　障害児教育の義務制が実施され，そのための学校がつくられ，その卒業後をなんとかしたいという親の願いにより施設がつくられてきた。さらに，"親亡き後"のことを含めた老後への安心の道筋を確保したいという親の願いが，施設へのニーズの高まりとなって施設の整備充実が図られてきたといえる。こうした教育・福祉の施策は，障害をもつ人を支援するというだけではなく，その親・兄弟姉妹等の家族を支援することでもあったわけで，障害児（者）の支援においては障害をもつ本人だけでなく，その家族等の願いを受け止めることも大切である。そこに古くて新しい課題が依然として存在する。

　日本の，これからの障害児（者）の教育や福祉を考えるには，もう一度，原点に立ち返ってみることが大切であり，その意義は大きいはずである。

4）障害者施設の殺傷事件と施設の再建

　2016（平成28）年7月26日未明，神奈川県相模原市の知的障害者施設「津久井やまゆり園」（1964年に県立施設として開設）できわめて衝撃的，凄惨な殺傷事件が起こった。犯行はこの施設に勤務していた元職員によるもので，刃物を持って施設に侵入し，入所者を襲った。

　「障害者は生きていてもしょうがない」として，「意思疎通できぬ人を刺した」というもので，19人が死亡，27人が負傷した。事件当時は，短期入所を含め，157人が入所していた。

　この事件については，亡くなった19人を悼むとともに，元職員の障害者に対する偏見や優生思想，責任能力や措置入院のこと，再発防止や施設の再建に関すること，施設利用者の家族の思いなどが報道された。しかしそうした報道からは，一般の人々にはなかなか伝わりにくい障害者福祉に関する問題や障害者施設をめぐる問題があり，単に悲惨な事件というだけで終わらせてはならない

ものがあるといえる。

　施設のほぼ全体が殺傷現場となり，大量の血痕が付着するなどの甚大な被害が及んだことから，神奈川県は，施設入所者の家族会や施設職員等の要望を受け，早急な対応が必要であるとして，津久井やまゆり園の再生に向けて「現在地での全面的建替え」の方向性を示した。そして施設再建についての公聴会（2017年1月10日開催）で2020年度の建て替えをめざすと表明した。県のこの方針に対して，一部専門家や障害者関係団体から「障害者の地域移行という社会の潮流に逆行する」「入所者の意見を聴くべきだ」などの異論が出たという。しかし施設利用者の家族会は，あくまでも同じ場所での建て替えを希望すると表明。そこで県は，公聴会の結果を適切に反映していくため，平成29年2月3日に神奈川県障害者施策審議会に，津久井やまゆり園の再生基本構想策定に関する有識者らによる部会を設置し，専門的な見地からの検討を依頼し，部会での検討結果を受け，改めて基本構想（案）を作成し，家族会，地域住民及び障害者団体等に説明し，県議会に報告した上で，基本構想を策定するとした。また入所者本人の意思確認についてもどのような形で行うのが良いのか早期に検討するとした。

〈参考資料18〉　神奈川県が当初の公聴会で示した説明資料の内容
　　神奈川県ホームページ「津久井やまゆり園再生基本構想策定に向けた現時点での県としての基本的な考え方」http://www.pref.kanagawa.jp/uploaded/attachment/859079.pdf 当該URLをもとに作成

津久井やまゆり園再生基本構想策定に向けた現時点での県としての基本的な考え方

平成29年1月6日
神奈川県

　神奈川県は，津久井やまゆり園の再生に向けた大きな方向性として，現在地での全面的な建替えを決定しました。この主な理由は次のとおりです。
・　園のほぼ全体に大量の血痕が付着するなど甚大な被害が及び，改修では，職員や利用者が事件の記憶に捉われ，適切な支援の継続が困難であること。
・　現在地での建替えを要望する家族会及び社会福祉法人かながわ共同会（津久井やま

・　再生のシンボルとなる全く新しい建物を建てることにより，この理不尽な事件に屈しないという強いメッセージを発信できること。

1　再生の基本理念

　この再生の基本理念は，本県における障がい福祉施策の取組み，今回の事件発生で明らかとなった課題と今後取り組むべき課題を考慮したものですが，次の点については特に留意しました。

　①　再生のシンボルとなる建物の建設
・　本事件により園が被った甚大な被害，利用者や職員の立場に立ち適切な支援の場として再生する必要性，家族会及びかながわ共同会の再生に向けた意向等を踏まえ，現在地での全面的な建替えによって，事件を風化させることなく事件の凄惨なイメージを払拭する「再生のシンボル」となる建物を建設し，事件に屈しないという強いメッセージを発信すること。また，建替えを機に，今回のような事件の発生を防止するため，園の安全管理面を強化し，利用者の安全・安心を確保すること。

　②　利用者等の地域生活支援

　利用者の地域生活移行も見据えた生活環境面を充実させるとともに，短期入所の受入れなどにより，在宅障がい者を含めた利用者及びご家族の生活支援を進めること。

　③　地域との交流の一層の促進

　事件をきっかけに園が閉鎖的になることなく，これまで長年にわたり培ってきた地域住民との交流を一層深めることにより，障がい者に対する理解の促進を図ること。

2　再生コンセプト

(1)人権の配慮と安全管理体制の確立

　ア　再生のシンボル
・　今回の事件を風化させることなく，「ともに生きる社会かながわ」の実現を目指す県民の決意を表す施設とします。

　この施設そのものが，新たな「津久井やまゆり園」の再生のシンボルであり，園の利用者と支援する人々との交流の場として活用していきます。

　イ　利用者の人権に配慮した居室の個室化
・　現状では主に2人部屋である居室を，全て個室にし，利用者のプライバシーを確保します。

　ウ　侵入及び被害拡大の防止
・　津久井やまゆり園事件検証委員会報告書を踏まえ，防犯ガラスの取付けや，警備会

- 社と連動したセンサー付き防犯カメラ，周囲に異常を知らせる防犯ブザーなど，防犯機器の活用を行います。
- 来訪者用の入口・受付を明示し，外部からの人の出入りを確認することや，特に夜間における出入口の制限など動線管理を徹底します。
- 園の安全を確保しつつ，地域に開かれた園とするために，敷地内外を隔てるのではなく，園入口周辺の塀を撤去し，ロボット技術の活用を含めた防犯機器の導入を検討します。

　エ　安全・安心に配慮した居室等の配置
- 居住棟は，職員室からユニット全体を見渡せるように配置し，平時における利用者の安全確認のほか，不審者の侵入など非常事態発生時における状況把握がしやすい構造とします。
- 職員室の複数ユニットでの共有など，職員間の連携がスムーズに図れるような構造とします。

(2) 生活環境等の充実と地域生活移行

　ア　利用者のプライバシーの確保及び家庭的な環境の整備
- 現状では主に2人部屋である居室を，全て個室にし，利用者のプライバシーを確保します。
- 現状1ユニット20人のユニットを10〜12人程度に小規模化することで，より家庭的な雰囲気のある生活環境の醸成を図ります。

　イ　地域生活移行の促進と地域で生活する障がい者への支援
- ユニットを小規模化することにより，利用者に対する支援の質を高めるとともに，グループホームに近い生活環境を提供し，将来における地域生活移行の可能性を高めます。
- 施設入所者への支援だけでなく，地域で生活する障がい者とその家族を対象とする短期入所支援や在宅生活に係る相談支援などの機能を整備し，障がい者の地域生活の支援を推進します。

(3) 地域との交流の一層の促進
- 事件をきっかけに，園が閉鎖的にならないよう，管理棟及び居住棟の出入口の管理の徹底など防犯対策を充実させる一方，地域との交流を一層促進し，地域に開かれた園として再生します。
- 管理棟，体育館，プール，グラウンドなどを交流促進ゾーンとして位置付け積極的に開放することにより，居住棟の安全面を確保しつつ，地域との交流を促進します。

- 特に，管理棟には，利用者や地域住民の作品等を展示するなど，語らいの場，交流の場となるスペースを確保します。
- さらに，園入口周辺の塀を撤去することによって，地域住民が出入りしやすくし，管理棟前の敷地でバザー等の催しができるようにするなど，地域に開かれた園を創ります。

3　建物イメージ
－省略－

　神奈川県は，これまでと同じ規模の施設を現地に再建するとした基本構想策定に向けた上掲のような考え方を示したが，これに対して異論が出たため，再検討のための有識者らによる部会を設置した。部会では，12回にわたる審議を行い，2017（平成29）年8月17日に検討結果を「津久井やまゆり園再生基本構想策定に関する部会検討結果報告書」として県に提出した。

　報告書は，基本的な考え方として「入所施設における生活，地域での多様な居住の場における生活，このいずれについても複数の選択肢を用意し，一人ひとりにとって最良の福祉を提供することが必要である。」とし，かつてのような一箇所の大規模施設での昼夜完結した集団的な支援から，地域における生活を実現するための支援が志向されていることから，今後は小規模化し，複数の施設を整備するべきだと提言する内容で，①意思決定支援の必要性，②安心して安全に生活できる場の確保，③地域生活移行の促進，④園の再生の進捗について助言を行う組織の設置，⑤神奈川県の障害福祉施策において取り組むことが期待される事項，を骨子にまとめている。なお本報告書では，津久井やまゆり園利用者の受け入れ先としての施設整備については，希望する利用者のすべてが千木良地区（園が現在あるところ）に戻れるよう整備する必要があることも付記するとしている。

〈参考資料19〉神奈川県ホームページ「津久井やまゆり園再生基本構想策定に関する部会検討結果報告書」http://www.pref.kanagawa.jp/uploaded/attachment/894944.pdf 当該URLをもとに作成

津久井やまゆり園再生基本構想策定に関する部会検討結果報告書の概要

1．意思決定支援について
　注：意思決定支援については，厚生労働省から示された「障害福祉サービス等の提供にかかる意思決定支援ガイドライン（平成29年3月31日付厚生労働省社会・援護局障害保健福祉部長通知）を参考に行うとしている。

・本人の自己決定にとって必要な情報の説明は，本人が理解できるよう工夫（例；絵カード，具体物，体験など）。
・本人の自己決定や意思確認が困難な場合は，本人の日常生活における表情，感情，行動に関する情報や，これまでの暮らしでの様々な情報を把握し，根拠を明確にしながら，利用者一人ひとりの意思及び選好を推定する。
・本人の最善の利益に沿った様々な関係者が本人の立場に立ち，第三者としての意見を述べるなど，多様な視点から本人の意思決定支援を進める。

＜意思決定支援の仕組みと手続き＞
(1) 津久井やまゆり園職員による状況整理
　事件前，事件後の利用者の様子，これまでの生活史，日常生活における利用者の意思表示の状況などを整理する。
(2) 津久井やまゆり園利用者のための意思決定支援チームの設置
　津久井やまゆり園利用者一人ひとりごとに意思決定支援チームを構成する。チーム構成員は，以下のとおりとする。
①相談支援専門員（チーム責任者）
　サービス内容の決定に最も深く関わる者として意思決定支援チームを主宰する。
②津久井やまゆり園支援担当職員
　支援を担当している職員として，利用者の様子について報告，意見を述べる。
③津久井やまゆり園サービス管理責任者
　障害福祉サービスに係る個別支援計画を作成している職員として，利用者の様子や家族の状況等を踏まえた支援の考え方について説明，意見を述べる。
④市町村障害福祉主管課職員
　支給決定を行う機関として参加する。
⑤県は，今回の意思決定支援の取組みを統括する立場として参加する。

(3) 意思決定支援チームに対する研修の実施

　専門家等による研修会を継続的に実施する。

(4) 津久井やまゆり園利用者への説明や見学・体験の場の提供

　必要であれば繰り返し，一人ひとりについて意思決定支援に向けた手続きを行う。

(5) 家族等への説明会や見学・体験の場の提供

　説明会や見学・体験の場の提供など，丁寧な説明を行う。

(6) 津久井やまゆり園利用者の意思の確認

　利用者からヒアリングを実施。必要に応じて，複数回実施，丁寧に行う。ヒアリングを行う中で必要が出てきたら，可能な限り，他の社会福祉施設，グループホーム，アパート等の見学や体験の機会等を提供，家族等にも必要な情報提供を行う。

　家族からは，入所に至るまでの状況，帰宅中の様子，家族としての思い等についてヒアリングを行うなどして，本人の意思決定支援に必要な情報収集を行う。

　利用者や職員，家族等に過度の負担が生じないよう配慮。地域生活移行，施設入所を強いるようなことがないよう進める。

(7) 意思決定支援検討会議の設置

　意思決定支援チームが行った意思決定支援の内容を確認し，津久井やまゆり園利用者一人ひとりについて，暮らしのあり方や居住の場の選択の方向性を検討し決定するために，意思決定支援検討会議を設置する。

　意思決定支援チームに意思決定支援専門アドバイザーを置く。アドバイザーは，相談支援に精通する実践的な指導者，法律の専門家，障害者の権利擁護・地域生活支援に関する専門家とする。

　意思決定支援検討会議では，本人の明確な意思の理解が困難だった場合に，本人の意思を推定する。

　意思決定支援検討会議は，利用者・家族等の出席を基本とし，必要に応じ，関係事業者等の参加を可能とする。

(8) 意思決定支援検討会議の結果に基づく調整

　地域生活への移行の希望があった場合には，地域生活移行に向けた支援を開始。必要に応じて関係事業者等の協力を得ながら，地域生活移行の実現に向けた調整を行う。

(9) 検討方法及び検討結果の見直し

　意思の変化等に対応するため，継続的に意思決定支援に取り組む。

２．津久井やまゆり園利用者が安心して安全に生活できる場の確保

　今後の生活の場については，131人のすべての利用者が安心して安全に生活できる入

所施設の居室数を確保することが前提。
(1) 施設の規模・場所
ア 現在の障害者支援施設の小規模化
　かつての一箇所の大規模施設に障害者を集めての昼夜完結した集団的な支援から、より身近な地域における生活を実現するための支援が志向され、居住単位の小規模化・居室の個室化が志向される中で、施設の規模も小規模化を図り、施設全体の風通しを良くし、お互いに目が届きやすくする必要がある。
イ 地域生活移行・支援の拠点化
　入所施設に求められる機能に加え、専門的支援力を活かした地域生活を支援する拠点機能が重要となっており、こうした施設は、複数箇所に整備することが適当である。
ウ 千木良地域、芹が谷地域、県所管域の施設及び既存の県立障害者支援施設
　津久井やまゆり園の再生においても、131人の居室数の確保を前提としつつ、利用者一人ひとりについて「どこで暮らしたいか」という多様な意思に沿えるよう複数の選択肢を用意すべきである。
　地域生活を支援する拠点施設としての将来的なあり方を併せ考えた場合、これまで津久井やまゆり園利用者が生活していた千木良地域における施設整備のほか、利用者の仮居住先となっている芹が谷地域における施設整備に加え、県所管域における施設整備を検討すべきである。また、既存の他の県立障害者支援施設においても、利用者の意向に応じて、受入先としての役割を果たす必要がある。
　この中で、県所管域における施設整備については、4年程度の期間内での整備は困難であると見込まれることから、将来的課題として、早い段階から検討を開始することが適当である。
　したがって、千木良地域、芹が谷地域及び既存の他の県立障害者支援施設において131人のすべての利用者が安心して安全に生活できる入所施設の居室数を確保することが必要である。
エ 政令指定都市との連携
　千木良地域と芹が谷地域のいずれも政令指定都市域内への施設整備となるため、政令指定都市との役割分担について、引き続き整理していくことが必要である。
オ グループホームでの暮らしの選択も可能
　グループホームでの暮らしを希望する利用者については、131人の居室の確保を前提とした上で、円滑に地域生活移行を支援する。
カ 希望する利用者すべてが千木良地域に戻れるよう整備する必要があるとの意見もあ

ることを付記する。
(2) 千木良地域，芹が谷地域における将来的な施設のあり方
ア　居室等の地域生活支援への転用・活用
　将来的に津久井やまゆり園の入所者が減少した場合には，地域で生活する障害者を支援するための短期入所への活用，地域生活移行の体験の場，家族や周辺住民との交流の場，日中活動の場への転用など，施設の機能を転換できる構造とし，定員数を柔軟に変更できるようにすることが必要である。
イ　高齢化による再入所等の仕組みづくり
　利用者が高齢化等により，再入所が必要になった場合には，速やかに受け入れることなど，安心して地域生活に移行できる仕組みが必要である。
ウ　新規入所者の受入れ
　新たに入所者を受け入れる際には，本人の意向を確認し，利用目的を明確にするなど，一定のルールを設けることが必要。こうした取組みについては，国立のぞみの園で進められている取組みなどが参考事例として挙げられる。
(3) 高い専門性のある多様なサービスの提供
① 医療的ケアが必要な利用者への高い専門性のある支援
ア　県立障害者支援施設として，民間施設では対応困難な重度重複等の知的障害者の受入れ，医療的ケアが必要な利用者への対応は，引き続き担っていく必要があり，今後も高齢化等に対応できる医療的な機能や，日常の健康管理，体調の急変時の対応ができる医療体制の構築が必要である。
イ　地域の医療機関やかかりつけ医の活用など，地域の社会資源との連携強化も必要。
② 強度行動障害のある利用者等への高い専門性のある支援
ア　強度行動障害など支援が難しい利用者の支援方法は，外部講師による研修や定期的なコンサルテーションを受け，質の高い支援方法を蓄積することが必要。
イ　施設全体及び全職員が支援技術を高めていくに，施設内研修はもちろん，積極的に外部の社会資源を活用する取組みを行うことが必要である。
③ 居室環境について
ア　利用者の人権に配慮し，居室は原則として個室とする。
イ　居住単位は10人以下とし，一人ひとりが落ち着いて生活できる環境を整備することが必要である。
ウ　障害特性に配慮した居室環境を工夫する。居室環境が適切に配慮されることにより，落ち着いて安心した生活が可能になることを，十分，検討する必要がある。

エ　居住棟は，可能な限り一般の住居に近い構造や外観とするなど，地域での暮らしを感じることができる工夫が必要。
オ　施設全体として，空間的なゆとりを設ける工夫が必要である。
④　日中活動の場や環境について
ア　日中活動の場や環境と，生活の場や環境を，それぞれ分けて整備することが必要。
イ　個別の支援計画に合わせて，施設の外部の他の事業所に通うなど，利用者の経験，選択肢を広げる工夫が必要である。そのためには，近隣の他の複数の事業所との連携を進めることが必要。
⑤　地域生活を体験できる設備
ア　気軽に将来の地域生活をイメージした体験ができるような工夫が必要。
イ　地域生活移行プログラムを整備し，地域生活移行を積極的に促進していく。
⑥　施設内外における地域との交流や協働
ア　敷地の境界は塀ではなく植栽や花壇で区画する，敷地内にベンチを点在させるなどの工夫をする。
イ　事件を風化させないため，鎮魂のモニュメントの整備を検討すべきである。
ウ　ともに生きる社会における施設のモデルとなるような取組みを期待する。
⑦　外出・余暇支援の実現と充実について
ア　意思決定支援を通じ，余暇や楽しみを大切にする支援が必要。
イ　近隣の他の複数の事業所等と連携するなど，地域の社会資源を活用した多様な余暇支援を進めるなど，利用者の経験，選択肢を広げるための工夫が必要。
ウ　強度行動障害のある利用者や医療的ケアの必要な利用者は，外出や余暇の支援が難しく，機会が限られてしまうことがあるため，専門性のある支援をもとに，積極的に取り組むことが必要。
⑧　安全への配慮
ア　警察との連携に加え，必要な防犯設備を適宜，整備する。また，地域の住民との見守りなど，たくさんの人の支援による安全配慮も重要。
イ　災害時の安全確保が必要。
ウ　安全対策と地域交流を両立させるため，居住ゾーンと交流ゾーンを明確に整理することが必要。
エ　来訪者に対応しやすいように窓口を親しみやすい形状とするなど工夫をする。

（4）地域生活支援の拠点機能としての高い専門性のある支援
ア　短期入所機能（ショートステイ等）の充実
　地域で生活する障害者を支援するための短期入所の機能を充実させることが必要。
イ　事業所支援（コンサルテーション）の機能
　グループホーム等での生活がうまくいかない場合等に，事業所を訪問するなどして利用者をアセスメントし，支援方法をともに検討し，必要に応じて一旦入所させて支援するなどの取組みを行うことが必要である。
ウ　家族支援の機能
　家族や同居人からの相談を受けたり，アドバイスを積極的に行うなどの機能が必要。
エ　相談支援の機能の充実，及び近隣の他の多様な事業所との連携
　地域生活支援の拠点として，相談支援の機能を充実すること，近隣の他の事業所との協力関係が必須であり，積極的に連携を進めていくことが必要。
3．津久井やまゆり園利用者の地域生活移行の促進
（1）強度行動障害のある人や医療的ケアの必要な人への専門的支援の継続的な提供
　地域生活に移行した後，グループホーム等で暮らす場合も，行動障害のある人への専門的な知識を有する生活支援員の配置や養成，医療的ケアの必要な人への地域の医療スタッフによる手厚い支援等を引き続き受けることができるような仕組みづくりが必要。
（2）グループホームの設置促進及び運営のバックアップ
　津久井やまゆり園利用者を受け入れるグループホームに対し，
　①グループホームの整備や改修に要する経費
　②一定割合で手厚い支援を行う正規職員を配置するための経費
　③グループホームをバックアップしていくための体制整備等に要する経費
の各項目について，県が直接，補助することについて検討が必要である。
（3）社会福祉法人等との連携
　地域生活移行を希望する津久井やまゆり園利用者の受入れについて，他の法人や団体等とも連携しながら，地域生活移行を促進していくことが重要。
4．津久井やまゆり園再生の進捗について助言を行う組織
　神奈川県障害者施策審議会を活用し，津久井やまゆり園再生の進捗等について必要に応じて，助言を行う仕組みづくりを提案する。
5．今後，神奈川県の障害福祉施策において取り組むことが期待される事項
ア　意思決定支援や地域生活移行支援の取組みのほか，入所施設の小規模化や拠点化について，今後の県の障害福祉施策につなげていくことを期待する。さらに，これらの

取組みの成果や効果を全国に向けて積極的に発信していくことも期待する。
イ　グループホーム等での暮らしを安定的なものとするには，地域の社会資源（居宅介護，訪問看護，医療など）を活用しやすくすることが必要で，制度的な課題をクリアするとともに，多職種が相互理解を深めて協働していけるような取組みが必要。
ウ　個別的な選択に基づく生活を実現していくには，相談支援事業所に専任の相談員を配置したり，支援技術の向上をはかるなど，支援力を高めていくことが重要となる。県は重点課題としてこの充実のための策を講じる必要がある。
エ　今後，上記の取組みを進めていくには，地域生活を支える拠点が必要なため，県所管域において，こうした拠点となる施設の整備が検討されることが適当である。
オ　県の役割として，グループホーム全般のレベルアップを図るとともに，施設やグループホームにおける支援を担う人材のスキルアップ，様々な手法による人材確保の取組み，さらに，支援者支援のための取組みを充実することも必要である。
カ　この部会で検討した事項の中には，県・市町村レベルでは，実現困難な事項もあり，こうした事項については，国へ要望していくことも必要である。

　神奈川県は，専門家ら有識者による部会のまとめた「津久井やまゆり園再生基本構想策定に関する部会検討結果報告書」を踏襲する形で，平成29年8月24日に「基本構想案」を公表。9月開会の県議会の議論を経て，内容が固まる見通しとなった。
　構想案では，園が現在ある相模原市緑区千木良地区と仮移転先の横浜市港南区芹が谷地区に，11人ずつの居住棟を計12棟設け132人分の居室を整備。県立の障害者施設でも10人分の居室を確保。日中の活動の場や医療的ケアなどを行う拠点施設も各地区に設置。入所者全員から入居先の希望を聞き取り，2年後をめどに各地区の定員を最終的に決めたうえで着工し，2021年度中には入所を完了とした。
　県はこの日，家族会にも説明。当初は現施設付近で同規模の建て替えを望んでいた大月和真会長は「130人の入所者全員分の居室が確保されると聞き，ほっとした」と話した。（朝日新聞　平成29年8月25日）
　以上が，神奈川県における施設の再建をめぐる経緯である。そして神奈川県

が平成29年10月に公表した「津久井やまゆり園再生基本構想」は，部会検討結果報告書の内容を尊重してとりまとめたものであるが，結果的には，神奈川県の基本的な考え方や津久井やまゆり園の利用者の家族らの意向を反映したものになったといえる。しかし，当初に神奈川県が示した基本的な考え方に対しては，「障害者の地域移行という社会の潮流に逆行する」「入所者の意見を聴くべきだ」などの意見が出されたため，県がいち早く示した2020年度の建て替えをめざすとした時期は延期となり，施設利用者の仮移転先での仮住まいも長期化することとなった。

　再建を望む施設利用者の家族の思いや神奈川県が再建に向けて示した当初の姿勢は理解できるものであるが，部会の検討結果報告書で「地域生活移行」と「施設の小規模化」が提言されていることについては，もう少し現状を直視すべきではないだろうか。

　障害者が利用する「生活の場」にしろ「日中活動の場」にしろ，その目的のための設備機能を備えた建物が必要であることは確かである。そのための建物を小規模化しようが分散化しようが，どこかに建てなければならない。小規模でも，グループホームでも，分散型でも，その設置に関しては地域との関係が重要な条件となる。残念ながら，日本の地域社会の障害者に対する見方，考え方は，障害者の利用する施設の設置を容易に受け入れるほどには成熟しているとはいえない。

　有識者による部会の検討結果報告書は，施設の整備について，①拠点機能を有するセンター棟，②10人以内で生活する居住棟，③グループホームからなる施設群を一つの単位（ユニット）として複数カ所に整備する，としている。また，利用者がこれまでの園の場所を希望すれば全員が入れるようにするともあるが，131人全員が同じ場所を希望した場合は，小規模・分散型の構想とは矛盾しないのか。小規模施設とか大規模施設とかいうのは，具体的にはどういう施設をいうのか。

　入所者の意向を確認，尊重することはいうまでもなく大切である。報告書が

意思決定支援に関してその取り組み方に力点を置いていることは評価できる。ただしその取り組み及び手続きは時間を要するものである。意思決定のための支援に時間がかかりすぎてしまうようでは支援の意味がないことにもなり，効果的な支援といえるのかどうかということでは一考を要するのではないか。

　本当に生活を共にしてきた家族や職員ならば，その生活を通して確認したことが必ずしも確認したとおりのものではないという現実があることも含め，すでにいろいろなことを確認してきているはずである。家族や施設職員の意向を大切にするかどうかは支援の質や充実にも関係することである。

　また報告書のとおりの施設の整備がどこでも可能かどうかの問題がある。用地確保には困難が伴うであろうし，仮に用地確保が可能だとしても，分散型の施設整備には，それだけ時間とコストを要することになる。さらに，専門性を発揮し利用者ニーズに沿った支援を継続的に維持していくにはそれだけの人員配置とその確保及び業務の連携に関する問題課題がある。小規模であれ，分散型であれ，あるいはグループホームと呼ぼうと何と呼ぼうとそれは「施設」であるはずだ。施設の問題がいろいろ取り沙汰されているが，それは施設を小規模化，分散型にすることで解決するようなことではない。

　そもそも施設が問題であるというよりも，施設の社会的位置づけや，そこでどのようなことが，どのように行われるかということが問題であり，施設に対する人々の意識がどうかということが問題であるはずだ。施設など必要ないというのであればそれでよい。しかしそうではない現実があるとすれば，むしろ積極的に施設を社会資源とする見方，考え方に変え，障害者が堂々と利用できる施設を，堂々と建設できるようにする姿勢こそが大事ではないだろうか。そうでなければ，施設で誇りをもって働く優秀な職員は育たないであろうし，施設経営における現状の人材難は今後も解消しないであろう。こうした問題は，施設の小規模化とか，グループホームにするとか，分散化するということで解決するのだろうか。

　障害者が利用する施設があることはノーマルではないのであろうか。障害者

が利用するための施設を堂々と設置できないようなことのほうがむしろおかしなことではないだろうか。障害者施設を否定するような見方や考え方があるとすれば，それこそが差別，偏見ではないか。

　障害の有無に関係なく，だれにとっても拠りどころとなる生活の場がまずあるということが何よりも重要なことであり，その人にとって拠りどころとなり得る生活の場であれば，それが施設であってもよいわけで，小規模はよいが大規模は潮流に逆行するからダメというようなことでもないはずである。

　障害をもつ人の支援にはその家族や施設職員の思いや意見も大切なはずである。「施設から地域へ」が最良，最優先の合言葉のようにまかり通るとしたら，それはかえって人の生き方の多様性や物事の価値の多様性を否定し，選択肢を奪うことになるのではないだろうか。「施設から地域へ」というだけでなく，「地域から施設へ」でもよいわけで，施設も必要な社会資源であり，価値あるものとしてむしろ積極的に考え，選択肢に含めることこそが，いわゆる「合理的配慮」にも通じるものと考える。障害者施策をめぐる論議が，しばしば現状・現実から遊離した展開になりがちであることには注意を要する。

　この凄惨な殺傷事件は，障害者施設の建て替えの単純な是非ではなく，障害者施策をめぐる現状の諸問題について，改めてしかも早急に考え直してみるべき大事なことを投げかけているともいえる。

第5章　引用・参考文献
1) 有馬正高監修・熊谷公明・栗田広編集「発達障害の基礎」日本文化科学社（1999）
　p. 4-6, 29, 31-32, 41-42, 58-59
2) 根ケ山俊介・根ケ山公子「アメリカの発達障害法をめぐって」日本精神薄弱研究協会編「発達障害研究　第1巻第1号」日本文化科学社（1979）p. 57
3) 前掲書1)
4) 発達障害者支援ガイドブック編集委員会編「発達障害者支援法ガイドブック」河出書房（2005）p. 33, 101, 110-112, 125
5) 同上
6) 浅井浩著「発達障害と「自立」「支援」」田研出版（2007）
7) 日本精神薄弱研究協会「発達障害研究　第14巻第1号」日本文化科学社（1992）
　p. 4, 19-29, 21-22
　・伊藤隆二：「精神薄弱」用語問題の現状と展望
　・山口薫：「精神薄弱」用語問題を考える　教育の立場から
8) 同上
9) 精神薄弱問題史研究会編「人物でつづる障害者教育史（日本編）」日本文化科学社（1988）
10) 日本精神薄弱者福祉連盟「発達障害白書　1995年版」日本文化科学社（1994）p. 175
11) 日本精神薄弱者福祉連盟「発達障害白書　戦後50年史」日本文化科学社（1997）
　p. 98, 416-420
12) 全日本特殊教育研究連盟「発達の遅れと教育　第454号」（1995/8月号）日本文化科学社　p. 70-71
13) 誕生日ありがとう運動本部「誕生日ありがとう運動のしおり」定期増刊134号（1998.7）
14) 前掲書6)
15) 同上
16) 前掲書1)
17) 国際生活機能分類（ICF）－国際障害分類改訂版－　中央法規出版（2002）p. 9-22
18) 同上
19) 浅井浩著「日本の障害児（者）の教育と福祉　古くて新しい課題」田研出版（2012）
20) 同上
21) 同上

要旨

　日本の障害児（者）の教育や福祉の基盤が整うのは戦後である。戦後に制定された新しい日本国憲法によって，基本的人権及び国民の生存権，国の保障義務，教育を受ける権利と受けさせる義務などが定められ，教育も福祉もそれなりに充実して現在に至っている。

　しかし依然として障害児（者）の教育や福祉をめぐる問題，課題の本質は変わってはいないように思う。そうした問題や課題について，これまでの施策の変遷をたどりつつ，特に，障害者の生活に大きく関わってきた社会福祉基礎構造改革とその流れのなかで，措置制度から支援費制度へ，そして障害者自立支援法から障害者総合支援法へと至る経緯の検証を含め，障害児（者）に関する教育施策と福祉施策の両面から現状と今後を考える。

第1章　日本の障害児教育の始まりと福祉

　日本の場合，盲・聾（視覚障害・聴覚障害）については，1890（明治23）年から学校教育の対象として考えられ，1923（大正12）年には「盲学校及び聾唖学校令」により，盲学校，聾唖学校（聾学校の旧称）の設置が道府県に義務づけられている。しかし盲・聾以外の心身障害児のための学級や学校が設置されるようになるのは1941（昭和16）年に「国民学校令」が施行されてからであり，盲・聾以外の心身障害児の教育が義務教育として教育法制度上に明確に位置づけられたのは戦後である。

　1945（昭和20）年に戦争が終結し，国民の教育を受ける権利を定めた新しい日本国憲法が公布され，それに基づく学校教育法は，障害児を対象とする学校を盲学校，聾学校，養護学校（知的障害，肢体不自由，病弱）の三つに区分し，それを「特殊教育諸学校」と呼び，原則として障害の有無で教育の場を分け，

この特殊教育諸学校における教育を「特殊教育」と称してきた。こうして障害の有無で教育の場である学校を分け，障害の種別によっても学校を区別する形で就学義務の徹底が図られてきた。

しかしいわゆる通常の小・中学校の学級においても特別な教育的ニーズを抱え，そのための教育的支援を必要としている発達障害を有する児童生徒が在籍していることが問題となった。そこで，盲・聾・養護学校の制度の在り方についての調査研究をもとに盲・聾・養護学校の障害種別による学校の区別をなくして障害の重複化にも対応し，発達障害に対する教育的支援も含めた制度とするための見直しが行われ，学校教育法等の改正があり，平成19年4月より「特別支援学校」による「特別支援教育」の制度に改められ現在に至っている。こうした教育施策の変遷との関連で福祉を考える。

第2章　戦後の復興から社会福祉基礎構造改革へ

日本の現在に至る福祉施策の基盤が整うのは戦後であるが，それは1945（昭和20）年に戦争が終結し，国の責務としての戦後処理及び戦災からの復興を図るための施策を早急に講じなければならなかったことからの出発であった。そのため，戦前からの社会福祉事業の担い手として大きな役割を果たしてきた民間事業の振興とその活用を図る必要があった。そこで，国及び地方公共団体と民間が一体となって社会福祉事業に取り組むための法律として社会福祉事業法（現：社会福祉法）を制定し，社会福祉法人という民間の特別法人の制度を創設した。そして，この社会福祉法人に本来的には行政の責務として実施すべき福祉事業を行政の措置という形で委託し，その事業に必要な費用を公的資金から「措置費」として投入する仕組みの措置委託制度（措置制度）を設けた。この仕組みは戦後日本の社会福祉行政を推進し，特に障害者福祉に関わる部分では大きな役割を果たしてきた。しかし戦後から時を経るなかで，社会・経済状況の変化とともに国民の福祉ニーズも多様化し，単に弱者の救済や保護のみでなく，広く国民一般を対象とする福祉制度が求められるようになり，それが社

会福祉基礎構造改革へと至る。その変遷をたどるとともに現状を検証する。

第3章　障害者自立支援法から障害者総合支援法へ

　障害者の支援に関わる障害福祉サービス提供の仕組みが平成15年に「措置制度」から「支援費制度」に改変されたが，まもなく，制度上の問題が明らかとなった。そこで，支援費制度の問題を解決するために，支援費制度から障害者自立支援法による制度へと移行した。

　しかしさらに問題が噴出し，障害者自立支援法から障害者総合支援法へと法の改正があり現在に至っている。そのめまぐるしい変遷をたどるとともにその経緯の検証は，今後の障害者福祉施策を考える前提として重要である。

第4章　教育の意義と福祉の意義

　教育的な取り組みであるにしろ福祉的な取り組みであるにしろ，その具体的な事柄は，時代や生活の様式，文化レベルなどによって変化する。そうした変化が人を変え，人がまたその教育や福祉を変えていくともいえる。しかし教育も福祉も，それは人の生き方や生きがいの実現に関係するものであるという点では変わらないであろう。

　人間の場合，生まれたばかりのころは，ほとんど自分では何もできないような未熟な状態である。それがやがて自主的に思考し，行動できるようになるわけで，その一生には多様な生き方や生きがいとなるものの可能性が秘められている。こうした発達的変化は生まれてからの時間的経過のなかで培われるものといえる。そこに人間的な成長発達の特質があり，そこに教育的意義があり，福祉的意義がある。

　人が人としてよく育ち，よりよく生きるための教育であり，福祉であると考えれば，教育的意義も福祉的意義も別々のものではなく，人の暮らしぶりに関わるということでは同じである。

第5章　展望所感

現在に至る障害児（者）の教育と福祉に関する諸問題をピックアップし，特に，障害（者）観の変化，障害児教育の義務制実施後の現状と課題，障害者の自立支援や就労支援，地域生活支援，障害者施設をめぐる問題などについて今後に向けて考える。

あとがき

　教育に関することは文部科学省，福祉に関することは厚生労働省というように行政管轄が分かれているためか，教育と福祉は違う領域のように考えられていたり，あるいは一面的なところだけをとらえて，学校で勉強することが「教育」で，「福祉」とは弱者や高齢者，障害者に限られたことのように思われているところがあるようです。しかし教育も福祉も人の生き方や生きがいに関わるという意味においては，別々の領域というよりも，切り離せない一体的なものと考えたほうがよいと思います。またその対象は特定の人だけではなく，人々すべてです。

　人の一生を考えた場合，学齢期をどのように過ごすことができるかがその後の生き方に関係します。そのため，学校教育では卒業後をどのように見据え，どのような教育の内容や方法を考えるかということが大変重要となりますが，それは人の一生をどのように考えるかということでもあるわけです。

　人の一生という視点に立って，障害者支援に関する諸問題を考えたとき，そこに教育的施策と福祉的施策の連携の重要性があり，どのような施策を講ずるかという意味での教育的配慮と福祉的配慮に関する問題があり，課題があると思います。

　2006（平成18）年12月，第61回国連総会において障害を理由とするあらゆる分野における差別を禁止し，障害者の権利を保障する「障害者の権利に関する条約（障害者の権利条約）」が採択されました。この条約の日本での発効は平成26年2月19日からです。条約の採択からかなり年月日が経ってからのことになるわけですが，それは条約の締約国となるためには国内の法制度の整備を図る必要があったからです。

　障害者の権利条約は，障害を理由とする差別の禁止と，障害者の権利確保の

ための「合理的配慮」ということを掲げています。人々が共に暮らしていくには互いに配慮し合うということが必要であり，おそらく人への配慮を何も必要としないような人の暮らし方などはないはずです。

したがって障害者の権利とはいっても，それは特別な権利ではなく，人の権利であることに他ならないという理解，認識が大切ですが，どのような配慮をするかを考えるところに合理的配慮というきわめて大切な意味があると思います。単に理念のみが先行するようでも，講ずる施策に無理や矛盾があるようでも，それは「合理的配慮」には欠けるということだと思います。

障害者の権利条約との関連で，日本の障害児（者）の教育や福祉の施策が，今後，どのように進展していくのか，動向を注視したいと思います。

本書出版について，田研出版編集部には煩雑な原稿や関係資料の整理等で大変お世話になりました。心より御礼申し上げる次第です。

2018年2月

浅井　浩

著者略歴

浅井　浩（あさい　ひろし）

1945 年	新潟県生まれ
	東洋大学文学部教育学科卒業
	東洋大学大学院修士課程（教育学専攻）終了
1968 年	学校法人旭出学園旭出養護学校（現：特別支援学校）教員
1974 年	知的障害者授産施設（現：障害者支援施設）旭出生産福祉園指導員
現　在	旭出生産福祉園園長
	社会福祉法人大泉旭出学園理事長
	社会福祉法人富士旭出学園評議員
	学校法人旭出学園理事
著　書	『発達障害と「自立」「支援」』（田研出版）他

社会福祉法人大泉旭出学園
〒178-0063　東京都練馬区東大泉 7-21-32
電話　03-3925-6166
FAX　03-3925-6169

日本の教育制度と障害児（者）の福祉
―変遷と展望―

2018 年 6 月 12 日　印刷　　2018 年 6 月 22 日　　発行

著　者	浅井　浩
発行者	本間　博
発行所	田研出版株式会社　〒123-0874　東京都足立区堀之内 2-15-5
印刷・製本	モリモト印刷株式会社

ISBN978-4-86089-050-6　C3037
落丁本・乱丁本はお取替えいたします。
© 2018 H. Asai